Gruppenkommunikation und Kreativität

Gruppenkommunikation und Kreativität

Die Rolle der Metapher im kreativen Prozess improvisierender Ensembles

Bibliografische Information der Deutschen Nationalbibliothek:
Die Deutsche Nationalbibliothek verzeichnet diese Publikation
in der Deutschen Nationalbibliografie;
detaillierte bibliografische Daten sind im Internet über
dnb.dnb.de abrufbar.

PubliQation – Wissenschaft veröffentlichen

Ein Imprint der Books on Demand GmbH, In de Tarpen 42, 22848 Norderstedt

Umschlagdesign, Herstellung und Verlag: BoD – Books on Demand GmbH,
In de Tarpen 42, 22848 Norderstedt

ISBN Print 978-3-7458-6992-7

ISBN ePDF 978-3-7458-6990-3

Abstrakt

Die vorliegende Dissertation untersucht die Gruppenkommunikation, wie sie in improvisierenden Ensembles stattfindet. Dabei wird das Thema im Rahmen der qualitativen Sozialforschung anhand einer vergleichenden Einzelfallanalyse erörtert. Um die dokumentierten Diskurse einer noch genaueren Untersuchung unterziehen zu können, wird als Analyseverfahren die dokumentarische Methode hinzugezogen. Ziel dieser Studie ist es, die Gruppenkommunikation nicht nur als Teil des kreativen Prozesses improvisierender Ensembles darzustellen, sondern auch ihr eigenes kreatives Potenzial in diesem Kontext zu beleuchten.

Die Analysen lassen darauf schließen, dass der kreative Prozess eines Ensembles sich nicht nur durch dessen kollektiv-improvisiertes Handeln und Arbeits- und Lernprozesse auszeichnet, sondern außerdem die Entwicklung einer gemeinsamen verbalen Kommunikation umfasst.

Zudem haben die Analysen gezeigt, dass die Gruppenkommunikation auf linguistischer Ebene, eine affektive beziehungsweise relationale Art der Kommunikation ist. Die Metapher ist die Hauptcharakteristik der Gruppenkommunikation improvisierender Ensembles und wird auf drei unterschiedliche Weisen im Rahmen des kreativen Prozesses benutzt.

Erstens wird die Metapher eingesetzt, um einen kreativen Moment zu beschreiben. Hierbei wird die Gestaltung der Metapher durch dialogische Prozesse vervollständigt. Diese implizieren eine Reflektion, die sich auf das kollektiv-improvisierte Handeln bezieht und zu einer Ausarbeitung kollektiven Handelns innerhalb der Gruppen führt. Zweitens wird die Metapher benutzt, um potenzielle, zukünftige Momente zu initiieren. Durch das gemeinsame Gestalten der Metapher werden sowohl Einblicke in die Erfahrungswelten der einzelnen Mitglieder gegeben, als auch eine direkte Verknüpfung zwischen der musikalischen Erfahrung und der Metapher bewirkt. Drittens spiegeln sich in der Metapher die unterschwelligen Widersprüche innerhalb einer Gruppe wider. Dies bereichert die einzelnen Arbeitsprozesse, da festgefahrene Strukturen hinterfragt und sogar aufgebrochen werden können.

Inhalt

1. Einleitung

Die vorliegende Forschungsarbeit untersucht die Gruppenkommunikation, wie sie im kreativen Kontext improvisierender Ensembles der Echtzeitmusikszene stattfindet. Dabei lautet die zentrale Forschungsfrage: Welchen Einfluss hat die Gruppenkommunikation auf den kreativen Prozess improvisierender Ensembles? Es werden sowohl die Merkmale der Gruppenkommunikation identifiziert, als auch deren Einfluss auf den kreativen Gestaltungsprozess der einzelnen Gruppen determiniert. Das übergreifende Forschungsziel, der für diese Forschungsarbeit durchgeführte Studie ist demnach, die Gruppenkommunikation als aktiven Teil des kreativen Prozesses zu verorten und dabei auf das kreative Potenzial dieses bisher unterschätzten Aspektes aufmerksam zu machen.

Wie wichtig die Gruppenkommunikation im Rahmen einer Zusammenarbeit ist, kann man am Beispiel des tunesischen *Quartet du dialogue national* erkennen, dem am 9. Oktober 2015 der Friedensnobelpreis verliehen wurde. Die Auszeichnung gilt dem nationalen Dialog Tunesiens und soll das Bemühen nach einer pluralistischen Demokratie fördern.[1] Jahre zuvor hatte sich das Land in einer sozial wie politisch instabilen Zeit befunden, die durch politische Morde und Auseinandersetzungen zwischen vielen nationalen Gruppierungen gekennzeichnet war; Tunesien stand kurz vor einem Bürgerkrieg. Im September 2013 versammelte sich das Dialog-Quartett, das aus dem Gewerkschaftsbund (UGTT), der Arbeitgebervereinigung (Tunesische Union für Industrie, Handel und Handwerk: UTICA), der Tunesischen Liga für Menschenrechte (LTDH) und der Nationalen Anwaltskammer Tunesiens bestand, zum ersten Mal.[2]

1 http://www.spiegel.de/politik/ausland/nobelpreis-friedensnobelpreis-fuer-nationales-dialog-quartett-intunesien-a-1057012.html [17.05.2018].

2 Ebd.

Durch den dialogischen Prozess gelang es, eine gemeinsame Vereinbarung aufzusetzten, in der ein von den Beteiligten geschlossener Kompromiss beschrieben ist.[3] Diese Form der Gruppenkommunikation führte dazu, dass unter fast unmöglichen Bedingungen eine Zusammenarbeit möglich wurde.

In einer Zeit, die von wiederkehrenden Krisen gekennzeichnet ist, steigt der Bedarf nach Formen von Zusammenarbeit, die Prozesse der Kooperation und/oder der Kollaboration[4] umfasst. Dabei werden jedoch nicht nur die Bedingungen, unter der eine Zusammenarbeit stattfinden soll, komplexer, sondern auch die interpersonale Beziehungsebene scheint vielschichtiger zu werden. Diese Komplexität geht über die unterschiedlichen sozialen, nationalen und kulturellen Abstammungen hinaus, die sich in den Meinungen, den Annahmen, den Lebenseinstellungen und den diversen Weltbildern der Menschen widerspiegeln. Es ist daher wichtig, im Rahmen der Zusammenarbeit auch die unterschiedlichen Formen der zwischenmenschlichen Kommunikation als grundlegende Komponente zu berücksichtigen.

Ein Bereich, der sowohl prekäre Bedingungen als auch komplexe zwischenmenschliche Beziehungen beinhaltet, ist das Gebiet der improvisierten Musik. Sie ist ein Rahmen, der durch ein kurzlebiges, künstlerisch-musikalisches Gestalten charakterisiert ist, dessen Situationsbezogenheit und kollektive Interaktion jedoch so stark wie in keiner anderen Kunstform Ausdruck findet. Ein Beispiel, das dies gut veranschaulicht, ist das Splitter Orchester. Das 24-köpfige Ensemble entwickelte 2010 aus der Berliner Echtzeitmusikszene heraus

3 Mtimet zitiert in Hartkemeyer 2015: 185.

4 Wenn in dieser Arbeit von Kollaboration die Rede ist, dann wird von einer Form der Zusammenarbeit, die mehrere Personen in Gruppen beinhaltet, gesprochen (vgl. Burow 1999 & 2015; John- Steiner 2006; Stadermann 2010).

und besteht aus internationalen Komponisten und Komponistinnen sowie Musikern und Musikerinnen. Alle Mitglieder haben die gleiche Stellung innerhalb des Orchesters und verzichten somit bewusst auf etablierte Hierarchien, wie sie in anderen Musikformen auftreten. Dabei steht der experimentell-kollektive Gestaltungsprozess im Vordergrund. Dies bedeutet, dass das Orchester vorwiegend nicht mit notierten Kompositionen arbeitet.

Nun stellen sich jedoch folgende Fragen, was deren gestalterischen Prozess angeht: Was zeichnet diesen kreativen Prozess aus? Gibt es Regeln, bestimmte Arbeitsabläufe oder Techniken, nach denen sich dieser Prozess richtet? Spielt die Gruppenkommunikation eine essenzielle Rolle, was den gestalterischen Prozess betrifft? Was sind ihre Merkmale? Ist sie eine konsensorientierte Art der Kommunikation? Oder gibt es unterschwellige Rollenverteilungen, die dem Ensemble nur nicht bewusst sind und die trotzdem den Diskurs bestimmen? Würde dies nicht auch deren kollektiv-musikalische Handlung beeinflussen? Insbesondere die kreative Gestaltung? Da für die vorliegende Studie Ensembles der gleichen Szene in Fallstudien beobachtet und analysiert wurden, sind die oben erwähnten Fragen auch für diese Arbeit relevant.

Was die Struktur dieser Forschungsarbeit betrifft, so wird im zweiten Kapitel der Frage nachgegangen, was den Begriff Gruppe ausmacht. Dafür wird ein kleiner historischer Exkurs in die Soziologie (Georg Simmel 1908; Charles H. Cooley 1910) und in das Forschungsfeld der Gruppendynamik (Kurt Lewin 1963) unternommen. Zweck dieses Unterfanges ist es, die dokumentierten Ensembles im Rahmen dieser Arbeit als Gruppen wahrzunehmen, da der Forschungsfokus auf deren Kommunikation liegt. Neben den unterschiedlichen Gruppenmodellen werden zudem diverse Konzepte der Gruppenkommunikation (Lawrence Frey 1995, 1999) in Augenschein genommen.

Dabei wird besonders auf deren Verhältnis zur Kreativität geachtet, indem einerseits der musikwissenschaftliche Kontext improvisierter Musik (Paul Berliner 1994; Derek Bailey 1997) hinzugefügt und andererseits Theorien kreativer Gruppenkommunikation[5] erörtert werden. Allerdings reicht das Aufzählen unterschiedlicher Gruppenkommunikationstheorien nicht aus, um die Forschungsfrage und all ihre Aspekte zu beleuchten. Es bedarf diesbezüglich noch einer Darlegung der Korrelation zwischen Kommunikation beziehungsweise Sprache und Kreativität (Ronald Carter 2010; Deborah Tannen 2007).

Somit widmet sich diese Studie erst im dritten Kapitel den Kreativitätswissenschaften. Sie werden zunächst einführend erläutert (Robert Sternberg 2009; Rob Pope 2010) und anschließend auf das Konzept der Gruppenkreativität (Keith Sawyer 2007; Paul Paulus 2003; Dorothy Miell u. a. 2004) fokussiert. Es geht in diesem Kapitel darum, die Gruppenkommunikation mit den Kreativitätswissenschaften zu verbinden. Dabei wird zunächst die Rolle der verbalen Kommunikation in diesem Kontext betrachtet. Ergänzend werden drei Kreativitätstheorien herangezogen, die die einzelnen Aspekte des kreativen Kontextes, wie er bei den improvisierenden Ensembles dieser Arbeit vorzufinden ist, veranschaulichen sollen. Zuerst werden anhand der *Theorie der kreativen Felder* des Erziehungswissenschaftlers Olaf Burow (1999, 2015), die unterschiedlichen Merkmale der Gruppenkreativität aufgezählt und mit ähnlichen Theorien verglichen. In einem zweiten Schritt wird sich den kreativen Arbeitsprozessen gemäß Vera John-Steiners Theorie (2006) zugewendet, um deren Einfluss auf das kreative Potenzial einer Gruppe und deren Kommunikation einzuschätzen.

5 Wie zum Beispiel die *Symbolic Convergence Theory* von Ernest Bormann und Robert Bales 1985.

Im vierten Kapitel wird die Methode dieser Forschung erläutert. Dies beinhaltet eine einleitende Ausführung in die qualitative Sozialforschung. Hierbei werden die methodologischen Ansätze mitsamt ihren Diskursen ausgeführt, um unter anderem ihre Anwendung in dieser Studie zu bestimmen. Danach wird die Untersuchungsform der Einzelfallstudie, die Hauptforschungsansatz dieser Arbeit ist, nach den Richtlinien von Uwe Flick (2000, 2005) und Frank Petermann (1996) aufgegriffen. Dabei werden die Feldforschung als Erhebungsdesign und die teilnehmende Beobachtung als Erhebungsmethode beschrieben. Bei der Aufarbeitung des erhobenen Materials wird eine Kombination aus zwei Analyseverfahren eingeleitet: die der vergleichenden Fallanalyse und die der dokumentarischen Methode nach Ralf Bohnsack (2014). Letztere besteht jedoch nur aus dem Transfer von Aglaja Przyborskis (2004) Begriffsinventar auf das Datenmaterial dieser Studie.

Das fünfte Kapitel befasst sich mit der Auswertung der dokumentierten und bearbeiteten Daten, indem es Einblicke in den Analyseprozess des gesamten Datenmaterials gewährt. Im Verlauf der Analyse soll sich mittels der vergleichenden Einzelfallanalyse mit dem Herauskristallisieren der Gruppenkommunikationsmerkmale beschäftigt werden, während sich anhand der dokumentarischen Analysemethode mit dem Einfluss dieser Kommunikationsmerkmale auf den kreativen Gruppenprozess auseinandergesetzt wird. Anschließend werden die Ergebnisse jedes Analyseschrittes mit den offenen Forschungsfragen der einzelnen Theoriestränge verbunden.

Schlussendlich werden im letzten Kapitel diese Ergebnisse zusammengefasst und eine theoretische Übersicht des Forschungsthemas geboten. Das Ziel dieser Forschungsarbeit ist es, die Gruppenkommunikation, wie sie in improvisierenden Ensembles stattfindet, zu untersuchen. Dies passiert im Rahmen einer vergleichenden

Einzelfallanalyse, die die Charakteristiken der Gruppenkommunikation nicht nur identifiziert, sondern auch deren Einfluss auf den kreativen Prozess der individuellen Gruppen zu determinieren vermag.

Die vorliegende Studie soll einen Beitrag dazu leisten, die kreative Zusammenarbeit von Gruppen in unterschiedlichen Kontexten zu erleichtern und zu fördern. Indem ihr Forschungsfokus auf der verbalen Gruppenkommunikation liegt, beleuchtet sie eine weitere Ebene des kreativen Gruppenprozesses und ermöglicht es somit, sich bei der Förderung interpersonaler Kreativität nicht nur auf die kreative Tätigkeit oder die Arbeitsstrukturen von Gruppen zu beziehen, sondern auch auf das Gestalten einer Gruppenkommunikation. In diesem Sinne ist diese Studie sowohl für die Erziehungswissenschaften als auch für den wirtschaftlichen Organisationsbereich von Relevanz, da beide sich mit kreativer Gruppenarbeit befassen.

2. Gruppenkommunikation

> The most interesting thing about this music is, that you have the opportunity to find out more about yourself by contrast to those you work with. So, when you play with a particular musician you're looking so as not to impose yourself upon the player, at least I'm not, you're looking to see what more you can find out about yourself to kind of meet them, to communicate with them, to have a relationship with that person or that music. And it might demand you going in different directions and it seems to me that it should demand that. If you're playing the same no matter what the context, then you are not listening.
> (Edwin Prévost 1998)[6]

In diesem Kapitel werden nun die verschiedenen Teilaspekte erläutert, die unerlässlich für das Erforschen der Gruppenkommunikation im Rahmen des kreativen Prozesses sind. Bevor die Gruppenkommunikation an sich diskutiert werden kann, muss zuerst ein Einblick in die Forschung der Gruppensoziologie und -dynamik unternommen werden. Dies lässt sich unter anderem dadurch begründen, dass das Augenmerk dieser Studie auf der verbalen Gruppenkommunikation liegt, wie sie bei improvisierenden Ensembles vorzufinden ist. Dabei muss jedoch zunächst geklärt werden, inwiefern ein Ensemble als Gruppe charakterisiert werden kann. Folglich werden Fragen erörtert, die sich nicht nur mit dem Verständnis von Gruppeninteraktion und Rollenverteilung auseinandersetzen, sondern sich auch mit dem Begriff Gruppe an sich beschäftigen: Anhand welcher Kriterien lässt sich eine Gruppe definieren? Und stimmen diese Kriterien beziehungsweise Merkmale mit dem Forschungsfokus dieser Arbeit überein?

---

6 Interview with Edwin Prévost by Richard Hennings (1998). No Sound is Innocent. Is sue 7/Summer. Avant Magazine.

Des Weiteren wird durch diese Studie nach einem Gruppenkommunikationsmodell gesucht, das sich mit dem kreativen Prozess musikalisch-improvisierender Gruppen befassen kann. Daher ist ein Erläutern unterschiedlicher Gruppenkommunikationstheorien unumgänglich. Letztere müssen folgende Fragen beantworten können: Wie wird Kommunikation in der Gruppenforschung behandelt? Welche unterschiedlichen Gruppenkommunikationsmodelle gibt es? Anhand welcher Theorien werden die Gruppenkommunikation und die Kreativität zueinander in Beziehung gesetzt? Gibt es eine Kommunikationsart, die Kreativität in Gruppen besonders begünstigen kann?

Es reicht daher nicht aus, sich im Rahmen der Gruppenkommunikation nur auf die verbale Ebene der Interaktion zu konzentrieren, denn genau wie die Kreativität wird dieser Prozess durch andere Ebenen beeinflusst: den Kontext, die Situation, die Gruppenkonstellation, die gruppendynamischen Prozesse usw., die in dieser Konstellation entstanden sind. In diesem Zusammenhang müssen relevante Konzepte der Gruppendynamik, der Sprachwissenschaften und der Musikwissenschaften beschrieben werden, damit der Blick auf die Daten so gut wie möglich ein ganzheitlicher sein kann.

2.1 Gruppensoziologie

Um den Prozess der Gruppenkommunikation und deren Einfluss auf das kreative Schaffen der Gruppe weiter zu erforschen, benötigt man einen tieferen Einblick in die Dynamiken der Gruppe. Dies umfasst nicht nur, zu einem Verständnis darüber zu kommen, was eine Gruppe ausmacht, sondern auch wie diese definiert wurde und noch heute definiert wird.

Die Entwicklung der Gruppensoziologie beginnt mit Emile Durkheim und seinem *Les règles de la méthode sociologique* von 1895. Das Werk gilt als erster Schritt, der in der Soziologie unternommen wurde, um das Phänomen der Menschenmassen zu erforschen und zu erklären. Was nun das Konzept der Gruppe selbst und dessen Untersuchung angeht, so war es der Soziologe Ferdinand von Tönnies, der in seiner Abhandlung *Gemeinschaft und Gesellschaft* (1887) die Unterscheidung zwischen gemeinschaftlich handelnden und gesellschaftlich organisiert handelnden Menschenmengen erläuterte. Obwohl Tönnies' Studie ausschlaggebend für die weitere Erforschung von Gruppen war, blieb die genaue Definition dieses Begriffes aus.

Erst durch die Arbeit des Philosophen und Soziologen Georg Simmel wurden spezifischere Perimeter gesetzt, innerhalb derer eine Gruppe definiert werden konnte. In dem Unterkapitel *Die Quantitative Bestimmtheit der Gruppe* seines Werkes *Soziologie* (1908) definiert er zum Beispiel die Form einer sozialen Gruppe, wie der Titel bereits angibt, vorwiegend durch deren Mitgliederzahl.[7] Hinzu kommt, dass Simmel einer der Ersten war, der die Ursprünge sozialer Gruppen erforschte.[8] Jedoch begrenzte er sein Konzept der sozialen Gruppe durch die Festlegung von deren Existenz auf die Struktur der sie umgebenden Gesellschaft (Schäfers 1999: 28).

Auf Simmel beruhend, entwickelte der Soziologe Leopold von Wiese seine Beziehungslehre und arbeitete unter anderem das Konzept der Gruppe als soziales Gebilde aus.[9] Von Wiese ging es im Allgemeinen

7 Begrifflichkeiten wie Dyade und das Konzept der Triade entstammen Simmels Forschungen (vgl. Simmel 1908).

8 Die Ursprünge wurden in der Abstammung der einzelnen Mitglieder, deren Arbeit und dem gemeinsamen Wohnplatz gesehen (vgl. Schäfers 1999: 28).

9 Vgl. von Wiese (1933).

darum, die sozialen Prozesse dieser Gebilde besser bestimmen zu können. Er stellte somit fest, dass Gruppen einer gewissen Dauer und Kontinuität unterliegen und deren Organisiertheit auf der Verteilung von Funktionen an ihre Mitglieder beruht (Schäfers 1999: 29). Obwohl ducrh die Arbeit von Wieses interessante Forschungsaspekte hinsichtlich der Analyse von Gruppen sichtbar wurden, wurde seine Beziehungslehre in der Soziologie kaum weiterentwickelt.

Unterdessen machte Charles Horton Cooley, ein Soziologe von der University of Michigan in den USA, im Rahmen der Gruppensoziologie eine bedeutende Entdeckung. In seinem Werk *Social Organization: A Study of the Larger Mind*, das 1910 publiziert wurde, machte er erstmals auf die Unterscheidung von Primärgruppen aufmerksam. Cooley beschrieb Primärgruppen folgendermaßen: „Primary groups are primary in the sense that they give the individual his earliest and completest experience of social unity, and also in the sense that they do not change in the same degree as more elaborate relations, but form a comparatively permanent source out of which the latter are ever springing." (Cooley 1910: 26–27) Beispiele für Primärgruppen sind Familien, Spielgruppen und Nachbarschaften. Es sind diejenigen Gruppen, die an der Formung des sozialen Selbst und dessen Weiterentwicklung beteiligt sind.

Im Laufe der Zeit wurde die Definition der Primärgruppen ausgedehnt,[10] da diese immer häufiger mittels der Qualität ihrer Interaktion[11] bestimmt wurden. Laut dem Sozialpsychologen Donelson Forsyth werden Primärgruppen heute wie folgt beschrieben: „Primary

10 Vgl. u. a. Shils (1951), der die Primärgruppe auf die kleinste Einheit im amerikanische Militär bezog, und Newcomb (1959), der sich auf die interpersonale Ebene in Primärgruppen konzentrierte.

11 „Die Qualität der Interaktion entsteht durch starke emotionale Bindungen zwischen den Mitgliedern und hat mit einem großen Einfluss auf deren Persönlichkeit und Verhalten (Schneider 1985: 36).

groups such as family and friends, are small, longterm groups characterised by face-to-face interaction and high levels of cohesiveness, solidarity and member identification. In many cases individuals become part of primary groups involuntarily." (Forsyth 2006: 5)

Neben Primärgruppen existieren als Kategorie von Gruppen die Sekundärgruppe. Jedoch gibt es hier keine fachübergreifende Definition des Begriffes. Im Kontext der Kleingruppenforschung wird die Sekundärgruppe als ein Sammelsurium für alle Gruppenformen beschrieben, in denen ein schwaches Wir-Gefühl herrscht und in denen die Bedeutung der Gruppe für ihre Mitglieder als gering gilt (Schneider 1985: 36). Anders formuliert bedeutet dies, dass jede Gruppenformation, die nicht den Kriterien der Primärgruppe entspricht, eine Sekundärgruppe darstellt. Wogegen sie im gruppendynamischen Forschungskontext wie folgt definiert wird: „A relatively large, often formally organised social group common in more complex societies (e.g., work groups, clubs, congregations). Such a group influences members' attitudes, beliefs, and actions, but as supplement to the influence of smaller primary groups." (Forsyth 2005: 6). Die Begriffsdefinitionen ähneln sich allerdings, was ihre Grundvoraussetzung angeht, nämlich, dass sie generell dazu existieren, um eine Aufgabe zu lösen oder ein Ziel zu erreichen (Beebe & Masterson 1997: 6).

Es war allerdings Cooleys ursprüngliche Festlegung des Konstrukts Gruppe als Bestimmung einer festgelegten sozialen Form, der zur weiteren Kategorisierung von Gruppenmerkmalen in unterschiedlichen Wissenschaften führte. So schlägt der Soziologe Hans-Dieter Schneider zum Beispiel einen Minimalkatalog[12] bestimmter

12 Dabei gelten die Strukturierung, die gemeinsamen Normen und das Gruppenbewusstsein als Sekundärkriterien, was bedeutet, dass eine Gruppe auch ohne diese Kriterien existieren kann (vgl. Schneider 1985: 31).

Gruppenkriterien vor, der sich aus der Mitgliederzahl, der Interaktion[13], der Strukturierung, den gemeinsamen Normen, einem Gruppenbewusstsein und der Dauer zusammensetzt (Schneider 1985: 19–25). Anfangs betrachteten die Sozialpsychologen Dorwin Cartwright und Alvin Zander das Klassifizieren von Gruppen in unterschiedliche Typologien skeptisch und betonten, dass dies generell die Vielfalt und Komplexität in Gruppen unterschätzt (Foryth 2005: 6). Dabei fiel ihnen zu einem späteren Zeitpunkt ihrer Untersuchung auf, dass Sekundärgruppen sich grundsätzlich in zwei Kategorien einteilen lassen: geplante Gruppen und emergente Gruppen (ebd.: 6). Hierauf gründete ihre Prämisse hinsichtlich der Etablierung ihrer eigenen Gruppenkriterien. Weitere Kategorisierungen umfassen zum Beispiel die von Hare (1962), von Wiese (1966), Anger (1966) und Aschauer (1970). Sie sind an die jeweiligen Forschungsfokusse gebunden, denen sie entstammen.

Was nun die Gruppendefinition in der vorliegenden Arbeit angeht, so scheint die Begriffserklärung der Gruppensoziologie Schäfers einen treffenden Rahmen zu bieten:

Eine soziale Gruppe umfasst eine bestimmte Zahl von Mitgliedern (Gruppenmitglieder), die zur Erreichung eines gemeinsamen Ziels (Gruppenziel) über längere Zeit in einem relativ kontinuierlichen Kommunikations- und Interaktionsprozess stehen und ein Gefühl der Zusammengehörigkeit (Wir-Gefühl) entwickeln. Zur Erreichung des Gruppenziels und zur Stabilisierung der Gruppenidentität ist ein System gemeinsamer Normen und eine Verteilung der

13 Diese kann entweder als „Wechselbeziehung" (Hartley & Hartley 1955), als „Interaction" (Hare 1962), als „face-to-face interaction" (Crosbie 1975) oder sogar nach dem Konzept der Interdependenz von Kurt Lewins Feldtheorie (1963) definiert werden (vgl. Schneider 1985: 20–21).

Aufgaben über ein gruppenspezifisches Rollendifferential erforderlich. (Schäfers 1999: 20–21).

Überträgt man Schäfers Definition von Gruppen auf die dokumentierten Ensembles dieser Studie, so scheint dies auf den ersten Blick hin zu klappen. Gleichzeitig muss jedoch unterstrichen werden, dass diese vorliegende Studie eher auf die Kommunikationsprozesse der Gruppen in Bezug auf deren Ziel fokussiert ist. Zudem ist zu bemerken, dass nicht alle Ensembles/Gruppen die gleiche Mitgliederzahl besitzen.

Generell kann man die in der vorliegenden Studie vorkommenden dokumentierten Ensembles als Kleingruppen verstehen. Im Rahmen von Laborversuchen spricht man von einer Kleingruppe, wenn mit einer sehr kleinen Zahl von Versuchspersonen gearbeitet wird (zwei bis fünf) (Schäfers 1999: 56). Darüber hinaus ist dies die durchschnittliche Mitgliederzahl „normaler" Gruppen, wie sie im Forschungskontext der Psychologie, der Sozialpsychologie und der Soziologie auftreten. Somit können die zu dieser Studie dokumentierten Ensembles definitiv als Gruppen gelten, was das Kriterium ihrer Mitgliederzahl angeht.

Ferner können die in dieser Forschungsarbeit dokumentierten Gruppen der Kategorisierung der Sekundärgruppe unterzogen werden. Dies ist dadurch bedingt, dass sich Sekundärgruppen bewusst durch ihre Mitglieder formen (Forsyth 2005: 9) – was auf die dokumentierten Ensembles dieser Forschung zutrifft – und demnach als individuelle „geplante Gruppen"[14] beschrieben werden können. Die Kategorisierung „geplante Gruppen" bringt mit sich, dass der

14 Cartwright & Zander differenzierten Sekundärgruppen in zwei Kategorien: Die „geplante" (engl.: „planned") und die „auftauchende" (engl.: „emergent") Gruppe (vgl. Cartwright & Zander 1960).

Forschungsfokus nun auf der Untersuchung gruppendynamischer Verhältnisse liegt, was die verbale Kommunikation der Ensembles einschließt.

Es ist wichtig, an dieser Stelle klarzustellen, dass die einzelnen Gruppen innerhalb dieser Forschung zwar ein Gruppenziel haben, nämlich das gemeinsame Musizieren, aber die Forschungsfrage nicht beinhaltet, durch welche Gruppenmerkmale/- kriterien dieses Ziel erreicht wird. In diesem Zusammenhang ist zu beachten, dass die meisten Untersuchungsgruppen in Forschungsexperimenten einer durch die ForscherInnen definierten Aufgabe zugeteilt werden, um das Gruppenverhalten gegenüber der Aufgabe untersuchen zu können.[15] Dies ist jedoch in dieser Studie nicht der Fall. Obwohl die Ensembles gemeinsam improvisieren, ist dies keine zugeteilte Aufgabe. Es ist ihre Tätigkeit und zum Teil auch ihr Ziel. Dieses wird nie explizit als solches beschrieben oder von den Ensembles selbst suggeriert und festgelegt. Historisch gibt es einige Ensembles im Kontext improvisierter Musik,[16] die nach einem Kodex zusammen gespielt haben, allerdings sind dies Ausnahmen und stellen keine Norm im Rahmen improvisierter Musik dar. Die Ensembles aus dem Feldforschungskontext dieser Studie haben weder selbstbestimmte Rollen noch Regeln, die sie während ihres Spielprozesses befolgen.

Im gruppensoziologischen Kontext bedeutet dies, dass die gemeinsamen Normen oder die Strukturierung der einzelnen Gruppen hinsichtlich der Erforschung der verbalen Kommunikation und deren Einfluss auf den kreativen Prozess außer Acht gelassen werden. Um

15 Beispiele für Studien siehe Paul Paulus (2003), Karau & Williams (2003), Nemeth & Nemeth (2003), Miliken (2003) in Kapitel 3, S. 79–82.

16 Wie zum Beispiel das Ensemble *Nuova Consonanza* mit ihrem Katalog der Verbote. Aber auch das *AMM* und das *Music Improvisation Company* arbeiteten nach einem eigens konzipierten Regelsystem (vgl. Wilson 1999: 82–83).

dies zu erklären, muss ein Einblick in die gruppendynamische Forschung gewährt werden.

2.1.1 Gruppendynamik

Der Begriff Gruppendynamik wurde von Kurt Lewin (1890–1947) geprägt und bezeichnet die Lehre von den Prozessen der wechselseitigen Steuerung des Verhaltens von Mitgliedern sozialer Gruppen, insbesondere von Kleingruppen („psychodynamischer Gruppenprozess") (Fuchs-Heinritz u. a. 2011: 263). In seiner Feldtheorie geht Lewin davon aus, dass sowohl das individuelle Verhalten der Mitglieder als auch das Verhalten der Gruppe von verändernden Zuständen beeinflusst werden können. Dieses Phänomen nannte er „gruppendynamische Prozesse".

Obwohl Cartwright und Zander den Versuch unternahmen, eine allgemeine Definition von gruppendynamischen Prozessen zu erstellen,[17] hat der Soziologe Oliver König nicht unrecht, wenn er sagt, dass der Terminus Gruppendynamik nach wie vor unscharf ist.[18] Denn obwohl Lewin den Begriff prägte, kam er durch seinen plötzlichen Tod nicht mehr dazu, ihn genau zu definieren. Laut König kann man zwischen drei Phänomenebenen unterscheiden, auf denen Gruppendynamik stattfindet: Die sozialwissenschaftliche Ebene, die ihre Ergebnisse aus Bereichen wie der Sozialpsychologie, der Psychologie und der Kulturanthropologie heraus entwickelt hat (König 2001: 11). Die Ebene der angewandten Sozialwissenschaft, die sich

17 „[A] field of inquiry dedicated to advancing knowledge about the nature of groups, the laws of their development, and their interrelations with individuals, other groups, and larger institutions." (Vgl. Cartwright und Zander 1968: 7)

18 König begründet dies damit, dass die Gruppendynamik eine Vielfalt verkörpere, die sich nicht nur auf den jeweiligen theoretisch-methodischen Hintergrund beziehe, sondern auch mit der Vielzahl der Anwendungsfelder zu tun habe (2001: 12).

mit Theorien und Konzepten beschäftigt, die sich ihrerseits mit den Strukturen und Prozessen von Kleingruppen auseinandersetzen (ebd.). Die Ebene, die den praktischen Ansatz der Gruppendynamik repräsentiert, also das, was GruppendynamikerInnen in der reflektierenden, gruppendynamischen Praxis unternehmen (ebd.).

Der Beginn der gruppendynamischen Arbeit in Europa und spezifisch in Deutschland wäre nicht ohne die Impulse der amerikanischen Positionen zur Gruppendynamik denkbar gewesen (vgl. Rechtien in König 2001: 43). Hierbei waren zwei Personen von großer Wichtigkeit: Kurt Lewin und Jacob L. Moreno. Beide repräsentieren in ihrer Arbeit Richtungen, die noch heute für die angewandte Gruppendynamik relevant sind (ebd.: 44). Dabei vertritt Lewin den sozialpsychologischen und Moreno den gruppentherapeutischen Ansatz (ebd.).

Im Kontext dieser Studie wird das Augenmerk eher auf Lewins Beitrag zur Gruppendynamik gelegt, da dieser im Zusammenhang mit der Gruppenkommunikation als relevant gilt. Lewin war ein Schüler der Gestaltpsychologie; er begann nach seiner Immigration in die USA in den frühen 1930er Jahren sich in den Bereich der Sozialpsychologie einzuarbeiten (ebd.).

Lewin gründete 1945 am *Massachusetts Institute for Technology* das *Research Center for Group Dynamics.* Ein Jahr später entwickelte er zusammen mit Ronald Lippitt, Leland Bradford und Ken Benne das Konzept vom Feedback und thematisierte dessen Konsequenzen auf Gruppenprozesse (ebd.). In diesen und weiteren Experimenten benutzte Lewin *Training Groups*[19], ein selbst entwickeltes

19 Die auch „T-Gruppen“ genannten Trainings Groups finden meist im Rahmen eines „Gruppendynamischen Laboratorium“ statt. Eine T-Gruppe ist eine Kleingruppe, die aus 8–15 Teilnehmenden und 1–2 Ausbildern bzw. Ausbilderinnen / Trainern bzw. Trainerinnen besteht. Diese haben die Aufgabe, die Situation

Gruppenmodell, das er während der *National Training Laboratories* einsetzte. Grundgedanke dieser Experimente war immer, herauszufinden, wie sich eine Gruppe durch die Interaktion der Mitglieder im Laufe sich ständig verändernder Zustände verhält. Hierbei stellte Lewin zwei Hypothesen auf: die der Interdependenz, die beinhaltet, dass eine Identifikation zwischen dem individuellen Schicksal und dem der Gruppe stattfindet. Lewin behauptete, dass die Gruppe sich nicht aufgrund von Ähnlichkeiten bildet, sondern sich eine gewisse Interdependenz bildet, die die Mitglieder zusammenführt (Graumann 1982: 205). Diese Interdependenz bildet die zweite Hypothese Lewins, die besagt, dass die Gruppe sich durch ein gemeinsames Ziel zusammensetzt.[20] Das Ziel der Gruppe war für Lewin immer aufgabenbestimmt (ebd.). Die Gruppe hat somit das Ziel, die Aufgabe, die sie sich gestellt hat, zu beenden.

Im Rahmen der Lewinschen Gruppendynamik gibt es folgende, für diese Arbeit relevante Aspekte: Lewin differenziert sich von seinen zeitgenössischen Kollegen der Psychologie, indem er unter anderem behauptete, eine Gruppe sei nicht nur mehr als die Summe ihrer Teile, sondern sie sei anders als die Summe ihrer Teile (ebd.: 203). Hinzu kommt, dass Lewin zwischen Gemeinschaft und Gesellschaft unterschied, indem er betonte, Erstere sei eine natürliche Einheit der Gruppe, während Letztere eine formale Organisation repräsentiere (ebd.). Darüber hinaus äußerte sich Lewin kritisch zu den Begriffen Gruppenklima und Gruppenseele, die sich in der Gruppenforschung ausbreiteten. Beide Termini hielt Lewin für Resultate unwissenschaftlichen Vorgehens (ebd.: 75).

---

zu diagnostizieren, laufende Gruppenprozesse zu reflektieren und neue Verhaltensformen in sozialen Situationen zu erproben (vgl. Rechtien 1995: 16).

20 Im Englischen wird oft der Begriff „Task-oriented Group“ benutzt. Er beschreibt Gruppen, die sich um eine spezifischen Aufgabe formieren und sich dieser in ihrer Interaktion ganz widmen. Die „Task-oriented group“ ist zudem eine Subkategorie der T-Gruppe (vgl. Bradford u. a. 1964).

> [D]ie Bedeutung Lewins liegt weniger in dessen eigenen Experimenten zur Gruppendynamik [...] als darin, dass er den in der Soziologie selbstverständlichen Begriff der Gruppe als eines überindividuellen, realen und ganzheitlichen Systems für Psychologen akzeptabel machte, ohne dabei in die um die Jahrhundertwende in der Soziologie verbreitete Auffassung einer ‚Gruppenseele' zu verfallen. (Rechtien zitiert in König 2001: 47)

Die gruppendynamische Forschung entwickelte sich weiter: Sie setzte sich vor allem mit der Identifikation bestimmter Prozesse auseinander. So wurden folgende gruppenspezifische Prozesse erkannt: Entwicklung, Einfluss, Performanz, Konflikt, Kontext und Interaktion (Forsyth 2005: 26–27). Die Gruppenentwicklung beinhaltet ihre Entstehung (Tuckman 1965; Tuckman & Jensen 1977), Kohäsion[21] (Festinger 1950; Hogg 1992) und Struktur[22] (Hollander 1958; Benne & Sheats 1948). Die Prozesse des Gruppeneinflusses beziehen sich meist auf Themen wie Interdependenz[23] (Wageman 2001) und Machtverhältnisse (Glaser 1996). Die Performanz einer Gruppe im gruppendynamischen Kontext wird meist anhand von Themen der Entscheidungsfindung, Leadership oder Problemlösung untersucht. Die Interaktion einer Gruppe wird in diesem Zusammenhang meist

21 Aus dem Englischen „group cohesion" oder „cohesiveness". Das Konzept wird wie folgt definiert: „The strenghth oft he bonds linking individuals tot he group, feelings of attraction for specific group members and the group itself, the unity of a group, and the degree to which the group members coordinate their efforts to achieve goals." (Vgl. Forsyth 2005:14)

22 Aus dem Englischen „group stucture". „Group members are not connected to one another at random, but in organized and predictable pattern. For example: Roles, norms, and stable patterns of relations among the members of a group." (Forsyth 2005: 11)

23 Ein Begriff der durch Lewin geprägt und von Wageman wie folgt weiter entwickelt wurde: „Interdependence is the mutual dependence or influence, as when one's outcomes, actions, thoughts, feelings and experiences are determined in whole or in part by others." (Forsyth 2005: 11).

in den Modellen[24] von Robert F. Bales veranschaulicht und somit immer in Bezug zu einer bestimmten Aufgabe definiert.

Obwohl die gruppendynamische Forschung ihren Teil zur Verbesserung des Verständnisses von Gruppenarbeit im soziologischen Kontext beigetragen hat, gibt es einige kritische Aspekte, mit denen sie sich immer noch auseinandersetzen muss. Horn zum Beispiel behauptet, dass die Gruppendynamik zu einem Abbau der Leistungen des Ichs führe und dadurch Regressionstendenzen bei den Teilnehmenden gruppendynamischer Arbeiten auslöse und fördere (König 2001: 60). Hinzu kommt, dass sich Skepsis gegenüber der verhaltensverändernden Wirkung gruppendynamischer Trainings ausbreitete, verbunden mit der Behauptung, es gebe eine geringe Demokratisierungspotenz in der Gruppendynamik[25] (ebd.: 61). Diese Behauptungen wurden jedoch in Studien (u. a. Däumling 1974; Mühlen 1976; Struck 1976) empirisch geprüft und widerlegt (ebd.).

Einige Vorwürfe wie der der Kultbildung und der Konfliktbegrenzung sind immer noch relevant (Rechtien in König 2001: 61). Obgleich sich in dieser Studie nicht mit dem Vorwurf der Kultbildung auseinandergesetzt wird, da er keine Relevanz im forschenden Kontext besitzt, ist sie durchgehend mit dem Thema des Konflikts beziehungsweise dessen Bewältigung konfrontiert. Wenngleich der Zweck dieser Arbeit nicht die Analyse von Konfliktbewältigung ist, scheint dies immer wieder im Rahmen der Gruppendynamik und -kommunikation unterstrichen werden zu müssen.

24 Vgl. S. 25 Fußnote: Interaktions-Prozess-Analyse (IPA). Beobachter registrieren das Interaktionsverhalten in zwölf Kategorien, die sich zu verschiedenen Hauptbereiche des Verhaltens zusammenfassen lassen (Schneider 1985: 76–77). Systematic Multiple Level Observation of Groups (SYMLOG) klassifiziert das Gruppenverhalten nach folgenden drei Dimensionen: Dominanz/Unerwürfigkeit, Höflichkeit/Unhöflichkeit, Akzeptanz der Autorität/Abweisung der Autorität (Forsyth 2005: 61).

25 Vgl. Studie von Giere (1970).

Laut Rechtien ist eine der bekanntesten Begleiterscheinungen der angewandten Gruppendynamik (vgl. u. a. Lewin; Moreno) ihr hoher Kommerzialisierungsgrad (ebd.). In Europa zum Beispiel ist sie größtenteils als Organisationsentwicklung bekannt (ebd.: 50) und besitzt somit keinen unabhängigen Stellenwert in den Wissenschaften. Die Forschung zur Gruppendynamik wurde besonders im deutschsprachigen Raum als *Sensitivity Training*[26] entwickelt.

Des Weiteren deckt die Forschung zur Gruppendynamik zwar den Aufgabenbereich der wissenschaftlichen Erforschung von Kommunikationssystemen beziehungsweise Interaktionsprozessen in Gruppen ab. Die daraus entstehenden Ergebnisse werden indessen in Labors oder Kursen sofort praktisch angewendet (Däumling in König 2001: 18). Als Resultat entsteht ein beträchtliches Theoriedefizit. Der Grund hierfür ist, dass sich die angewandte Gruppendynamik, wie sie im Rahmen der Organisationsentwicklung stattfindet, auf Ergebnisse aus Studien bezieht, die kaum einem theoretischen Diskurs ausgesetzt worden sind (vgl. Däumling u. a. 1974; Fengler 1981). Es hat den Anschein, als wäre dies in erster Linie ein Problem der angewandten Gruppendynamik, die sich primär mit der Praxis und Anwendung gruppendynamischer Methoden auseinandersetzt. Das Theoriedefizit resultierte demnach aus der fehlenden Verbindung zwischen der Praxis und den beiden anderen Stufen[27] gruppendynamischer Forschung.

26 „Das Sensitivity Training ist eine Methode, das zu lernen, was im privaten und beruflichen Leben in der Regel nicht oder nur schwer gelernt werden kann, nämlich eigene und fremde Verhaltensweisen subtil aufeinander abzustimmen." (Däumling in König, 2001: 18).

27 Die beiden Stufen der gruppendynamischen Forschung beschreiben einerseits die Forschungsperspektive der Gruppendynamik, die Erkenntnisse und Ergebnisse u. a. aus der Soziologie und der Psychoanalyse bezieht, und andererseits die Gruppendynamik als angewandte Sozialwissenschaft, die sich auf das Handlungsinteresse von Gruppen konzentriert (vgl. König 2001).

Im Rahmen der vorliegenden Arbeit besitzt dieses Argument keine Relevanz, da die Gruppen nicht mit den gruppendynamischen Methoden, wie sie von Lewin oder Bales festgelegt wurden, untersucht werden. Dennoch hilft die Anwendung einiger Begrifflichkeiten Lewins, ähnlichen Konzepten, die im Kontext der Kreativität und der gruppendynamischen Interaktion auftauchen, ein theoretisch anerkanntes Fundament zu geben. In der Psychologie zum Beispiel wird bei der Erforschung von Gruppen bezüglich deren Kreativitätspotenzial noch immer von einer „Gruppenseele" gesprochen.[28] Ein weiteres Beispiel liegt in der Aneignung verschiedener Theorien von Lewins Begriff der „Felder", die dazu dienen soll, das Phänomen der kreativen Gruppeninteraktion besser zu verbildlichen.[29] Die Gruppendynamik stellt nicht die theoretische Grundlage dieser Arbeit dar, sie ist jedoch unerlässlich, was den Diskurs um die Gruppenkommunikation angeht. Sie wird somit in dieser Arbeit generell definiert, weil vorausgesetzt wird, dass sie sich mit den komplexen Kräften und den daraus entstehenden Beziehungen, die in einer Gruppe zustande kommen, beschäftigt.

2.2 Geschichte der Gruppenkommunikation

Dennis Gouran gibt in seinem Essay *Communication in Groups: The Emergence and Evolution of a Field Study* (1999) einen zusammenfassenden Einblick in die Geschichte der Gruppenkommunikationsforschung. Obgleich er verschiedene Forschungen vom Anfang des 20. Jahrhunderts berücksichtigt, wie zum Beispiel Simpson (1939) und Robinson (1941), datiert er den Anfang der Gruppenkommunikationsforschung auf Mitte des 20. Jahrhunderts. Einige dieser

28 Siehe Paul Paulus' (2003) Beitrag in Kapitel 3, S. 81–82.
29 Siehe Olaf A. Burow (1999; 2015), Kapitel 3, S. 75–77.

Studien, unter anderem Alma Johnsons[30] (1943), beruhen auf John Deweys *How We Think* von 1910. Die Anfänge der Gruppenkommunikationsforschung kann man demnach in der Kommunikationspädagogik erkennen, da der Grundgedanke auf Deweys späterem Werk *Demokratie und Erziehung* (1916) beruht, das die Gruppendiskussion als Instrument der Demokratie sieht (Gouran in Frey 1999: 3–4). Obwohl für Gouran Dewey eine Ideologisierung der Gruppenkommunikation in Richtung des Pragmatismus repräsentiert, muss erwähnt werden, dass nach Dewey die Entwicklung der Gruppenkommunikation in Bezug auf die Weiterentwicklung der Gruppentheorie gefördert wurde. Denn es war Dewey, der die Relevanz der Kommunikation in der zwischenmenschlichen Interaktion insbesondere in Gruppen wahrgenommen hat.[31]Dies war zugleich der Hauptansatzpunkt der gruppendynamischen Forschung, nachdem die Gruppenkommunikation fortan Aufschluss über gruppeninterne Vorgänge beziehungsweise Verhaltensweisen geben konnte.

Darüber hinaus leistete auch Kurt Lewin einen bedeutenden Beitrag zur Gruppenkommunikationsforschung, indem er die Systemperspektive in seine Forschung übernahm. Deren Grundgedanke beruht auf der Annahme, dass Entitäten aus Elementen bestehen, deren Eigenschaften derart miteinander gekoppelt sind, dass die Veränderung einer Eigenschaft auf alle Eigenschaften der Elemente zurückwirkt und somit auch auf die Entität (ebd.: 5). Lewin

30 A. Johnsons Studie (1943): *An experimental study in the analysis and measurement of reflective thinking*. Beruhend auf Deweys Identifizierung einzelner Denkschritte konzipierte Alma Johnson eine Methode, die die Fähigkeit reflektiven Denkens messen konnte und somit zu Johnsons Zeit bedeutend zur Kommunikationspädagokik beitrug (vgl. Gouran in Frey 1999: 3).

31 Vgl. Dewey (1916/1993) u. a.: „Der Hauptgrund der allgemeinen Auffassung, dass Erkenntnis unmittelbar von einem zum anderen weitergegeben werden kann, ist zweifellos die Bedeutung der Sprache für den Erkenntniserwerb." (Dewey 1916/1993: 31)

verdeutlichte, dass das individuelle Verhalten entsprechend dem Verhalten der Gruppe angepasst wird, sodass eine Aufgabe erfolgreich gelöst werden kann. Für Gouran war Lewins Adaptation der Systemperspektive der Grund dafür, dass die weitere Entwicklung der Gruppenkommunikation eine systemorientierte Sichtweise als Grundlage übernommen hat (ebd.).

Dennoch wurde die systemtheoretische Sichtweise nur teilweise für die Gruppenkommunikation übernommen. Besonders im gruppendynamischen Forschungskontext, der eine Gruppe als aufgaben- beziehungsweise zielbestimmt betrachtet, wird die Kommunikation einerseits als Prozess verstanden, der auf dem Austausch von Informationen beruht, und andererseits mit dem Konzept der Interaktion gleichgesetzt. In ihrer Studie argumentieren die Sozialpsychologen John McDavid und Herbert Harary dahingehend, dass die Kommunikation als „exchange of ideas and experience between individuals“ verstanden werden solle (McDavid & Harary 1968: 158). Der Begriff der Kommunikation, wie er in der Sozialpsychologie und in der Psychologie erfasst wird, setzt voraus, dass die Kommunikation in Wechselwirkung mit der Interaktion das Verhalten kontrolliert und steuert.[32] Im Anschluss daran entwickelte sich die gruppendynamische Kommunikationsforschung weiter. Die Kommunikation wird fortan als dynamisch fortlaufender Prozess beschrieben, der sich auf das gemeinsame Wissen um Vergangenes und die gemeinsame Geschichte der PartnerInnen stützt (Forgas 1995: 122–123).

Die Gruppenkommunikationsforschung stützt sich sowohl im gruppendynamischen als auch im sozialpsychologischen und psychologischen Kontext auf die Prämisse, die das Begriffsmodell der

32 Dies fußt größtenteils auf Paul Watzlawiks u. a. (1980) entwickeltem Konzept der interpersonalen Kommunikation, die auf fünf identifizierten Axiomen beruht (vgl. Watzlawick & Weakland 1980; Watzlawik, Beavin, Jackson 2007).

Kommunikation immer auf das Verhalten der Gruppe zurückgeführt. Dies wird sehr gut anhand von Ruffners und Burgoons Annahme verbildlicht: „[H]uman communication refers to the broad range of behaviors where one or more communication sources encodes a message and transmits it to one or more receivers." (Ruffner & Burgoon 1981: 2) Indem die vorliegende Arbeit sich mit der Untersuchung der Gruppenkommunikation und mit deren Einfluss auf den kreativen Prozess der individuellen Gruppen beschäftigt, kommt sie auch dieser Prämisse entgegen. Denn durch das Verhalten der Gruppen entsteht deren individueller kreativer Prozess.

Ein weiterer bedeutender Beitrag im Kontext der Gruppenkommunikation war Robert Freed Bales' Konzept der Interaktion, das auf Talcott Parsons Begriff der sozialen Interaktion[33] beruht (1950). Der Soziologe Bales legte sein Augenmerk auf das Erforschen der interpersonalen Ebene von Kleingruppen und suchte hier nach wiederkehrenden Mustern. Er ging davon aus, dass die Interaktion innerhalb der Gruppe eine wichtige Rolle spielt, wenn es um das Erforschen der Beziehungen zwischen den Gruppenmitgliedern und die Ursachen und Muster von Beeinflussungen geht (ebd.: 6). Mit anderen Worten war die Interaktion zwischen den Gruppenmitgliedern für Bales untrennbar mit der Leistung der Gruppe verbunden. Er entwickelte zudem das erste in der Gruppenforschung bekannte Kodiersystem IPA[34] (Interactive Process Analysis), das es

33 „In Talcott Parsons' Theorie des sozialen Handelns ist soziale Interaktion das aufeinander bezogene Handeln zweier Personen (–> *ego* und *alter*), das dadurch zu Stande kommt, dass die Akteure ihr Handeln wechselseitig an einander komplementären Erwartungen ausrichten. Soziale Interaktion ist hier zumeist an soziale Rollen als Elemente sozialer Systeme gebunden und durch gemeinsame Normen geregelt." (Vgl. Fuchs-Heinritz u. a. 2011: 314)

34 Die IPA, auch noch „Interaktionsmatrix" oder „Bales-Matrix" genannt, und wurde von Bales als Form der tabellarischen Darstellung von Interaktionsprozessen in

ermöglicht, das Gruppenverhalten in aufgaben- oder beziehungsorientiertes Verhalten einzuteilen.

Obwohl Bales' Beitrag zur Gruppenkommunikation signifikant ist, was den Fokus auf die Effizienz und Produktivität von Gruppen angeht, schlüge die Anwendung dieser Art von Gruppenkommunikationsforschung im Kontext dieser Arbeit fehl. Die Gründe hierfür sind folgende: Der Forschungsschwerpunkt dieser Studie liegt nicht auf dem Leistungspotenzial bezüglich der für die Forschung entwickelten Aufgabe einer Gruppe, sondern auf der Gruppenkommunikation und deren Einfluss auf den kreativen Prozess. Es geht somit weniger darum, die Gruppen in einem Experimentformat zu untersuchen, sondern in ihrer natürlichen Umgebung. Des Weiteren spielt bei Bales die Kontextsensitivität der Gruppen eine Nebenrolle, während sie in dieser Arbeit eine wichtige Rolle einnimmt.

In der gruppendynamischen Lehre hat Bales' Beitrag dazu geführt, dass Gruppenkommunikation, ob in der Kleingruppenforschung oder in der Sozialpsychologie, meist als Synonym für Interaktion gesehen wird:

> Wo immer zwei oder mehr Individuen sich zueinander verhalten, sei es im Gespräch, in Verhandlungen, im Spiel oder Streit, in Liebe oder Hass, sei es um einer Sache oder um ihrer selbst willen, sprechen wir von sozialen Interaktionen oder zwischenmenschlicher Kommunikation. (Graumann 1972: 1109)

Kleingruppen benutzt. Dabei erscheinen die Gruppenmitglieder i. d. R. in der Randspalte als Initiatoren und Intitiatorinnen und in der Randzeile als „Empfänger" bzw. Empfängerinnen von Interaktionen; in den Zellen werden die Zahlen der zwischen den einzelnen Mitgliedern vorkommenden Interaktionen eingetragen. Das IPA gilt als Vorreiter des SYMLOG-Modells (vgl. Fuchs-Heinritz u. a. 2011: 316).

Die Funktion der Kommunikation in diesem Sinne ist die Reduzierung von Unsicherheit (Beebe & Masterson 1997: 35).[35] Indem zwischen verbaler und nonverbaler Kommunikation unterschieden wird, dient diese Unterscheidung lediglich der Untersuchung der Gruppenstruktur, präziser der Identifizierung der Gruppenidentität und der Rollenverteilung. Wie bereits auf Seite 12 erläutert wurde, entspricht dies nicht dem Untersuchungsfokus dieser Studie.

Des Weiteren ist es wichtig, darauf hinzuweisen, dass Bales genauso wie Lewin annahm, dass eine Gruppe sich immer um eine Aufgabe herum bilde. Dem ist hinzuzufügen, dass diese Annahme Gruppenexperimenten entstammt, bei denen die Aufgabe oder das Ziel den Gruppen von außen auferlegt wurde. Wenn man nun diesen Gedanken weiterführt, so könnte man daraus schließen, dass die Kommunikation, wie sie in Gruppen stattfindet, größtenteils aufgaben- beziehungsweise zielgesteuert ist. Dies bedeutete zudem, dass die Gruppenkommunikation nur das aufgaben- beziehungsweise zielgesteuerte Verhalten der Gruppe reflektiert. Jede andere Verhaltensart entginge dieser Reflektion, da der Untersuchungsfokus andere mögliche Verhaltensarten vernachlässigt. Deswegen ist es wichtig, nach Gruppenkommunikationsmodellen zu suchen, die ein nicht zielorientiertes Verhalten zulassen.

2.2.1 Gruppenkommunikationsmodelle

Die Gruppenkommunikationsforschung hat sich seit Lewin in vielerlei Hinsicht weiterentwickelt. Die *Functional Theory* wurde von dem Gruppenkommunikationswissenschaftler Randy Y. Hirokawa (1980) konzipiert und hat zum Ziel, eine Optimierung der

35 Hierfür gibt es unzählige Analysemodelle, z. B. das Kontingenzmodell der dyadischen Interaktion der Sozialpsychologen Jones und Gerard (1967).

Gruppenaktivität durch die effektive Kommunikation von Bedürfnissen zu fördern (ebd.: 15). Wie bei einigen Theorien vor ihr wird auch bei der funktionstheoretischen Perspektive davon ausgegangen, dass Gruppen ziel- beziehungsweise aufgabenorientiert sind (Poole u. a. 2005: 23). Dadurch besteht die Möglichkeit, Gruppenverhalten und -leistung anhand von Standards evaluieren zu können (ebd.: 24) und somit Interaktionsprozesse regulierbar zu machen (ebd.). Dabei bezieht sich die *Functional Theory* auf ihre Grundannahme, die die Beeinflussung der Gruppenleistung in der Interaktion zwischen interner und externer Faktoren anerkennt (ebd.). Diese Einflüsse sollen dann anhand der Kommunikation nachvollziehbar gemacht werden, indem das Handeln der Gruppe als Resultat eines seriellen Ereignisablaufs gesehen wird (ebd.: 48). Genau darin liegt jedoch die Schwäche dieses Theorieansatzes, denn die Ergebnisse einer Gruppe werden immer als lineare Input- beziehungsweise Output-Prozesse gesehen und untersucht. Dies macht es unmöglich, zyklische oder gar nichtlineare Gruppenprozesse zu erklären (ebd.).

Ähnlich wie die *Functional Theory* geht auch die *Structuration Theory* davon aus, dass die Entscheidungskompetenz einer Gruppe ein wichtiger Faktor der Gruppenkommunikation ist. Hierbei gehen die Kommunikationswissenschaftler Marshall Poole, David Seibold und Robert McPhee (1996)[36] in der von ihnen entwickelten Gruppenkommunikationstheorie einen Schritt weiter und widmen sich der Untersuchung von Entscheidungsprozessen einer Gruppe. Die *Structural Theory* liefert hierfür ein Modell, das erklärt, wie die Mitglieder einer Gruppe Regeln aufstellen und Ressourcen nutzen, um als soziales System zu interagieren (Beebe & Masterson 1997: 42). Die Gruppenstruktur gilt hier als aussagekräftig bezüglich der Gruppenkommunikation. Mit anderen Worten: Es wird davon

36 Vgl. Poole, M. S.; Seibold, D. R.; McPhee, R. D. (1996).

ausgegangen, dass es zwischen der Bildung einer Gruppe und deren Kommunikation direkte Parallelen gibt, die sich mit der Zeit wenig verändern. Was das Untersuchen von Verhaltensmustern angeht, spielen hierbei die Entscheidungsregeln eine unentbehrliche Rolle (ebd.: 43).

Es ist jedoch zu beachten, dass der Fokus der Structural Theory und der Functional Theorie auf gruppendynamischen Prozessen liegt, und ihr Forschungsziel darin besteht, die Leistung der Gruppe zu bestimmen. Es wird besonders auf Konsens, Zufriedenheit, Qualität, Präzision und Schnelligkeit geschaut (Keyton in Frey 1999: 172). Für die Gruppenkommunikation bedeutet dies, dass ihr Untersuchungsschwerpunkt hauptsächlich auf den Entscheidungs- und Problemlösungsprozessen liegt.

Im Rahmen der vorliegenden Arbeit hat es wenig Sinn, die dokumentierten Gruppen auf ihr Leistungspotenzial hin zu untersuchen, da der Faktor im kreativen Kontext improvisierter Musik schwer zu definieren, manche würden sogar behaupten, nicht ausschlaggebend ist. Zudem wird nach einem Gruppenkommunikationsmodell gesucht, das sich nicht nur am Gegenstand der Gruppentätigkeit orientiert, sondern sich auch dessen Kontext, Situation und vereinzelt den zwischenmenschlichen Aspekten der Gruppenmitglieder widmet.

Ferner gehen beide Theorien davon aus, dass Gruppenkommunikation immer die Funktion hat, das Verhalten einer Gruppe zu erklären und sogar vorherzusagen (Beebe & Masterson 1997: 38). Dies beinhaltet ein weiteres Problem im Kontext improvisierter Musik: Die Gruppenkommunikation improvisierender Ensembles kann nur bis zu einem bestimmten Punkt die Gruppentätigkeit reflektieren. Denn diese ist vorwiegend spontaner Natur und somit unvorhersehbar. Es sei denn, die Gruppenkommunikation könnte Aufschluss über das kreative Verhalten der Gruppe geben und so bis zu einem gewissen Grad deren kreative Tätigkeit vorhersagen. Aber auch dann hätte dies seine Grenzen. Dennoch kann man solche Annahmen mit den meisten Gruppenkommunikationstheorien nicht verfolgen. Denn innerhalb dieser Theorien wird die Kommunikation meist auf den Informationsaustausch in Gruppen reduziert, was mit sich bringt, dass der Forschungsschwerpunkt auf Entscheidungsprozesse, Kommunikationsprobleme und unterschiedliche Kommunikationsnetzwerkmuster gelegt wird (Forsyth 2005: 25).

2.2.1.1 Die Symbolic Convergence Theorie

Was die Gruppenkommunikation im Kontext der Theoriebildung zur Kreativität beziehungsweise zum kreativen Prozess von Gruppen betrifft, wurden bis dato noch keine ausschlaggebenden Theorien ausgearbeitet. Es gibt jedoch die Theorie der *Symbolic Convergence*, in der die Gruppenkommunikation als fantasiereich charakterisiert wird; sie besitzt einen starken Einfluss auf die relationalen Aspekte innerhalb der Gruppe besitzt.

Die *Symbolic Convergence Theory* (SCT) wurde von Ernest Bormann entwickelt und beschreibt eine Form der Gruppenkommunikation, die auf dem Bezugssystem des *homo narrans* beruht. Die Prämisse des *homo narrans* kennzeichnet die Menschen als soziale Geschichtenerzähler, die gemeinsame Fantasien erschaffen, um so ein Gruppenbewusstsein und soziale Realitäten zu entwickeln (Bormann 1985: 136). Der Begriff Fantasie hat in der *Symbolic Convergence Theory* eine eigene Bedeutung und wird gemäß Bormann folgendermaßen definiert: „Fantasy refers to the creative and imaginative shared interpretation of events that fulfills a group's psychological or rhetorical need." (Ebd.: 130) Dabei kann es sich um *rhetorical fantasies37* oder *rhetorical visions38* handeln.

Mit diesem Gruppenkommunikationsmodell wird also angenommen, dass eine Gruppe erst durch die Entwicklung gemeinsamer Fantasien[39] zu einem Gruppenbewusstsein gelangen kann. Außerdem beruht die *Symbolic Convergence Theory* auf der *Convergence Theory* von Robert Freed Bales. Der Soziologe Bales beobachtete in den Fallstudien kleiner Gruppen, dass Gruppeninteraktion oft das Erzählen dramatischer Geschichten beinhaltet, was die Gruppenmitglieder zum Konvergieren[40] bringt. Diese Geschichten umschreibt Bales als *fantasy themes*, die unter anderem dramatische Charaktere wie Helden oder Bösewichte beinhalten, einem Handlungsschema folgen und Szenen erfassen (vgl. Bales 1980).[41]

Obwohl die *Symbolic Convergence Theory* sehr interessante Elemente der Gruppenkommunikation enthält, gelang es Bormann nicht, die Annahmen der *Symbolic Convergence Theory* in der Wissenschaft zu etablieren. So wird ihr oft vorgeworfen, dass sie zu stark

37 „Rhetorical fantasies include fanciful and ficticious scripts of imaginary characters, but they often deal with things that have actually happened to members of the group." (Bormann 1985: 130)

38 „Rhetorical vision emerges when the participants in the vision come to form a rhetorical community." (Ebd.: 133).

39 Bormann behauptet an anderer Stelle auch, dass gemeinsame Fantasien („shared fantasies") kohärente Erfahrungsberichte aus der Vergangenheit oder der Zukunft darstellen können, die die soziale Realität der Gruppenmitglieder vereinfachen und formen können (ebd.: 134).

40 Aus dem Englischen „to converge"; daher auch Convergence Theory.

41 Die *Symbolic Convergence Theory* beruht zudem auf Kenneth Burkes Konzept *dramatism*, das als Metapher für die symbolische Handlung der Sprache gesehen werden kann. Für den Literaturtheoretiker Burke ist Sprache nicht neutral, sondern kann durch symbolisches Handeln agieren. Demzufolge ist auch die Gruppenkommunikation im Rahmen der *Symbolic Convergence Theory* von einem symbolischen Handeln durch Sprache gekennzeichnet.

verallgemeinere. Dies war einer der Hauptkritikpunkte von Bales, der sich strikt an Freuds Prämisse hielt: Es ist wissenschaftlich nicht fundiert, Interaktionen, die in kleinen Gruppen stattfinden, auf die Masse zu übertragen (Bormann u. a. 1994: 270). Hinzu kommt, dass die Begrifflichkeiten, zum Beispiel das *Dramatisieren* eines Gruppenmitglieds, nicht vollständig definiert werden. Es wird zwar immer wieder auf Burke hingewiesen, gleichzeitig wird aber nicht erklärt, wann das *Dramatisieren* für den Kontext des Gruppenbewusstseins wichtig ist und wann nicht (Bormann u. a. 1994: 280). Des Weiteren gibt die *Symbolic Convergence Theory* keinen Anhaltspunkt darauf, welchen Einfluss die Kooperation, die im Rahmen von Burkes Forschungen so wichtig war, auf die *shared fantasies* hat.

Für den Kontext dieser Studie wäre es relevant, herauszufinden, ob der kreative Prozess einer Gruppe Einfluss auf das durch die *shared fantasies* entwickelte Gruppenbewusstsein hat. Dies stellt jedoch einen weiteren Kritikpunkt an der *Symbolic Convergence Theory* dar, denn ihren Vertretern gelang es nicht, das Konzept des Gruppenbewusstseins richtig zu definieren. Es ist somit schwierig, die *Symbolic Convergence Theory* im Rahmen dieser Studie als relevant zu behandeln, da sie nicht wissenschaftlich untermauert genug erscheint. Dennoch birgt sie interessante Ideen, zum Beispiel die Beziehung zwischen der Gruppenkommunikation und der Bildung einer gruppeninternen und -individuellen Gemeinschaft.[42]

42 „Individuals who share enough fantasies to develop a common consciousness have the basis for communicating with one another to raise the consciousness of new members, sustain the consciousness of group members when challenged, discuss their common concerns and experiences as group members, and agree on how they are going to make decisions. [...] A viable rhetoric must also accommodate the community to the changes that accompany its unfolding history. [...] Communications is the means by which the community makes and implements plans and interprets its success and failure." (Bormann 1985: 134–135).

Was nun das Konzept von Kreativität innerhalb der Gruppenkommunikation angeht, so bleibt die *Symbolic Convergence Theory* oberflächlich, da sie die Kreativität der Sprache nur nebenbei erwähnt und sich mehr auf die von ihr generierten Gruppenprozesse fokussiert. Des Weiteren beschäftigt sich die *Symbolic Convergence Theory* nicht mit dem kreativen Prozess einer Gruppe, sondern nur mit den kreativ gestalteten Fantasien einer Gruppe und dem Einfluss dieser Fantasien auf die Gruppe.

Es ist dennoch wichtig, an dieser Stelle zu bemerken, dass mit der *Symbolic Convergence Theory* der individuelle Charakter einer Gruppe und deren Entwicklung durch die Gruppenkommunikation reflektiert werden kann. Die Gruppenkommunikation spiegelt nicht nur die Tätigkeit, die Interaktion und das Verhalten einer Gruppe wider, sondern auch deren Individualität. Das Modell lässt jedoch Kommunikationsfaktoren außer Acht, die für die Untersuchung des Einflusses der Gruppenkommunikation auf die kreative Tätigkeit der Gruppen ausschlaggebend sind, zum Beispiel der historisch-spezifische Kontext improvisierter Musik, der Szenenkontext der einzelnen Ensembles, die Achtsamkeit der MusikerInnen gegenüber der Spielsituation, um nur einige zu nennen. Schon alleine diese Faktoren bringen ein milieuspezifisches Verhalten mit sich, das den Kriterien der meisten Gruppenmodelle widerspricht. Es muss daher ein Gruppenmodell gesucht werden, das es ermöglicht, diese Kommunikationsprozesse besser zu veranschaulichen.

2.2.1.2 Das Bona-Fide-Gruppenmodell

Die rezenteste Forschung in der Gruppenkommunikation ist das *Bona-Fide-Gruppenmodell*, entwickelt von Linda Putnam und Cynthia Stohl (1990; 1996; 2003). Dieses Modell soll, anders als die bisher genannten Gruppenmodelle, ermöglichen, die Kommunikation innerhalb kleiner Gruppen besser zu erforschen, indem es den Gruppenkontext aktiv mit in die Untersuchung einbezieht. Lawrence Frey, einer der leitenden Gruppenkommunikationsforscher, unterscheidet zwischen dem Container- und dem Bona-Fide-Modell auf folgende Art und Weise: Während ersteres die Gruppe als geschlossene Entität mit relativ festgelegten Grenzen wahrnimmt, ist die Bona-Fide-Gruppe eine mit stabilen, jedoch durchlässig ausgerüsteten Grenzen (Frey 2003: 3–4). Dies hat zwei Auswirkungen auf die Gruppe: Einerseits erkennt sie, dass sie Grenzen besitzt, andererseits wird sie sich bewusst, dass sie sich von anderen Entitäten abgrenzen muss. Dabei bemerkt sie, dass diese Grenzen dynamisch und fließfähig sind (ebd.: 4). Die Grenzen können innerhalb der Gruppe ständig negoziiert, umdefiniert und durch die Interaktion der einzelnen Gruppenmitglieder verändert werden (ebd.). Das Bona-Fide- Gruppenmodell stellt somit die alten Definitionen von festgelegten Rollen und Statusbestimmungen infrage, indem es diese verhandelbarer und kontextabhängiger macht. Dies hat natürlich auch Folgen für das Gruppenkommunikationsverständnis: Die Gruppe wird weniger aufgaben-, status- oder problemlösungsbestimmt in ihrer Struktur gehandhabt.

Ferner sind die Mitglieder von Bona-Fide-Gruppen zugleich auch Mitglieder anderer Gruppen und gelten demnach als Repräsentanten und Repräsentantinnen dieser Gruppen (ebd.). Die Mitglieder von Bona-Fide-Gruppen erkennen somit an, dass sie untereinander diverse Rollen haben, und können diese Rollen auch situativ und kontextuell wechseln. Die Wahrnehmung der Mitglieder in der Gruppe ist somit erweitert, was sich auch auf deren Kompetenzen auswirkt. Auch die einzelnen Mitglieder der Untersuchungsgruppen dieser Studie spielen regelmäßig in anderen Gruppenkonstellationen.

Ein weiteres Merkmal einer Bona-Fide-Gruppe ist, dass deren Mitglieder öfters wechseln und dies wesentliche Konsequenzen für die internen Gruppendynamiken hat (ebd.). Im Kontrast hierzu steht die „Container-Gruppe“[43] mit ihren festgelegten Grenzen, die bestimmen, wer Mitglied und wer ausgeschlossen wird (ebd.: 3).

Die Grenzen sind oft an hierarchische Strukturen gebunden, bei denen die verschiedenen Rollen den Mitgliedern zugeteilt werden und somit innerhalb der Gruppe feststehen. Das Erforschen dieses Modelltyps bezieht sich oft auf die internen Prozesse der Gruppe, zum Beispiel das Problemlösen und das Treffen von Entscheidungen (ebd.). Da die Rollenverteilung feststeht, werden auch die unterschiedlichen, für die Gruppe relevanten Kompetenzen durch die einzelnen Mitglieder verkörpert. Dadurch, dass die Mitglieder von Bona-Fide-Gruppen auch Mitglieder anderer Gruppen sein können, ist die Rollenverteilung innerhalb des Modells auch flexibler und aufgabenfokussierter.

Darüber hinaus gilt das Bona-Fide-Gruppenmodell als kontextabhängig (zum Beispiel der historische, der geografische oder der wirtschaftliche Kontext). Dies bedeutet, dass es eine Wechselwirkung zwischen der Gruppe und deren Umwelt gibt (ebd.: 5). Somit beeinflusst der Kontext, in dem sich die Gruppe bildet, auch, was in der Gruppe entsteht, beziehungsweise passiert, und umgekehrt. Frey zufolge ist diese Wechselwirkung so stark, dass die externe Umwelt und die internen Gruppenprozesse de facto vernetzt sind (ebd.: 7). Die Rollenverteilung innerhalb der Bona-Fide-Gruppen

43 „In the container model, at least as operationalized in research studies, a group is considered to be relatively closed ntity with fixed boundaries and borders that define who is and who is not a member, and the focus of study is on internal processes as groups attempt to solve problems, make decisions, provide members with social support, and so forth.“ (Frey 2003: 3).

muss demnach situativ untersucht werden, da sie nicht wie im „Container"-Modell strukturgebunden ist. Wenn man mit dem Bona-Fide- Modell und dessen Kommunikation arbeitet, ist es somit wichtiger, wenn nicht sogar unabdingbar, auf den Kontext zu achten, da er mit den Gruppenprozessen verflochten ist.

Die Relevanz des Bona-Fide-Gruppenkommunikationsmodells für die vorliegende Studie entstammt sogar daher. Denn der situative Kontext dient als Referenzrahmen für gruppendynamische Prozesse, die sich in der Gruppenkommunikation widerspiegeln. Das Erforschen von Gruppen nach dem Bona-Fide-Gruppenmodell beruht zuerst einmal darauf, dass sich die Gruppen eigenständig und somit unabhängig von den Absichten eines Wissenschaftlers bilden und so auch existieren[44] (Frey 1994: 285). Die Gruppe wird nicht mehr als isolierte Einheit betrachtet, sondern als ein Teil eines Ganzen. Das Bona-Fide-Gruppenmodell erlaubt es, nicht nur die Gruppe und deren kommunikative Prozesse zu untersuchen, sondern auch den situativen Kontext dieser Gruppe in die Untersuchung miteinzubeziehen. Die Gruppenzusammensetzung oder Gruppenform steuert zwar nach wie vor die Interaktion und die Kommunikation der Gruppe, jedoch auf sehr offene und adaptive Art und Weise.

Darüber hinaus ist dieses Gruppenmodell von den Rahmenbedingungen des situativ gegebenen Kontextes abhängig. Dies setzt voraus, dass sich das Verständnis der Gruppenkommunikation von den Funktionen der Problemlösung, Gruppenentscheidung oder Ideengenerierung wegbewegt und weiterentwickelt, da diese meist an das „Container"-Modell mit seiner hierarchischen Rollenverteilung

44 Dies hat natürlich auch Konsequenzen auf die Auswahl der Forschungsmethoden, da es hier angebrachter erscheint, deskriptive und erklärende Methoden anzuwenden, als kontrolliert- experimentelle Designverfahren (Frey 1994: 285).

gebunden sind. Als Folge dessen werden alle Entitäten der Untersuchung in einem Zustand gegenseitiger und simultaner Gestaltung dargestellt. Dies macht es unmöglich, zwischen Ursache und Wirkung zu unterscheiden (Poole in Frey 1999: 59). Infolgedessen kann die Gruppenkommunikation im Rahmen dieser Forschung untersucht werden.

Das Bona-Fide-Modell ist angesichts der Feldforschung dieser Studie von essenzieller Bedeutung, da es Parallelen zum zum Verständnis von Gruppen aufweist, das diese von improvisierter Musik haben. So besteht zum Beispiel eine gewisse Offenheit hinsichtlich der Gruppenform.[45] Hinzu kommt die starke Kontextabhängigkeit der Ensembles, die sich in ihrer Entstehung und Entwicklung, besonders aber in ihrer Tätigkeit offenbart. Improvisierte Musik, egal ob im Jazz, in der freien Improvisation oder in der Avantgarde, ist sehr situationsbezogen. Sie wird aus dem Moment, in dem sie entsteht, erschaffen und ist wie dieser einzigartig und kurzlebig.[46] Diese Art, Musik zu machen, ist äußerst komplex, besonders im Rahmen einer Gruppe, und bringt unter anderem eine eigene Art der Zusammenarbeit hervor.

Die Umstände, unter denen sich Ensembles im Rahmen improvisierter Musik bilden, genauso relevant wie der Kontext, aus dem heraus sie sich entwickeln. Der Musikethnologe Paul Berliner behauptet zum Beispiel, dass eine Kollektivimprovisation nicht nur aus den musikalischen Konzepten, Geschmäckern und technischen Fähigkeiten der einzelnen MusikerInnen besteht, sondern auch aus den

45 Die Echtzeitmusikszene ist davon geprägt, dass die meisten MusikerInnen in unterschiedlichen Konstellationen, von denen einige fest sind, immer wieder spielen. Dies bedeutet, dass die Mitglieder eines Ensembles auch gleichzeitig Mitglieder eines anderen Ensembles sind.

46 Vgl. u. a. Bailey (1992), Berliner (1994), Wilson (1999).

sozialen Interaktionen, die die Gruppe für sich erschafft (Berliner 1994: 430). Für Berliner sind diese sozialen Interaktionen geprägt von Machtstrukturen und Prädispositionen, von Kompromissen und Kollegialität (ebd.). Allerdings ist hier festzuhalten, dass Berliner von hierarchisch festgelegten Rollenverteilungen innerhalb der Gruppenform von Ensembles, Bands und anderen Musikkonstellationen ausgeht.

Die Erklärung Berliners ist jedoch nicht ausreichend, wenn man zur Kenntnis nimmt, dass Gruppen beziehungsweise Bands oder Ensembles immer wieder eine unterschiedliche Lebensdauer haben. Einige Ensembles, wie das AMM, wurden in den 1960er Jahren gegründet und spielen heute noch, andere trennten sich schon nach kurzer Zeit wieder. Das Scratch Orchestra zum Beispiel löste sich 1979 auf. Berliners Argument, dass sich die soziale Interaktion primär anhand von Machtstrukturen oder fixierten Rollenverteilungen erklären lässt, scheint sehr eindimensional, was die Erforschung improvisierender Gruppen angeht. Es erklärt nur eine Ebene der Gruppenentwicklung und lässt dabei andere Aspekte außen vor, zum Beispiel die Lern- oder Arbeitsprozesse, das situativ und kontextuell geprägte Gruppenverhalten und das Gestalten gruppenspezifischer, interpersonaler Dynamiken.

Des Weiteren fehlt ein wesentlicher Faktor in der Darstellung sozialer Interaktion, wie sie in Gruppen improvisierender Ensembles stattfindet: der Aspekt der verbalen Kommunikation. Im Kontext improvisierter Musik wird die verbale Gruppenkommunikation meist als persönlich und in einem allgemeinen Sinn sehr affektiv[47] eingestuft. Indem die Dimension der Gruppenkommunikation in die Untersuchung von improvisierenden Ensembles miteinbezogen

47 Vgl. Monson (1996).

wird, lässt sich zum Beispiel der Einfluss der Kommunikation auf die Lern- und Arbeitsprozesse einer Gruppe bestimmen. Dies erlaubte wiederum Einblicke in deren Gestaltungsprozess und deren Gruppenentwicklung, die allein durch die Aspekte der sozialen Interaktion nach Berliner nicht möglich wären.

Die Kommunikationswissenschaftlerin Joann Keyton prägte das Konzept der relationalen Kommunikation. Im Forschungsbereich der Gruppenkommunikation bedeutet dies, dass beziehungsfördernde Elemente wie das Kollektivbewusstsein, der Humor und die Diversität in Gruppen (Keyton in Frey 1999: 214) in der dokumentierten Gruppenkommunikation herausgefiltert werden. Für Keyton besteht dieser Bereich der Gruppenkommunikation aus mehr als bloß dem Verbessern der Gruppenperformanz: „Too often, researchers rely on task or decision-making groups and ignore other groups that feature social engagement more prominently." (Ebd.: 215) Ferner behauptet sie, „[s]tudying relationally orientated groups would add to the current understanding of relationship development and relationship maintenance, and perhaps uncover additional relational issues" (ebd.: 216).

Die Gruppenkommunikation, wie sie in dieser Studie untersucht wird, entsteht unter anderem auch durch die Konstellation der einzelnen Ensembles. Dabei ist diese komplexe Gruppenart durchdrungen von Freundschafts-, Arbeits- und Lernprozessen. Keyton suggeriert, weniger Aufmerksamkeit auf Kriterien der Interaktion[48] und mehr auf die persönliche Ebene der zwischenmenschlichen Interaktion zu legen (ebd.: 192–193). Obwohl in dieser Studie dem Gedanken Keytons zugestimmt wird, liegt ihre Priorität jedoch erst

48 Zum Beispiel die der Performanz oder der Schnelligkeit (Keyton in Frey 1999: 192–193).

einmal auf dem Erforschen der Gruppenkommunikation als Teil der kreativen Gruppentätigkeit.

Dies schließt unter anderem mit ein, dass weitere Fragen, besonders was den kreativen Kontext und die Gruppenkommunikation angeht, beantwortet werden müssen: Gibt es Gruppenkommunikationsmodelle, die sich mit der Kreativität in und von Gruppen beschäftigt? Kann die Gruppenkommunikation auch den kreativen Prozess einer Gruppe beeinflussen?

2.3 Gruppenkommunikation im kreativen Umfeld

In diesem Kapitel wird die Kommunikation im Rahmen improvisierter Musik erörtert. Dabei müssen zuerst folgende Fragen beantwortet werden: Wie wird improvisierte Musik verstanden? Welche Arten von Kommunikation gibt es in der improvisierten Musik? Wie werden diese verstanden? Welche Rolle spielt die verbale Kommunikation in diesem Kontext?

2.3.1 Kommunikation und Improvisation

Wenn in dieser Arbeit der Begriff improvisierte Musik gebraucht wird, dann auf zweierlei Weise: Um einen musikalisch-geschichtlichen Kontext zu umreißen, der unter anderem Musikgenres wie Free Jazz, kreative Musik und Freie Musik verbindet. Die Darlegung dieses Begriffes dient dazu, den kreativen Prozess, die Gruppenkommunikation und den Charakter der Gruppen, wie sie durch die dokumentierten Ensembles repräsentiert werden, in einen bereits existierenden Kontext zu bringen. Denn die Untersuchung gruppenkommunikativer Prozesse schließt die Gruppentätigkeit und den Kontext dieser Tätigkeit mit ein. Auf eine zweite Weise wird der Begriff improvisierte Musik benutzt, um auf das improvisierende Handeln, wie es in den dokumentierten Ensembles der Echtzeitmusikszene vorkommt, aufmerksam zu machen. Hierdurch kann der kreative Prozess der Ensembles besser charakterisieren werden.

Es geht nicht darum, eine musikwissenschaftliche Definition improvisierten Handelns, wie es in der Echtzeitmusikszene stattfindet, aufzustellen oder einen Beitrag dazu zu leisten, auf welche Art die verbale Kommunikation der Ensembles Auswirkungen auf die Szene hat. Des Weiteren geht es in dieser Arbeit auch nicht darum, den Status verbaler Kommunikation in der improvisierten Musik auszuhandeln. Der Fokus dieser Arbeit liegt ausschließlich auf der Untersuchung der Gruppenkommunikation und deren eventueller Beeinflussung des kreativen Prozesses der einzelnen Gruppen.

2.3.1.1 Echtzeitmusik

Damit der Kontext der Feldforschung deutlicher dargestellt werden kann, bedarf es einer Erörterung der Musikszene, aus der die unterschiedlichen Ensembles dieser Studie stammen.

Die Anfänge der Echtzeitmusik lassen sich auf einen Freundeskreis Mitte der 1990er Jahre in Berlin zurückführen (Blazanovic in Beins u. a. 2011:2 9). Berlin wurde somit nach dem Mauerfall das Zentrum einer Szene, die sich bis heute weiterentwickelt. Durch den raschen Zuzug internationaler MusikerInnen wurde die Berliner Improvisationsszene von verschiedensten Musikrichtungen geprägt und war auch dafür bekannt (ebd.: 29). Darüber hinaus unterscheiden sich die Biografien der MusikerInnen sehr stark, besonders was das Alter und die Nationalität angeht: Ein Aspekt, den es vorher so noch in keiner Musikszene gegeben hatte (Seidel 2011: 110). Somit entwickelte sich ein ganz eigenes musikalisches Genre.

Der Begriff Echtzeitmusik verlagert das Hauptaugenmerk gänzlich auf die Tatsache, dass die Musik in Echtzeit, also im Moment ihrer Ausführung, gestaltet wird (Beins u. a. 2011: 166). Der Terminus Echtzeit (*real-time*) entspringt der Informatik und deutet auf die Zeit hin, die die Abläufe einer Software in der realen Welt brauchen (ebd.: 178). Der Begriff genau wie die Musik entstand dadurch, dass die MusikerInnen ihrer Musik einen Namen geben wollten, der sich von den restlichen Improvisationsszenen unterschied. Wolfgang Seidel (2011:110) fügt hinzu, dass der Begriff gewählt wurde, um sich vom Free Jazz abzugrenzen, den viele Echtzeitmusiker sozial und musikalisch als zu hermetisch empfanden. Hinzu kommt, dass der Name eine Musik voraussetzt, die das Ergebnis eines kollektiven Improvisationsprozesses ist, in dem Komposition und Aufführung zusammenfallen (ebd.: 108). Das Soziale wird somit als Konstrukt wahrgenommen, das durch die Musik verhandelbar gemacht werden kann (ebd.: 109). Dies zeigt sich nicht nur anhand der unterschiedlichsten Konstellationen, sondern auch durch das Entstehen größerer Improvisationsorchester.[49]

Die Echtzeitmusik selbst ist durch eine Reihe verschiedenartigster Einflüsse geprägt: von Noise Culture über Glitschmusik bis hin zum Jazz. Somit ist die Musik an sich nicht neu, in Nischen existierte sie

49 Große Improvisationsorchester sind zum Beispiel das Splitter Orchester mit seinen 24 internationalen Mitglieder (vgl. Splitter Orchester. URL: http://www.berlinsplitter.org/index.php?article_id=1. 17.05.2018).

schon lange[50] (Seidel 2011: 109). Auch die Elektronik kam anhand der Echtzeitmusik wieder zu ihrem Ursprung zurück (ebd.: 110). Allerdings ist die Echtzeitmusik von einer Charakteristik besonders geprägt: ihre „schmutzigen" Klänge (ebd.: 111). Seidel (ebd.) gibt hierzu eine der passendsten Beschreibungen: „Es kratzt und schabt, wird auch mal heftig – aber immer als Ergebnis eines kommunikativen Prozesses und nicht, weil 8 Takte um sind und das Publikum für sein Geld einen (ge-)fälligen Refrain erwartet."

2.3.2 Kommunikation in improvisierter Musik

Es gibt viele verschiedene Ebenen von Kommunikation im Kontext improvisierter Musik. Darunter befinden sich unter anderem die musikalische, die physische und die verbale Ebene, die Peter Niklas Wilson in seinem Buch *Hear and Now* (1999) differenziert hat. Die musikalische Ebene ist eine Art Kommunikation, die alles umschließt, was an klanglichen Interaktionen innerhalb einer Gruppenimprovisation zustande kommt: vom banalen Echo bis zur gegenseitigen Induktion oder dem kollektiven Weben eines gemeinsamen Klangteppichs (Wilson 1999: 13–14). Demnach existieren verschiedene Muster oder Kommunikationsformen, die sich anhand der Musik identifizieren lassen, zum Beispiel das Streben nach stilistischer Geschlossenheit, das einen unverwechselbaren Gruppenklang reflektiert, oder das Erarbeiten eines Klangs als Kontinuum, das als ständig neu gefärbte Oberflächentexturen verstanden werden soll (ebd.). Dabei kann es passieren, dass die improvisierte Musik Formen der Kommunikation wie des Gesprächs annimmt.

50 Vom Minimalismus Tony Conrads bis hin zur Fluxus-Bewegung und des europäischen Jazz (vgl. Seidel 2011: 109).

Eine neue Studie der John Hopkins University in Baltimore ergab, dass die Gehirne gemeinsam improvisierender Musiker wie bei einem Gespräch arbeiten (o. V.: Melodische Unterhaltung 2012:14). Der Hirnforscher Charles Limb und sein Forschungsteam fanden dies heraus, indem sie erfahrene Jazz-MusikerInnen einer funktionellen Magnetresonanztomografie (MRT) unterzogen, während diese durch Kopfhörer mit ihren Mitspielern und Mitspielerinnen verbunden waren und auf einem eigens gebauten Keyboard spielten.[51] Dabei fand das Team heraus, dass besonders diejenigen Hirnareale angeregt wurden, die für den Satzbau, also die Syntax, zuständig sind (ebd.). Während der Improvisation entsteht also eine melodisch-musikalische Unterhaltung.

Die zweite Ebene, die laut Wilson (1999:13) innerhalb improvisierter Musik oft als Kommunikation beschrieben wird, ist die physische. Derweil sind sowohl die Körpersprache als auch die Gestik, die Mimik und die physische Interaktion der MusikerInnen gemeint. Im Übrigen geht Wilson (ebd.) davon aus, dass diese Art der Kommunikation besonders wichtig für Kollektivimprovisationen ist. Es ist diese Stufe, die im Kontext der Soziologie immer mehr als kreatives Handeln thematisiert wird (Joas 1996; Figueroa-Dreher in Göttlich & Kurt 2012; Kurt in Göttlich & Kurt 2012).

Eine weitere Ebene, die Wilson in Kollektivimprovisationen identifiziert, ist die der verbalen Kommunikation. Er greift diese jedoch nur kurz auf, da er sich anderen Rahmenbedingungen der Kollektivimprovisation widmet.[52] Besonders im musikwissenschaftlichen Kontext stellt sich immer wieder die Frage, wie relevant diese Ebene im

51 Die Pianisten spielten „trading fours", eine Art Improvisation, bei der sich zwei Musiker nach jeweils vier Takten abwechseln (Melodische Unterhaltung 2012: 14).

52 Rahmenbedingungen wie zum Beispiel dem Konzept der Ethik, der Gruppe oder des Raum (vgl. Wilson 1999: 14–25).

Prozess der improvisierten Musik ist. Der Musikpädagoge Frederick Seddon hat sich genauer mit dieser Forschungsfrage beschäftigt.

2.3.2.1 Kommunikationsmodi & improvisierte Musik

In seiner Studie *Modes of Communication During Jazz Improvisation* differenziert Frederick Seddon zwischen sechs verschiedenen Kommunikationsmodi. Rahmenbedingungen seiner Studie war die Beobachtung einer Gruppe von sechs Jazz- Studenten während einer Probenphase (sechs jeweils einstündige Proben) und der anschließenden Aufführung. Die Gruppe hatte vorher noch nie zusammen gespielt und wurde für die Studie zusammengestellt. Bezüglich der Gruppenkommunikation stellt sich die Frage, wie authentisch die Kommunikation im Rahmen eines zeitlich begrenzten und gestellten Szenarios sein kann. Ferner untersuchte Seddon nur eine und zudem noch „künstlich" gestaltete Gruppe. Wie schon an vorheriger Stelle erläutert worden ist,[53] gibt es im Jazz häufig die Position des Leaders, dessen Einfluss in einer solchen Studie insbesondere bezüglich der Gruppenkommunikation nicht vernachlässigt werden darf.

In seiner Studie unterscheidet Seddon zuerst zwischen verbaler und nonverbaler Kommunikation (Seddon 2005: 47). Dann differenziert er weiter zwischen verbaler und nonverbaler Instruktion, Kooperation und Kollaboration.[54] Die verbale Instruktion bildet hierbei den ersten Modus, der überwiegend am Beginn einer Probe zu finden ist. Er wird von Seddon als undemokratische Kommunikation charakterisiert, da die Initiierung der Performance meist nur von einer Person ausgeht (ebd.: 52).

53 Vgl. S. 33–34: Beitrag von Berliner (1994).

54 Im Kontext dieser Forschung werden jedoch nur die Modi der verbalen Kommunikation angesprochen.

Den zweiten Modus der verbalen Kooperation beschreibt Seddon als Medium für Abklärung, Auswertung und Organisation (ebd.). Der Modus der kollaborativen Kommunikation ist für ihn Ausdruck der kreativen Präferenzen innerhalb einer Gruppe und verrät mehr über die kreative Entwicklung eines Stücks (ebd.). Beide Kommunikationsmodi treten auf, wenn die musikalische Kommunikation entweder suspendiert wird oder zusammenbricht (ebd.). Seddons Fazit ist, dass die verbale Kooperation Aktivitäten vereinfacht, die die koesive Performanz[55] der Musik ausmachen (ebd.). Die kollaborative Kommunikation hingegen wendet sich mehr den Aktivitäten der Gruppe zu, in denen es um die kreative Entwicklung des Musikinhalts geht (ebd.).

Seddon beschäftigte sich somit nicht nur mit den verbal-musikalischen Ebenen improvisierter Musik, sondern auch mit deren Kreativitätspotenzial. Er nahm die Kreativitätstheorie von Roslyn Arnold an. Die Theorie der empathischen Intelligenz beruht auf der Hypothese, dass diese sich anhand folgender Faktoren entwickelt: dem Einstimmen[56], der Dezentrierung und der Introspektion (ebd.: 48). Das Einstimmen ist für Seddon besonders in Bezug auf die nonverbalen Interaktionsprozesse der Musik wichtig. Es stellt unter anderem einen Ausdruck von Aufmerksamkeit seitens der SpielerInnen dar und passt das „Spiegeln" der musikalischen Resonanzen der Gruppe an (ebd.: 49). Dieses Einstimmen benötigt Kommunikation und ein kollektiv-ästhetisches Urteilsvermögen (ebd.). Der Faktor der Dezentrierung soll dabei helfen, mitfühlend und einfühlsam mit den gemeinsamen Erfahrungen und dem kollektiv-ästhetischen

55 Seddon geht in seiner Studie nicht weiter auf den Begriff *cohesive performance* ein, was darauf schließen lässt, dass er unter diesem Begriff in erster Linie eine kohäsive also zusammenhängende Performanz versteht.

56 Aus dem Englischen „attunement" (vgl. Seddon 2005). Dabei besitzt der Begriff „Einstimmen" zudem eine weitere Konnotation im musikalischen Kontext. „Attunement" wird auch als „Abstimmung" ins Deutsche übersetzt.

Urteilsvermögen umzugehen (ebd.: 48). Die Introspektion soll es vereinfachen, anhand kollektiver Reflektion zukünftige Perspektiven für die Gruppe zu entwickeln (ebd.).

Demnach scheint das Konzept der empathischen Intelligenz in erster Linie auf der verbalen Ebene der Kommunikation zu beruhen. Allerdings unterstreicht Arnold die emotionale Komponente stärker. Laut Arnold gründet die empathische Intelligenz in der emotionalen Ebene, die sich in der sozialen Interaktion ausdrückt und nicht als verinnerlichter Zustand auf den Einzelnen wirkt (ebd.: 49, Arnold 2004). Infolgedessen ist die Theorie der empathischen Intelligenz für diese Studie nicht relevant, da sie sich hauptsächlich mit der emotionalen Ebene des Gruppenverhaltens auseinandersetzt.

In seiner Studie greift Seddon diesen Ansatz auf und schlussfolgert, dass die musikalisch-physische Komponente im Kontext der empathischen Intelligenz vorrangig ist. Daraus ergeben sich dennoch eine Reihe von Fragen: Trifft diese Schlussfolgerung nur zu bei Gruppen, die eine hierarchische Rollenverteilung gemäß der Jazztradition vertreten? Oder sind Seddons Schlussfolgerungen auch relevant für Ensembles, die sich dieser Tradition entziehen und sich zum Beispiel auf natürliche Weise gegründet haben? Spezifischer stellt sich die Frage nach der Qualität des Erkenntnisgrades von Seddons Schlussfolgerung, die sich auf die Nutzung der musikalisch-physischen Ebene bezieht. Denn ist es nicht üblich für eine Jazzgruppe, die sich gerade erst gegründet hat, sich zuerst auf die Nutzung der musikalisch-physischen Ebene zu beziehen? Ändert sich dieser Bezugsfokus vielleicht im Laufe der Zeit für die Gruppe?

Was nun die verbale Kommunikationsebene angeht, so zeigt die Studie, dass nur ein Teil der verbalen Kommunikation Abstimmungsprozesse oder, wie Seddon es nennt, den kooperativen Modus aufweisen. Dieser Modus ist für die kohäsive Performanz der Musik zuständig. Ein Beispiel hierfür ist die Präsenz unterschiedlicher Ideologien, die die improvisierte Musik bis heute geprägt haben und bei Ensembles häufig in Form von Regelsystemen zu finden sind. Es ist wichtig festzuhalten, dass diese Regelsysteme bei Gruppen auftreten, die fest miteinander spielen: *Nuova Consonanza* mit ihrem Katalog der Verbote, *AMM* oder *Music Improvisation Company.* Sie helfen, das Miteinanderspielen bis zu einem gewissen Punkt zu regeln, ohne zu oft in den Prozess einzugreifen. Ein weiteres Beispiel ist Cornelius Cardews Ethik der Improvisation, in der er sieben Tugenden[57] identifiziert.

Indes ist die kollaborative Kommunikation (Seddon 2005), für den kreativen Inhalt der Musik zuständig. Das Material eines Ensembles ist aber auch wesentlich an die Interaktion innerhalb der Gruppe gebunden. Wie Seddons Studie bereits gezeigt hat, enthält die Interaktion sowohl hierarchisch festgelegte als auch kooperative und kollaborative Arbeitsprozesse.[58] Seddon versäumt es jedoch, zu erläutern, inwiefern individuelle Kommunikationsmodi die Arbeitsprozesse innerhalb der Gruppen widerspiegeln. Dabei lässt er diejenigen Lernprozesse außer Acht, die nicht nur historisch[59], sondern auch gruppendynamisch[60] eine äußerst wichtige Rolle während des Interaktionsverlaufs der Gruppe spielen.

57 Einfachheit, Integrität, Selbstlosigkeit, Toleranz, Bereitsein, Identifikation mit der Natur, Akzeptieren des Todes (vgl. Wilson 1999: 14).

58 Vgl. ebd. Seddon (2005).

59 Vgl. Beispiele aus Jazz, Free Jazz und der Improvisationsszene.

60 Das Lernenlernen im gruppendynamischen und systemtheoretischen Ansatz ist durch seine reflexive Beschreibung gekennzeichnet: Erst erfolgt das Sammeln von Information, dann das Bilden von Hypothesen und zum Schluss das Setzten von Interpretationen (vgl. Königswieser & Pelikan in König 2001: 112–113).

Dies wirft eine Reihe von Fragen auf, die im Rahmen dieser Studie weiter erforscht werden müssen, zum Beispiel: Was sagt die verbale Kommunikation über das Zusammenspielen der Musiker aus? Und wie, wenn überhaupt, beeinflusst es deren musikalische Interaktion? Damit dies dennoch gelingt, muss zuerst eine Auseinandersetzung mit der Kreativität der Sprache stattfinden.

2.3.3 Kreative Kommunikation

Bevor sich diese Arbeit den oben genannten Fragen zuwenden kann, bedarf es noch eines Einblicks in die inhärente Kreativität der Sprache. Somit müssen folgende Fragen innerhalb dieses Unterkapitels beantwortet werden: Wodurch ist die Kreativität in der verbalen beziehungsweise gesprochenen Kommunikation charakterisiert? Sind diese Charakteristika generell nachweisbar oder kontext- beziehungsweise situationsabhängig? Treten diese Charakteristiken auch im Kontext improvisierter Musik auf?

Der Sprachwissenschaftler Ronald Carter stellt seine Ergebnisse in seinem Buch *Language and Creativity* vor, das das Phänomen der Kreativität in der englischen Sprache erforscht. Dabei konzentrierte er sich größtenteils auf den alltäglichen Sprachgebrauch, was bedeutet, dass er sich der CANCODE[61] Datenbasis bediente, um Gespräche auf ihre Kreativität hin zu untersuchen. Was die Definition von Kreativität angeht, so greift Carter auf jene von Robert Sternbergs zurück: „Creativity is the ability to produce work that is both novel

61 „Cambridge and Nottingham Corpus of Discourse in English (CANCODE): is a 5-million-word computerised corpus of spoken English, made up of recordings from a variety of settings in the countries of the United Kingdom and Ireland." (Vgl. Carter 2010: xiii)

(i.e. original, unexpected) and appropriate (i.e. adaptive concerning task constraints)." (Sternberg in Carter 2010: 47)

2.3.3.1 Die Metapher

Durch seine Forschungen fand Carter heraus, dass sich die Beziehung zur Kreativität im Sprachgebrauch anhand gewisser Sprachmuster und rhetorischer Figuren verstärkt. Die Metapher wird dabei besonders in Augenschein genommen. Als rhetorisches Stilmittel im Sprachgebrauch wird sie wie folgt definiert:

> „[S]prachlicher Ausdruck, bei dem ein Wort (eine Wortgruppe) aus seinem eigentlichen Bedeutungszusammenhang in einen anderen übertragen wird, ohne dass ein direkter Vergleich die Beziehung zwischen Bezeichnendem und Bezeichnetem verdeutlicht; bildliche Übertragung (z. B. der kreative Kopf des Projekts)."[62] Ihr etymologischer Ursprung liegt im Griechischen: *metaphorá* bedeutet „Übertragung" und beruht auf *metaphérein,* was so viel wie „anderswohin tragen" bedeutet.

Der Metaphernbegriff kommt aus der Philosophie oder, präziser, aus der Rhetorik. Aristoteles beschrieb die Metapher als „Übertragung eines fremden Namens"[63] Die Übertragung ist seither wesentliches Element der Metapherndefinition. In den Sprachwissenschaften wird sie als besondere Form des nichtwörtlichen Gebrauchs eines Ausdrucks verstanden, der in einer bestimmten Kommunikationssituation vorkommt (Skirl & Schwarz-Friesel 2013: 4). Eine Metapher ist immer mit ihrem Ursprungsmoment verbunden.

62 Vgl. Duden 2015.

63 Vgl. Skirl & Schwarz-Friesel 2013: 4.

In der Linguistik wird die Metapher oft als ein von Sprechern und Sprecherinnen charakterisiertes Bestreben gesehen, konventionelle, alltägliche und automatisierte Sprachfunktionen zu erweitern und zu verändern (ebd.: 1). Dies hat zweierlei Ziele: entweder neue geistige Repräsentationen zu erschaffen oder schwer fassbare, von der Alltagssprache nicht adäquat darzustellende Bereiche durch innovative Konstellationen auszudrücken (ebd.). Metaphern funktionieren, indem sie durch Analogien Beziehungen zwischen zwei (oder mehreren) Sinnesdomänen schaffen, die normalerweise nicht in direktem Zusammenhang stehen (Carter 2010: 119). Sie beruhen demnach auf dem Ähnlichkeits- beziehungsweise Analogieprinzip, indem sie einen Übertragungszusammenhang zwischen zwei Konzepten oder Gegenständen bilden. Auch Carter bestätigt, dass das Kriterium der Ähnlichkeit die Grundlage der semantischen Verbindung von Analogien und Metaphern bildet (ebd.: 120).

Ein Kerngedanke der kognitiven Linguistik, der von George Lakoff und Mark Johnson entwickelt wurde, ist, dass Metaphern nicht nur Elemente der Sprache, sondern auch unseres Denkens sind (Lakoff & Johnson 2014: 11). Lakoff und Johnson definieren die Metapher folgendermaßen: „Das Wesen der Metapher besteht darin, daß wir durch sie eine Sache oder einen Vorgang in Begriffen einer anderen Sache beziehungsweise eines anderen Vorgangs verstehen und erfahren können." (Ebd.: 14) Beide gehen davon aus, dass metaphorische Konzepte unser Denken strukturieren und somit unser Alltagshandeln lenken (ebd.). Beispiele, die dies bezeugen, sind: „Argumentieren ist Krieg" oder „Zeit ist Geld". Dadurch dass unsere Denkprozesse größtenteils metaphorisch ablaufen, prägen sie nicht nur unser Handeln, sondern auch das Verständnis, das mit unseren Handlungen einhergeht (ebd.: 13–14). Lakoff und Johnson differenzierten diesbezüglich zwischen drei

Typen von Metaphern, die jede auf ihre Weise unser Denken und Handeln strukturieren.[64]

Ferner besteht das Wesen der Metapher darin, durch sie eine Sache oder einen Vorgang in Begriffen einer anderen Sache beziehungsweise eines anderen Vorgangs verstehen und erfahren zu können (ebd.: 14). Der Faktor des Verstehens ist somit äußerst wichtig im Kontext von Metaphern. In der kognitiven Sprachwissenschaft spielt sich das Verstehen von Metaphern im ganzen Erfahrungsbereich ab und nicht innerhalb der benutzten Konzepte (vgl. Lakoff & Johnson: 137). In der allgemeinen Sprachwissenschaft muss die Metapher zuerst erkannt werden, bevor man sich ihrer konzeptuellen Bedeutung zuwenden kann (vgl. Skirl & Schwarz-Friesel 2013: 2). In beiden Fällen beruht das Verstehen jedoch auf einer Interaktion zwischen SprecherIn und ZuhörerIn. Für das Erforschen von Metaphern in Gesprächen ist es wichtig, nicht nur auf den situativen Kontext zu achten, sondern auch darauf, ob eine Metapher er- beziehungsweise anerkannt wird.

Zudem behauptet der Linguist Andrew Ortony, dass der Gebrauch von Metaphern auf positive Weise unser Gedächtnis beeinflusst und unser Verständnis gegenüber anderen Kommunikationspartnern prägt (Ortony 1975: 47.). Dies hat damit zu tun, dass Metaphern unter anderem auch eine emotionale Komponente ansprechen, die eine andere Art des Verstehens ermöglicht (ebd.: 50). So hat eine rezente Studie über das „verkörperte Denken" festgestellt, dass das Hantieren mit Konzepten anhand von Metaphern zu einem besseren und konkreteren Verstehen führt (Ayan 2014: 41). Metaphern gewähren somit der abstrakten Ebene von Wort- beziehungsweise

64 Vgl. hierzu Strukturmetaphern, Orientierungsmetaphern und ontologische Metaphern, in Lakoff & Johnson 2014: 22–46.

Wortgruppenbedeutungen Einlass in weitere Bereiche der persönlichen Erfahrung.

Des Weiteren ist es wichtig, im Rahmen der vorliegenden Arbeit noch einmal auf das metaphorische Konzept des Übertragungszusammenhangs aufmerksam zu machen. Der Sprachwissenschaftler Allan Paivio fokussierte in seiner Studie *Imagery and Verbal Processes*, auf das Konzept der assoziativen Bildlichkeit, die er wie folgt definiert: „[A]ssociative imagery holds that memory images could be evoked by stimuli with which the imaged objects or events have been associated in the past, and that these images could themselves combine associatively, as in the ‚association of ideas'" (Paivio 1979: 2). Die assoziative Bildlichkeit zeichnet sich also dadurch aus, dass Bilder von Erinnerungen durch unterschiedliche Stimuli hervorgebracht werden, um mit anderen Bildern in Verbindung gebracht werden zu können. Dabei sind nach Paivios Ansicht, die Bilder genauso wie verbale Prozesse in ihrer Entwicklung sowohl an konkrete Ereignisse und Erfahrungen als auch an die Sprache gebunden (ebd.: 8). Dies bedeutet, dass sich die Bildlichkeit einer Erinnerung immer weiterentwickelt.

Obwohl sich diese Studie nicht mit der Erinnerung von Handlungen auseinandersetzt, ist Paivios Gedanke, dass die Erinnerung die Beziehung zwischen Bildlichkeit und konkreten Erfahrungen verstärkt, relevant für die Forschungsfrage. Dadurch dass Paivio davon ausgeht, dass die verbale Bildlichkeit sich im Zusammenhang mit Erfahrungen beziehungsweise konkreten Ereignissen weiterentwickelt, bestärkt er deren Verbindung. Demnach kann man also postulieren, dass Metaphern im Rahmen improvisierender Ensembles deren musikalischen Prozess beeinflussen, indem Ensembles in ihrer Gruppenkommunikation Metaphern (i. e. Figuren verbaler Bildlichkeit) benutzen.

Ferner erläutert Paivio die Bildlichkeit als Merkmal künstlerisch-kreativen Denkens, worauf verbale Prozesse eine Ordnung und Richtung ausüben können (ebd.: 38). Er beschreibt die Metapher als Mediatorin dieser verbalen Prozesse und deren Fähigkeit, assoziative Bedeutungen[65] anhand von Bildlichkeiten zu erschaffen (ebd.: 473–475). Dies beeinflusst das Reaktionspotenzial einer Situation, indem das bildliche Evozieren einer Erinnerung durch einen konkreten Stimulus geschaffen wird (ebd.: 8). Hierbei sind verbale Prozesse als Stimuli vorteilhafter, da sie weniger konkret sein müssen (ebd.).

Auch im Kontext der improvisierten Musik spielen Metaphern eine Rolle. Ingrid Monson, die ihr Buch *Saying Something* unter anderem auch der Sprache und Kommunikation im Kontext des Jazz widmete, behauptet, dass das verbal-ästhetische Bild die kollaborative und kommunikative Qualität der Improvisation betont (Monson 1996: 2). Viele Jazz-Ausdrücke wie *jitterbugs*, *cat* oder *ickey* gehören genauso zur Geschichte des Jazz wie die Musik. Der Jazz-Jargon besteht deswegen nicht nur aus der Musik, sondern auch aus den Gesprächen und dem Austausch der MusikerInnen untereinander.

Hinzu kommt, dass auch der Musiker Derek Bailey in einer Reihe von Interviews, die er für sein Buch *Improvisation* führte, bemerkte, dass fast alle MusikerInnen es vorzogen, Improvisation in „abstrakten" Begriffen zu diskutieren (Bailey 1980:11). Tatsächlich greifen MusikerInnen oft zu Metaphern oder Analogien, wenn es um die Beschreibung ihrer Tätigkeit geht. Der Improvisationsmusiker Fritz Hauser vergleicht zum Beispiel freie Improvisation mit Bergsteigen:

65 „[A]ssociative meaning [...] involves the development of associative connections or an associative structure involving different referents or conceptual categories." (Paivio 1979: 57)

„Die Vorbereitungen sind wichtig, man kann dabei fast alles in den Griff bekommen: Man kann den Körper trainieren, man kann die Ausrüstung bereit stellen [...], alle Eventualitäten abschätzen und trotzdem: Wenn es dann losgeht und man in früher Morgenstunde die Hand auf den Fels legt, [...] dann macht das Ganze nur Sinn, wenn Instinkt und Reaktionsvermögen, Erfahrung, Neugier und Wachsein gleichzeitig da sind. Ganz im Sinne von: Erfolg ist, wenn Vorbereitung und Gelegenheit zusammen kommen." (Hauser in Nanz 2011: 28)

Es scheint, als wären es die Interaktionsmuster zwischen den Musikern und Musikerinnen, die immer wieder zur Kommunikationsanalogie führen. Auch im Jazz und im Free Jazz wurde Musik oft als Konversation beschrieben. In seinem Buch *Thinking in Jazz: The Infinite Art of Improvisation* hat der Musikethnologe Paul Berliner ein ganzes Kapitel danach benannt (*The Collective Conversation and Musical Journey*). Er bemerkt, dass JazzmusikerInnen zwei Lieblingsmetaphern haben, wenn es um das Beschreiben von Jazz geht: „[...] the two metaphors favored among musicians are, firstly to compare group improvisation to a conversation that players carry on among themselves in the language of jazz, and secondly, to equate the experience of improvising to going on a demanding musical journey." (Berliner 1994: 348)

Die meisten Analogien oder Metaphern heben die Prozesshaftigkeit der improvisierten Musik hervor und enthalten Referenzen bezüglich der Vorbereitung, Balance und Intuition. Außerdem beschreiben sie häufig eine körperliche und geistige Aktivität, in der es um die situative Bestimmtheit des Augenblicks geht, also um das Anpassen der Handlung an den Moment. Dennoch wurde bisher nicht geprüft, ob Metaphern auch eine Rolle im kreativen Prozess improvisierender Ensembles spielen. Der Gebrauch von Metaphern wird im musikwissenschaftlichen Kontext nur auf das Beschreiben des individuellen Spielerlebnisses bezogen. Welche Funktion dies in Gruppenimprovisationen hat, ist eine Frage, die dieser Forschungsarbeit zugrunde liegt.

2.4 Zusammenfassung des Kapitels und Fragestellung

Dieses Kapitel verdeutlicht, wie die dokumentierten Ensembles als Gruppe dargestellt werden können, um die Untersuchung der Gruppenkommunikation im theoretischen Kontext weiter erforschen zu können. Dafür wurde Schäfers Definition der Gruppe übernommen, die eine bestimmte Mitgliederzahl vorschlägt und sich über längere Zeit einem Gruppenziel widmet, indem sie kontinuierlich Kommunikations- und Interaktionsprozesse entwickelt.[66] Darüber hinaus wurde ein Einblick in die gruppendynamische Forschung gewährleistet, in der viel Wert auf das Untersuchen des Gruppenverhaltens gelegt wird. Demnach wurden Kriterien und Analyseaspekte hervorgehoben, die das Erforschen des Verhaltens innerhalb einer Gruppe erleichtern sollen. Ein grundsätzliches Verstehen des gruppendynamischen Verhaltens ist wichtig für das Studieren des kreativen Prozesses, da Teile davon dem Gruppenverhalten entspringen.

Es wurde zudem nach einem Gruppenmodell gesucht, das es ermöglicht, die Kommunikationsprozesse, die in einer musikalisch-improvisierenden Gruppe entstehen, zu verbildlichen. Das Bona-Fide-Gruppenmodell lässt dies zu, da seine Grenzen fließend sind, die Rollenverteilung innerhalb der Gruppe als abhängig von der

66 Vgl. Schäfers 1999: 20–21 auf S. 10 und 11.

Situation gesehen wird und deren Struktur, Form, Kommunikation und Interaktion kontextgebunden bleibt. Dies ist besonders hinsichtlich improvisierender Ensembles relevant, denn sowohl der Situations- als auch der Gesamtkontext sind Teil einer musikalischen Geschichte und Tradition. Letztere beeinflussen somit die Tätigkeit, Gruppenbildung und Umwelt der individuellen Ensembles und prägen demnach auch ihre Kommunikation. Ein weiterer positiver Aspekt dieses Modells ist, dass es den Untersuchungsfokus auf zwischenmenschliche Interaktion richtet. Nach Keyton ist dies für die Erforschung der Verbindung zwischen Kommunikation und Kreativität, wie sie in Gruppen vorkommen, wichtig.[67]

Die Charakteristika des Bona-Fide-Modells beziehen sich allerdings nur auf die Gruppe und nicht auf die Gruppenkommunikation. Da das Augenmerk dieser Studie auf der Untersuchung der Gruppenkommunikation und der Kreativität liegt, wurde nach einem Modell gesucht, was beide Komponenten umfasst. Die *Symbolic Convergence Theory* beschränkte sich bei diesem Aspekt jedoch auf die Gruppenform hinsichtlich der Auswirkungen der Fantasien.

Bezüglich der Metapher ist festzuhalten, dass es der kognitiven Linguistik zufolge eine Verbindung zwischen Metaphern, Denken und Handeln gibt. Dabei erwägen Menschen durch Metaphern eine aus der Erfahrungssituation heraus bestimmte Bildlichkeit, die sowohl unser Denken und als auch unser Handeln lenken kann. Ein schwieriger Gedanke im Kontext improvisierter Musik, denn es stellt sich nun die Frage, inwiefern es möglich ist, explizit zu improvisieren? Schränkt die Metapher in diesem Rahmen die Kreativität der Gruppe ein?

67 Vgl. Keyton S. 31.

Im musikwissenschaftlichen Kontext, improvisierter Musik, ist es wichtig, hervorzuheben, dass die Metapher als sprachliches Element erwähnt wird. Sie gilt unter anderem als Identifikationselement einer Szene, als Repräsentation eines Musikgenres und als Instrument zur Beschreibung des individuellen Musikprozesses. Dennoch wird die verbale Kommunikation nach wie vor separat vom kollektiven Schaffensprozess improvisierter Musik betrachtet. Genau dies versucht die vorliegende Studie jedoch zu bestätigen: dass die verbale Gruppenkommunikation ein Teil des kollektiven Schaffensprozesses improvisierender Ensembles ist und dass sie Eigenschaften besitzt, die sich kreativ auf den Schaffensprozess ausüben können.

Im folgenden Kapitel wird untersucht, was genau dieser kreative Prozess einschließt. Dabei werden folgende Fragen gestellt: Wie wird Kreativität generell definiert? Was sind die Unterschiede zwischen individueller und kollektiver Kreativität? Welche Kreativitätsansätze gibt es diesbezüglich? Gibt es Kreativitätstheorien, die sich ausschließlich mit der Kreativität improvisiernder MusikerInnen befassen?

3. Kreativität in Gruppen

> Im Gruppenspiel gibt es so viele Faktoren. Es ist das einzige musikalische Wagnis, bei dem der Spieler Kreativität hineinsteckt und doch so begrenzt Kontrolle über das Ergebnis hat. (John Butcher 1993)[68]

In diesem Kapitel werden Einblicke in die Kreativitätsforschung gewährt. Dabei wird zuerst untersucht, inwiefern Kreativität generell definierbar ist und was diese Definition historisch beinhaltet. Dies soll es vereinfachen, die unterschiedlichen Kreativitätsdefinitionen mit dem geschichtlichen Kontext zu verbinden, um zu sehen, welche Aspekte für diese Forschung relevant sind und welche nicht. Ferner wird versucht, zwischen individueller und Gruppenkreativität zu differenzieren, indem unterschiedliche Theorieansätze erwogen werden. Hierbei soll auf diverse Merkmale dieses Phänomens im Rahmen einer Gruppe aufmerksam gemacht werden, um zu sehen, in welcher Hinsicht die Merkmale auch in der improvisierten Musik auftreten. Es werden somit folgende Fragen aufgeworfen: Was versteht man heutzutage unter dem Begriff Kreativität? Inwiefern kann eine Gruppe kreativ sein? Ist dies abhängig vom Setting, den Mitgliedern, der Kommunikation oder der Zusammenstellung der Gruppe?

Um diese Fragen besser beantworten zu können, wird zuerst ein kurzer Einblick in die rezente Geschichte der Kreativitätsforschung unternommen; erst dann wird sich den spezifischen Theorien der Gruppenkreativität zugewendet. Neben einer Auswahl unterschiedlicher Theorieansätze, die das Identifizieren einzelner Merkmale des kreativen Prozesses von Gruppen ermöglichen, steht die Kreativitätstheorie von Olaf A. Burow im Vordergrund. Im Zuge dessen

68 John Butcher in einem Interview mit Nick Couldry (Couldry 1993: 39–46).

werden zuerst die Kriterien erläutert, mit denen eine Gruppe als kreativ definiert wird; anschließend wird sich mit den unterschiedlichen Arbeitsprozessen, wie denen der Kollaboration und Kooperation, auseinandergesetzt. Ziel dieser Arbeit ist es, den Einfluss der Gruppenkommunikation auf die Merkmale des kreativen Prozesses von Gruppen zu zeigen.

Diesbezüglich ist es wichtig, zu wissen, dass die Wissenschaften[69], die sich mit dem Erforschen der Kreativität befassen, die verbale Ebene des kreativen Prozesses als zweitrangig erklären (vgl. Kreativitätstheorien nach Sawyer 2008; Sternberg 2001 & 2009; Simonton 1997). Der Grund hierfür liegt in der allgemein von diesen Wissenschaften vertretenen Annahme, dass das kreative Moment in der physischen Interaktion, also den Handlungen[70] der Gruppe, erkennbar ist.

Wenngleich auch in dieser Studie diese Annahme vertreten wird, wird jedoch darüber hinausgegangen und die Kommunikation untersucht, die eine kreative Interaktion reflektieren und sogar provozieren kann. Was bedeutet dies nun im Rahmen des kreativen Prozesses einer Gruppe? Denn deren kreativer Prozess beherbergt auch den Faktor der Gruppenkommunikation. Welchen Einfluss hat die Gruppenkommunikation auf den kreativen Moment? Und bestätigt sich der nicht erst in der Kommunikation mit anderen? Daraus folgt die zentrale Forschungsfrage: Welchen Einfluss hat die Gruppenkommunikation auf den kreativen Prozess improvisierender Ensembles?

69 Unter anderem die Soziologie, die Psychologie und die Sozialpsychologie.

70 Siehe hierzu S. 93–99, Silvana Figueroa-Drehers Begriff des improvisierten Handelns als entwerfendes Handeln.

3.1 Einführung in die Kreativitätsforschung

Das Phänomen der Kreativität begleitet die Menschheit schon seit Anbeginn ihrer Geschichte. Dennoch wurde es bis Mitte des 20. Jahrhunderts nur in Nischen wissenschaftlich erforscht. Einer der Gründe dafür ist der, dass Kreativität immer in Korrelation zu Mystik und Spiritualität betrachtet wurde (Sternberg 2009: 4). Plato vermutete, dass ein Dichter nur durch das Diktum seiner oder einer Muse dazu imstande sei, zu erschaffen (ebd.: 5). Ferner wurde die Kreativität noch bis Anfang des 20. Jahrhunderts als eine Fähigkeit, mehr noch als eine Gabe gesehen, die nur einem besonderen Individuum vergönnt war. Demzufolge hat sich das Konzept von Kreativität – als übermenschliches beziehungsweise göttliches Geschenk (sei es in der Gestalt von Musen oder Dämonen[71]) an einen spezifischen Menschen – über die Zeit hinweg besonders im westlichen Teil der Welt weiterentwickelt.

Dies änderte sich jedoch radikal, als Joy P. Guilford im Jahr 1959 eine der ersten Konferenzen über Kreativität in Vernon/USA abhielt. Mit der Einführung seines Vortrags wollte er dazu auffordern, das Phänomen der Kreativität aus dem Mystischen in die Wissenschaft hinein zu bringen. Infolgedessen begannen VertreterInnen unterschiedlicher Forschungsrichtungen, Kreativität zu erforschen. Dies führte zu einer Reihe verschiedenartiger Ansätze, unter anderem den kognitiven, den psychometrischen und den sozial-persönlichen Denkansatz (ebd.: 4–6).

Guilford war Psychologe und ein Verfechter des psychometrischen Ansatzes. Sein Spezialgebiet war die menschliche Intelligenz. Seinem

71 Der Schriftsteller Rudyard Kipling sprach von einem Dämonen, der ihn bei dem Schreiben von *Das Dschungelbuch* durchgehend begleitet und sogar die Kontrolle übernommen habe (siehe Sternberg 2009: 5).

Einfluss ist zu verdanken, dass Kreativität mit Intelligenz in Verbindung gebracht wurde, da er überdies das verbindende Konzept des divergenten Denkens[72] vorgeschlagen hatte. Sein Ansatz, der psychometrische, erleichterte es, sich wissenschaftlich ein Bild über die Kreativität zu machen, und prägte weitere Forschungen. Robert Ornsteins Studie zur Gehirnspaltung zum Beispiel ergab, dass beide Gehirnhälften verschiedene Rollen in unserem mentalen Leben spielen, jedoch die rechte öfter mit dem kreativen Prozess in Verbindung gebracht wird (Sawyer 2006: 80). Diese und ähnliche Thesen wurden allerdings spätestens nach der Erfindung des MRI (Magnetic Resonance Imaging) widerrufen, denn es stellte sich heraus, dass die Kreativität eine ganzheitliche Gehirnfunktion ist.

Der Psychologe Colin Martindale untersucht in seiner Studie[73] *Biological Bases of Creativity* (2009), warum gewöhnliche Eigenschaften wie Intelligenz, Ausdauer, das Zusammenspiel divergenten und konvergenten Denkens, das bei allen Menschen vorhanden sind, besonders bei kreativen Menschen als außergewöhnlich angesehen werden (Martindale in Sternberg 2009: 137). Laut Martindale tritt Kreativität besonders dann auf, wenn kreative Menschen sich einer kreativen Tätigkeit widmen[74] (ebd.: 141). Der einzige Unterschied zwischen normalen und kreativen Personen[75] besteht darin, dass während der Inspirationsphase deren kortikale Aktivierung von der unkreativer Personen unterschiedlich hoch ist (ebd.). Anders

72 Um das Messen von Kreativität zu vereinfachen, entwickelte Guilford den *Unusual Uses Test*, auf dem beruhend Ellis P. Torrance seine Reihe der *Torrance Tests for Creative Thinking* entwickelte (vgl. Sternberg 2009: 7).

73 Die Ergebnisse dieser Studie gründen auf der Annahme, dass Kreativität anhand kortikaler Aktivierungen messbar sei (siehe hierzu Martindale in Sternberg 2009).

74 Unter anderem Galin (1974); Hoppe (1977).

75 Obwohl das Phänomen der Kreativität Fähigkeiten miteinbezieht, die alle Menschen haben, wurde anhand unterschiedlicher Tests (u. a. dem *Alternate Uses Test*, dem *Remote Associates Test* und einem einheitlichen Intelligenztest) trotzdem eine Differenzierung festgestellt (Martindale in Sternberg 2009: 141).

formuliert: Wenn kreative Personen dazu aufgefordert wurden, eine Geschichte zu erfinden, ohne dass vom Versuchsleiter besonders betont wurde, dass sie kreativ sein müsse, entsprach ihre kortikale Aktivierung der einer unkreativen Person. (ebd.: 142). Es gibt also nur einen Unterschied in der Kreativität, wenn eine explizite Aufforderung vorliegt.

Obwohl der psychometrische und der kognitive Ansatz die Kreativitätswissenschaft prägten, gelten sie doch als sehr einseitig hinsichtlich des Verständnisses von Kreativität. Angesichts der Tatsache, dass sich die Tests aus dem Papier- Bleistift-Format heraus entwickelt haben, schließt dieses Konzept von Kreativität außerdem ein Miteinbeziehen des ganzen Körpers aus. Unabhängig davon konzentrieren sich die meisten Tests des psychometrischen Ansatzes auf Problemfindungs- und lösungsübungen. Der Grund hierfür ist, dass sich in der Entwicklung des Verständnisses von Kreativität die momentane sozialpolitische Ebene der Gesellschaft widerspiegelt.

Das Konzept von Kreativität, wie wir sie heute verstehen, hat gemäß der Kommunikationswissenschaftlerin Susan Jarboe einen wirtschaftlichen Ursprung (Jarboe in Frey 1999: 335). Sie stellt fest, dass das Fördern von Kreativität gezielt als Mittel zum Ankurbeln der Konkurrenzfähigkeit US-amerikanischer Firmen im globalen Markt eingesetzt wurde (ebd.). Ihre Theorie fußt auf der Annahme, dass es wichtig sei, die Kreativität von Mitarbeitern und Mitarbeiterinnen zu fördern, da dies das beste Mittel sei, ein Unternehmen in einer sich ständig verändernden Welt zukunftsfähig und erfolgreich zu machen. Durch die Verlagerung von der Industrie- zur Informationsgesellschaft veränderten sich die Rahmenbedingungen der Arbeitswelt erheblich. Dies gilt besonders für die Erwartungen und Ansichten der ArbeitnehmerInnen an und über ihre Tätigkeit, den Arbeitsabläufen usw. (ebd.). Das Augenmerk in der Arbeitswelt richtet sich somit immer mehr auf die kognitiven Fähigkeiten und Potenziale von Menschen. In Bezug auf Kreativität kommt es zu folgenden Hypothesen: Erstens, dass der Mensch inhärent kreativ ist; Zweitens, dass Kreativität essenzieller Bestandteil von Selbstoptimierung[76] und Selbstaktualisierung ist[77] (ebd.: 335–336).

Jarboe war es wichtig, den Zusammenhang zwischen Kreativität und deren wirtschaftlich orientierten Ursprüngen zu unterstreichen, damit die Verbindung zwischen der kognitiven Psychologie und der Forschung organisatorischer Verhaltensweisen sichtbar wird (ebd.: 360). Ein weiterer Indikator hierfür ist die Beliebtheit von Gruppenarbeiten beziehungsweise Teamwork im Kontext organisatorischer Entwicklung und Wachstum. Beispiele dazu sind Modelle wie Fokusgruppen[78] und *Quality Circles*[79] (ebd.: 336). Laut Jarboe beschränkte sich die Gruppenkommunikation auf zwei Ebenen der Kreativität: einerseits die Makroebene, die sich auf das kreative Lösen von Problemen und das Entscheidungsvermögen konzentriert (ebd.: 342); andererseits die Mikroebene, die sich mit Methoden für divergentes Denken befasst, um Ideen zu generieren (ebd.). Es gibt somit Methoden und Strategien, die sich mit einzelnen Aspekten des kreativen Prozesses auseinandersetzen, aber es fehlt an einem Gruppenkommunikationsmodell, das die Relevanz im kreativen Prozess enthält.

Da das Augenmerk dieser Studie auf den Gruppen und deren Kom-

76 Aus dem Englischen „self-improvement“, siehe hierzu Carr (1994), Ward u. a. (1995).

77 Siehe hierzu die Studie von S. G. Isaksen & M. C. Murdock (1993).

78 Fokusgruppen werden zum Generieren von Ideen eingesetzt, speziell im Rahmen von Produktmarketing (vgl. Kreps 1995).

79 Die Quality Circles helfen beim Identifizieren und Lösen von Arbeitsproblemen, und werden sowohl in logischen als auch in kreativen Strategien trainiert, um die Leistungsfähigkeit von Unternehmen zu sichern (vgl. Greene 1986).

munikation liegt, wird für diese Arbeit hinsichtlich des Konzepts von Kreativität der sozial- persönliche Ansatz, auch interpersonalen Ansatz genannt, übernommen. Die Kreativität wird nicht anhand kognitiver Kapazitäten beschrieben, sondern anhand der Interaktion zwischen Menschen, die sich in einer Gruppe befinden, verstanden. Folglich wird Kreativität als kreativer Prozess wahrgenommen.

In der Kreativitätsforschung beruht dieser Prozess noch heute auf dem Fünf- Stufen-Modell von Graham Wallas.[80] In diesem Modell wird lediglich versucht, die Grundphasen des Prozesses in einem Rahmen festzulegen, ohne ihm eine graduell nachvollziehbare Struktur aufzuzwingen.

Wallas' Prozess besteht aus folgenden Etappen:

i) Die Vorbereitungsphase, in der das Individuum auf ein gewisses Problem aufmerksam gemacht wird, indem der Geist alle Dimensionen dieses Problems erforscht.

ii) Die Inkubations-/Reifungsphase, in der das Problem im Unterbewusstsein internalisiert, also assimiliert wird.

iii) Das Intuitionserscheinen, was meistens als ein Gefühl des Fortschritts beschrieben wird.

iv) Die Einsicht/das „Aha!"-Erlebnis, in der sich die kreative Idee formuliert und vom vorbewussten Zustand ins Bewusstsein gebracht wird.

80 Wallas, G. (1926/1930).

v) Die Ausarbeitung, also die Phase, in der die bewusste Auseinandersetzung, Überprüfung und Umsetzung der Idee stattfindet.

Dieses Rahmenmodell beruht auf der Aktions-/Handelstheorie. Letztere gründet auf der Annahme, dass das plötzliche Aufkommen einer neuen Idee nicht genüge, um das Phänomen als Kreativität zu beschreiben. Denn das Denken an sich ist bereits ein prozessähnliches Handeln, indem ständig neue Assoziationen geformt werden.

Ein Kreativitätsmodell, das auf der Handelstheorie nach Hans Joas beruht, ist das der Soziologin Figueroa-Dreher. Das kreative Handeln des Menschen hängt ihr zufolge von „Krisensituationen" ab, in denen das habituelle Handeln den neuartigen Situationen entsprechend anders und neu bestimmt werden muss (Joas 1996: 195). Figueroa-Dreher sieht Handeln als inhärent kreativ an, aber auch als situationsabhängig. Allerdings unterscheidet sie zwischen dem normalen und dem improvisierenden Handeln. In Anlehnung an die Musikwissenschaften beschreibt sie das Improvisieren als ein „In-Echtzeit-Handeln" (Figueroa-Dreher in Göttlich & Kurt 2012: 191). Dieses „In-Echtzeit-Handeln" wird dadurch charakterisiert, dass es keine zeitlichen Intervalle zwischen dem Handlungsentwurf und dem eigentlichen Handeln gibt. Ziel dieses Modells ist, Improvisationsprozesse aus handlungs- und interaktionstheoretischer Perspektive zu erklären (ebd.: 193). Der Kreativitätsgrad der improvisierten Handlung misst sich weiterhin anhand dessen Strukturierungsgrads: Je strukturierter die Dimensionen[81] des musikalischen Handelns sind, desto niedriger ist der Kreativitätsgrad (ebd.: 204).

81 Es werden insgesamt vier Dimensionen beschrieben, die zusammen Improvisation und Kreativität in Improvisationsprozessen erklären sollen: das musikalische Material, die Interaktion zwischen den SpielerInnen, die Haltung der Handelnden und die Musik beziehungsweise das Setting, in dem die Handlung stattfindet (Figueroa-Dreher in Göttlich & Kurt 2012: 193).

Generell scheint die Handlungstheorie jedoch problemzentriert zu sein, was sich daraus ableiten lässt, dass die Kreativität der Handlung sich nur mittels der Entscheidung für eine Handlungsoption ausdrückt. Des Weiteren zeichnet sich das kreative Denken dadurch aus, dass ein Individuum in einer problemzentrierten Situation potenzielle Handlungsmöglichkeiten konzipiert und sich die Entscheidung mithilfe der Handlung ergibt. Der Grundgedanke, ob bei der Handlung oder bei dem kreativen Denken, bleibt gleich: Kreativität ergibt sich aus einer Krisensituation heraus. Hauptfunktion der Kreativität im Rahmen der Handlungstheorie ist demnach ihre Spontaneität. Dies scheint jedoch nur ein Teil des Phänomens zu beschreiben.

Wenngleich die heutige Psychologie verschiedene Theorien (Amabile 1996; Sawyer 2012; Sternberg 2001 & 2009; Weisberg 1993) hat, die die genaue Funktion des kreativen Prozesses hervorheben, einigen sich dennoch die meisten ForscherInnen darauf, dass es vier erkennbare Phasen gibt: Vorbereitung, Inkubation, Einsicht und Ausarbeitung. Diese entsprechen exakt den Phasen in Wallas' Modell, mit Ausnahme der Intuitionserscheinung, die im heutigen Modell nicht vorkommt. Auffällig ist, dass dessen aktuelle Version aktiv die Phase auslässt, die nicht vollkommen nachweisbar, d. h. wissenschaftlich erfassbar ist.

Besonders die Phasen der Vorbereitung und der Inkubation sind im Kontext dieser Arbeit von spezieller Relevanz. Dies ist unter anderem dadurch bedingt, dass laut dem Psychologen Keith R. Sawyer[82] die Vorbereitungsphase aus einem Ansammeln von Daten besteht,

82 Sawyers Kreativitätskonzept beruht nicht nur auf Wallas' Fünf-Stufen-Modell, sondern auch auf der Hypothese, dass das Phänomen der Kreativität mehr ist als nur eine ganzheitliche Gehirnfunktion (vgl. Sawyer 2006 & 2007).

während die Inkubationsphase ein Elaborieren und Organisieren des aus den Daten gewonnenen Materials beinhaltet (Sawyer 2006: 58). Beide Phasen verkörpern Merkmale, die im Rahmen einer Gruppenzusammenarbeit meistens in der Gruppenkommunikation auftauchen und durch diese reflektiert werden.

Im Übrigen geht Sawyer im Rahmen der Inkubationsphase vom Assoziationismus, also der Assoziationspsychologie von Alexander Bain, aus. Dies bedeutet, dass sich in dieser Phase neue Assoziationen aus schon bestehenden Elementen ergeben (ebd.: 62). Im Kontext der Ideengenerierung gilt diese Phase als außerordentlich wichtig, da sie unter anderem zur „wechselseitigen Befruchtung"[83] führt, wenn man zum Beispiel an verschiedenen Projekten gleichzeitig arbeitet (ebd.: 64). Darüber hinaus hat diese Phase einen positiven Einfluss auf die kognitiven Strukturen unseres Gehirns, da sie Prozesse generiert, die zur Ideenproduktion führen (ebd.: 65). Obwohl Sawyer Ideengenerierung als individuelle Fähigkeit ansieht, kann diese auch im Gruppenkontext stattfinden. Dabei werden Ideen unter den Gruppenmitgliedern ausgetauscht, reflektiert, umgeändert und eventuell anders zusammengesetzt. Somit findet ein Generieren von Ideen auf kollektiver Basis statt.

Die Kreativität als einen phasendurchlaufenden Prozess zu betrachten, ist im Kontext dieser Studie von besonderer Relevanz, da sich die Feldforschung auf die Proben improvisierender Ensembles konzentriert.

Häufig wird behauptet, dass Improvisation keiner Proben bedarf. Verschiedene MusikerInnen lehnen es sogar ab, diesen Begriff zu benutzen, wenn es um improvisierte Musik geht. Es werden andere Be-

83 Aus dem Englischen: „cross-fertilisation" (vgl. Sawyer 2006: 64).

zeichnungen verwendet, zum Beispiel „Soundcheck". Was wäre Improvisation, wenn man sie einüben müsste? Abgesehen vom Setting scheint deshalb der Grad der Unterscheidung zwischen Probe und eigentlicher Bühnenperformanz sehr schmal zu sein. Man könnte daraus folgern, dass es in beiden Kontexten hauptsächlich ums Experimentieren geht, was den musikalischen Inhalt und die Gruppeninteraktion betrifft. Obwohl es keine konkreten Stellungnahmen über das Konzept der Probe in der improvisierten Musik gibt, so weiß man, dass jeder Musiker/jede Musikerin, ob allein oder in der Gruppe, probt. Und so wird zwischen Solo- und Gruppenimprovisationen unterschieden. Hinzu kommt, dass es in der improvisierten Musik unter anderem um das ständige Erarbeiten des eigenen Materials[84] geht. Dieses Material hängt nicht zuletzt von der Kenntnis des eigenen Instrumentes ab, der erlernten Interaktion zwischen den Musikern und Musikerinnen und der individuellen Haltung zur improvisierten Musik.

Was nun die Differenzierung zwischen Solo- und Gruppenproben angeht, so scheint es, als ob sich erstere auf das Kennenlernen des eigenen Instrumentes fokussieren, während letztere das Experimentieren mit den einzelnen Gruppeninteraktionen und -dynamiken voraussetzen. Einzelproben dienen aber auch dazu, den individuellen „Style" zu erarbeiten. Damit kann auch das Markenzeichen eines Musikers/einer Musikerin umschrieben werden: die Technik oder musikalische Vorgehensweise, anhand der man ihn/sie wiedererkennt.[85] Dagegen bestehen die Gruppenproben meist aus einer Kon-

84 Das musikalische Material ist das, was sich MusikerInnen im Laufe ihrer musikalischen Laufbahn erarbeitet haben (Figueroa-Dreher 2010: 187). Es ist eine Mischung aus Instrument und dessen spezifischen Eigenschaften, MusikerIn und dessen/deren persönlichen, sozialen Prägungen und die vielfältigen sich daraus ergebenen Beziehungen (Klopotek 2004: 15).

85 Einige Beispiele, die eine Technik verbildlichen: Der Gitarrist Derek Bailey und seine selbstdefinierte „nicht-idiomatische" Musik; der Saxophonist Peter Brötzmann

stellation von Musikern und Musikerinnen, die gerne zusammen spielen und dies öfter wiederholen. Berliner argumentiert, dass es im Jazz in Gruppenproben meist um das Weitergeben musikalischer Arrangements geht:

„Bands usually arrange and teach their material during formal rehearsals. Consequently, the amount of time they allow for rehearsing, usually a function of the particular circumstances surrounding performances, strongly influence the nature of arrangements." (Ebd.: 301)

Die Gruppenproben beinhalten somit auch kollektive Lernprozesse, die nicht nur für die individuelle Entwicklung der MusikerInnen und der Ensembles wichtig sind, sondern auch für die Weiterentwicklung des musikalischen Genres.

Beruhend auf Wallas' Stufenmodell lässt sich folgern, dass der kreative Prozess improvisierender Ensembles unterschiedliche Stufen durchläuft. Dabei liegt der Fokus in der Probesituation besonders auf der Vorbereitungs- und Inkubationsphase des kreativen Prozesses. Hinzu kommt, dass die Probesituation besonders dadurch charakterisiert ist, dass den einzelnen Ensembles eine Möglichkeit gegeben wird, einzelne gruppenspezifische Mechanismen, zum Beispiel Teile ihres Materials, weiterzuentwickeln oder einzelne gruppendynamische Faktoren der Koordination einzuarbeiten. Die Probesituation im Kontext des kreativen Zustandes ermöglicht es den Ensembles, Reflektionsprozesse einzuleiten, die die Entwicklung ihrer Gruppe fördern.

Was sind das für Abläufe, die den kreativen Prozess einer Gruppe

mit seinem aufgemischten Timbre; die vorbereitete Gitarre von Fred Frith.

beeinflussen und sogar steuern können? Zur Klärung dieser Frage wird ein Einblick in das Konzept der Gruppenkreativität gegeben, um die genauen Mechanismen identifizieren zu können, die den kreativen Prozess einer Gruppe zu beeinflussen vermögen.

3.2 Gruppenkreativität

Es gibt in der Kreativitätsforschung zwei grundlegende Perspektiven: Kreativität wird einerseits als individuelles und andererseits als sozial beeinflusstes Phänomen betrachtet. Generell wird Kreativität, wie sie in dieser Arbeit vorkommt, wie folgt definiert: „Kreativ ist ein Akt, der etwas zum Dasein bringt, das vorher nicht da war. [...] Kreativität ist das Vermögen, Urheber zu sein." (Popitz 1997: 96). Der Soziologe Heinrich Popitz betrachtet Kreativität als Fähigkeit, die jedem Menschen gegeben ist. Diese Annahme begründet er damit, dass jeder Mensch in der Lage ist, die Bedingungen seiner Existenz aus eigener Kraft heraus aktiv zu verändern (ebd.). Wichtig ist jedoch, festzuhalten, dass diese Begriffserklärung in keiner Weise gegen den interpersonalen beziehungsweise sozialen Ansatz der Kreativitätsforschung geht. Letztere unterstellt lediglich, dass das Potenzial der Kreativität im Kontext einer Gruppe oder eines Teams größer ist.[86]

In Bezug auf den kreativen Prozess im musikalisch-künstlerischen Bereich scheint es, als reiche das Konzept eines Austauschs mit Gleichgesinnten nicht aus, um diesen Prozess mit all seinen Facetten zu beschreiben. Es treten folgende Fragen auf: Welche Kreativitätstheorien gibt es in diesem Rahmen? Gibt es generelle Charakteris-

86 Diese Meinung vertreten besonders der Psychologe Keith Sawyer und der Pädagoge Olaf A. Burow.

tiken des kreativen Schaffensprozesses einer Gruppe? Welche sind die Hindernisse, die solch einem Prozess im Wege stehen?

In diesem Abschnitt wird zuerst das Kreativitätsmodell von Olaf Burow in Augenschein genommen, bevor weitere Kreativitätsmodelle erläutert werden können. Die Darlegung anderer Theorien wird es in einem zweiten Schritt ermöglichen, ein ganzheitliches Verständnis von dem kreativen Prozess zu erlangen, indem Leerstellen zwischen den einzelnen Konzepten des kreativen Prozesses aufgezeigt werden.

3.2.1 Kreativität im Plural – Olaf Axel Burow

Der Erziehungswissenschaftler Olaf A. Burow betrachtet Kreativität als Phänomen, das nur innerhalb einer Gruppe beziehungsweise eines Teams entstehen kann. Dies formuliert er, eine sehr radikale Position einnehmend, bereits 1999 in seinem Buch *Die Individualisierungsfalle – Kreativität gibt es nur im Plural* und akzentuierte es noch einmal 2015 mit einer neueren und überlegteren Ausgabe *Team-Flow – Gemeinsam wachsen im Kreativen Feld.* Für Burow besteht Kreativität weniger aus den einzelnen, isolierten Leistungen eines herausragenden Individuums; verortet er sie in dem Zusammenkommen von Gruppen (Burow 1999: 13). Infolgedessen vertritt Burow den interpersonalen Ansatz der Kreativitätsforschung, der Kreativität durch die Interaktion innerhalb von Gruppen bedingt sieht.

Auch das Kreativitätsmodell des Psychologen Keith Sawyer verortet Kreativität in der Zusammenarbeit mit anderen fest (Sawyer 2007: 7).[87] In seinem Buch *Group Genius* geht er dem Gruppenphänomen

87 Dem Mythos von dem einsamen Genies macht er ein Ende: Individuelle Erkenntnisse seien auf eine vorherige Zusammenarbeit mit anderen zurückzuführen

der Kreativität nach, indem er sich nicht nur einer Sammlung historischer Beispiele bedient, sondern auch der Ergebnisse seiner eigenen Studie, die er mit Jazz- beziehungsweise Improvisationsmusikern/-musikerinnen und Improvisationsschauspielern/-schauspielerinnen durchführte. Sawyer identifiziert zehn Bedingungen,[88] die als Voraussetzung zur *flow89*- ermöglichenden Gruppenkreativität führen können (Sawyer 2007: 44). Sawyers Ziel ist, zu versuchen, diese zehn Voraussetzungen universell, also auf jede Art von Gruppe, anzuwenden. Es stellt sich jedoch die Frage, ob diese Bedingungen generell in Gruppen vorhanden sein sollten, oder ob sie als Ziele gelten, auf die individuelle Gruppen hinarbeiten sollten. Zudem scheint Sawyer in seiner Theorie Kreativität als problemlösungszentriert darzustellen; er schafft es somit nicht, den kreativen Prozess als dynamisch, wechselseitig beeinflussbar und fluktuierend zu sehen.

Burow hingegen bezieht sich in seinem Kreativitätsmodell auf die Feldtheorie von Kurt Lewin und konzipiert darauf aufbauend seine Theorie der kreativen Felder:

„Das kreative Feld zeichnet sich durch den Zusammenschluss von Persönlichkeiten mit stark unterschiedlich ausgeprägten Fähigkeiten aus, die eine gemeinsamgeteilte Vision verbindet. Zwei (oder

---

(Sawyer 2007: xii).

88 Die zehn Bedingungen lauten: ein offenes Ziel festlegen, genaues Zuhören, komplette Konzentration der Mitglieder, Kontrolle bewahren, die gleichwertige Teilhabe an der Gruppentätigkeit, eine ausgewogene Mischung von Egos, Vertraulichkeit, Weiterentwicklung der Arbeit, das Zulassen von Fehlern und Kommunikation (Sawyer 2007: 45–53).

89 Beruhend auf Mikhaly Konzept des *Flows*. Csikszentmihalyis beschreibt den Flow als „a particular state of heightened consciousness“ (Csikszentmihalyis in Sawyer 2007: 42), der meistens wie folgt beschrieben wird: „[...] a unified flowing from one moment tot he next, in which we feel in control of our actions, and in which there is little distinction between self and environment; between stimulus and response; or between past, present and future.“ (ebd.)

mehr) unverwechselbare Egos, die sich trotz ihrer Verschiedenheit ihres gemeinsamen Grundes bewusst sind, versuchen in einem wechselseitigen Lernprozess ihr kreatives Potenzial gegenseitig hervorzulocken, zu erweitern und zu entfalten." (Ebd.: 123)

Er gründet seine Auffassung der kreativen Felder größtenteils auf der Feldtheorie Lewins: „Auch der Mensch steht in Spannungsfeldern, und die Zug- und Druck- kräfte können menschliches Verhalten besser beschreiben als die herkömmlichen Begriffe." (Lewin zitiert in Burow 1999: 55) Demnach geht Burow davon aus, dass Menschen aktiv bestimmte Felder aufsuchen und diese auf den Menschen einwirken (ebd.). Er entwickelt das Konzept der kreativen Felder weiter:

„Das Kreative Feld ist nun ein Raum, der in besonderer Weise durch die unterschiedlichen Egos energetisch aufgeladen ist. Im Verlauf der Interaktion tritt eine Idee oder Vision in den Vordergrund und wird zum Anziehungspunkt im Feld. Dieser Anziehungspunkt [...] lockt die unterschiedlichen Fähigkeiten der Mitglieder hervor. Die Mitglieder lagern sich mit ihren spezifischen Fähigkeiten an diesen Kern an und schaffen durch Verdichtung allmählich eine neue Gestalt." (Burow 2015: 186)

Eine Gruppe beziehungsweise ein Team hat somit die Fähigkeit sich ihr eigenes Kreatives Feld zu erschaffen (ebd.).

Es ist allerdings darauf hinzuweisen, dass die Feldtheorie nach Lewin als Methode der Analyse von Kausalbeziehungen innerhalb einer Gruppe konzipiert wurde. Diese hatte zudem zur Aufgabe, eine Synthese wissenschaftlicher Konstrukte darzustellen (Graumann 1982: 135). Lewin entwickelte hierfür eigene Begrifflichkeiten und Formeln, die die Eigenschaften eines bestimmten Feldes zu einer bestimmten Zeit messbar machen sollten. In diesem Zusammenhang unterstellte er, dass die Felder größtenteils subjektiv konstruiert sind. Für ihn setzte dies voraus, dass die individuelle Persönlichkeit der einzelnen GruppenteilnehmerInnen nach einem gewissen Maß strukturiert ist. Obwohl dies eine sehr umstrittene Prämisse ist, führte dies dazu, dass Lewin anhand der Feldtheorie und später der Gruppendynamik herausgefunden hatte, dass das Verhalten und die Interaktion einer Gruppe situativ zu betrachten sind. Burow übernimmt in seiner Theorie der kreativen Felder jedoch nicht die Perspektive der Kausalbeziehungen innerhalb von Gruppen. Er konzentriert sich deutlicher auf die situativen Umstände, die kreative Felder bedingen und fördern.

Burow differenziert zwischen einzelnen Schlüsselkonzepten, die das kreative Feld charakterisieren: Dialog, Vision- und Produktorientierung, Synergieprozess, Personenzentrierung, Vielfalt, Partizipation und Nachhaltigkeit (Burow 1999: 124). Die Theorie der kreativen Felder befasst sich somit mit der Situationsbeschreibung, die die kreative Interaktion in der Gruppe fördern soll. Die Feldtheorie Lewins wird demnach vorerst als Analogie benutzt, um die kreative Feldtheorie Burows zu verbildlichen, da dieser nicht alle interaktionalen Aspekte der Theorie aufgreift.

Obwohl Sawyer die Kommunikation auch zu einer seiner Kreativitätsbedingungen zählt,[90] ist dies das erste Mal, dass eine spezifische Form der Kommunikation als integraler Teil eines kreativitätsfördernden Gruppenprozesses erläutert wird. Denn im Hinblick auf die Bedingung der Kommunikation bleibt Sawyer ungenau, insbesondere angesichts des Kontexts improvisierter Musik. Ein Blick in

90 Laut Sawyer benötigt der Gruppen-*flow* ständige Kommunikation (Sawyer 2007:53.). Aus diesem Grund geht Sawyer eher von spontanen und frei verlaufenden Gesprächen aus, die meist außerhalb der Gruppentätigkeit zustande kommen (ebd.).

seine frühere Publikation *Creating Conversations* (2001)[91] zeigt, dass er bis dato das Thema Kommunikation nur analogisch behandelt hat. Sawyer, der selbst Musiker ist, erläutert die Kreativität und Improvisation anhand der Metapher der Konversation:

„Creative improvisation depends on a lifetime of practice and rehearsal, and improvisers have a large body of material that they draw on during performance. The same with conversation; we don't invent everything that we say from scratch in every conversation, but that doesn't mean it's not creative." (Sawyer 2001: 8)

Sawyer erkennt somit die Kreativität der Sprache in Form von Konversation an, versäumt es jedoch, dem im Kontext der Gruppenkreativität, die durch improvisierte Musik entsteht, nachzugehen.

Im Rahmen der vorliegenden Studie ist Burows Anerkennung des Dialogs als Voraussetzung für den kreativen Prozess einer Gruppe von außerordentlicher Wichtigkeit. Dies ist dadurch bedingt, dass der Dialog eine spezifische Kommunikationsform ist, deren Konzeption hauptsächlich vom Quantenphysiker David Bohm geprägt wurde. Bohm verstand den Dialog als Möglichkeit, Unterbewusstes und Unterwilliges sichtbar zu machen und dadurch zu neuen Verstehensprozessen und sozialen Innovationen zu gelangen (Krause 2009: 12). Er konzipierte ein Format für Gruppensitzungen mit spe-

91 Die Studie wurde auch mithilfe von Schauspielerinnen und Schauspielern des Improvisationstheaters sowie Musikerinnen und Musikern improvisierter Musik durchgeführt. Daraus deduziert Sawyer vier Prinzipien: Das „Ja, und ..."-Prinzip, das „Im Moment bleiben"- Prinzip, das „Hören auf das Gruppenbewusstsein"-Prinzip und das „in der Improvisationszone bleiben"-Prinzip (Sawyer 2001: 16–21). Davon ist das erste Prinzip, das der „Ja, und..."-Maxime, das wesentliche, weil es die Konversation weitergehen lässt. Im Improvisationstheater wird es benutzt, das vorher Gesagte anzunehmen und etwas hinzuzufügen. Genauso ist es auch in der Freien Improvisation, wo etwas gespielt wird, das jemand daraufhin annimmt, indem er/sie etwas hinzufügt (ebd.).

zifischen Anordnungen, das vorgab, wie ein Dialog innerhalb eines solchen Kontextes gehandhabt werden soll. In einer Dialogsitzung wird grundsätzlich versucht, Differenzen[92], die zwischen Gruppenmitgliedern existieren, in der Gruppe zu hinterfragen. Dies hat die Funktion, durch das „teilnehmende Denken“[93] einen neuen Sinnesinhalt in der Gruppe zu schaffen. Bohm beschreibt das teilnehmende Denken in Kontrast zum latenten Denken, das eine Form der praktischen und resultatorientierten Denkweise ist (Bohm 2004a: xxv.). Das teilnehmende Denken ermöglicht es demnach, Ebenen von Zusammenhängen zu erkennen, die mit der latenten Denkweise unzugänglich gewesen wären.

Angesichts der Tatsache, dass der Dialog stellvertretend einem spezifischen Modell untergeordnet ist, wird im Rahmen dieser Arbeit nur noch von dialogischen Prozessen gesprochen. Diese sind von einem gemeinsamen Nachfragen innerhalb der Gruppe gekennzeichnet. Es dient dazu, die einzelnen Meinungen der Mitglieder gemeinsam in und mit der Gruppe zu hinterfragen (Bohm 2004a: 10). In erster Linie hat diese Hinterfragung zum Ziel, unterschiedliche Meinungen und Ansichten in der Gruppe aufkommen zu lassen, ohne dass diese sofort beurteilt werden. Indem die GruppenteilnehmerInnen dies in der Gruppe tun, ohne ihre Meinungen und Ansichten sofort anzusprechen, wird ihnen zudem auch die Möglichkeit gegeben, die laut Bohm schon „gedachten Gedanken“[94] zu

92 Differenzen treten für Bohm meist in Form von Meinungen oder gängigen Interpretationsmustern auf und gelten dabei als vermeintliche Sicherheiten (vgl. Bohm 2004a: 8–9).

93 Aus dem Englischen: „participatory thought“ (vgl. Bohm 2004a: 96).

94 Vgl. Bohms Konzept *thoughting*: „It is important to see that the different opinions that you have are the result of past thought: all your experiences, what other people have said, etc. [...] Opinions thus tend tob e experienced as „truths“, even though they may only be your own assumptions and your own background. You got them from your teacher, your family, or by reading, or in yet some other way. Then for one reason or another you are identified with them, and you defend them.“ (Bohm

beobachten. Dies unterbricht das Identifizieren mit diesen schon „gedachten Gedanken", was zu einer weiteren Fragmentierung[95] der Person führen würde (Bohm 2004a: 10–11).

Dies ist nämlich eines der Ziele des Bohmschen Dialogs: das gemeinsame Gestalten neuer Gedanken.[96] Das Hinterfragen ermöglicht es, eine Distanz zwischen Meinung und Person herzustellen, indem man nicht nur schaut, was diese Meinung ausmacht, sondern auch, was sie in den einzelnen Gruppenmitgliedern auslöst. Der verbale Akt der Hinterfragung beinhaltet eine Art Reflektion, dem das gemeinsame Gestalten von Bedeutungen innerhalb einer Gruppe vorausgeht.

Diese Reflektion soll dazu führen, individuelle Denkprozesse innerhalb der Gruppe verbal bewusst zu machen. Durch dieses Bewusstmachen entstehen Rückkopplungen, die für die kreative Weiterentwicklung der Gruppe wichtig sind. Es geht nicht darum, sich als Gruppenmitglieder mit den Vorstellungen einer Gruppe zu identifizieren, sondern darum, dass die Gruppe diese Vorstellungen und Wissensformen gemeinsam stetig weiter konstruiert und dies zum Teil auch bewusst tut.

Es sind besonders die Faktoren des Gestaltens neuer Sinnesinhalte anhand des teilnehmenden Denkens, die für diese Studie relevant sind. Diese Faktoren treten durchgehend in früheren Studien auf: dem Konzept des Gruppenbewusstseins, wie es in der *Symbolic Con-*

2004a: 9–10) Bohm beschreibt dieses Konzept auch in Kontrast zu *thinking*, das er wie folgt darlegt: „[...] implies the present tense – some activity going on which may include critical sensitivity to what can go wrong." (ebd.: 60–61).

95 Vgl. *fragmentation*: „One of the difficulties is fragmentation, which originates in thought – it is thought which divides everything up. Every division we make is a result of how we think." (ebd.: 10)

96 Vgl. hierzu Bohms Konzept *participatory thought* (ebd.: 99).

vergence Theory oder im Kontext improvisierter Musik auftaucht.[97] Sie sind in der Lage, anhand der Gruppenkommunikation beobachtungsorientierte Prozesse[98] zu generieren. Inwiefern diese eine Rolle im kreativen Prozess einer Gruppe spielen, ist eine der Fragen, denen in dieser Forschungsarbeit nachgegangen wird. Bei dem Untersuchen des Datenmaterials stellte sich jedoch die Frage, anhand welcher Kriterien diese dialogischen Prozesse in der verbalen Gruppenkommunikation identifiziert werden können.

Es stellen sich jedoch noch weitere Fragen in Bezug auf die kreative Zusammenarbeit von Gruppen: Wie sieht es mit den Arbeitsprozessen einer Gruppe aus? Können diese überhaupt die Kreativität fördern? Gibt es hierfür gewisse Voraussetzungen?

3.2.2 Kreativität und zwischenmenschliche Prozesse

3.2.2.1 Beziehungsprozesse

Vera John-Steiner, Professorin für Linguistik und Psychologie an der Universität von New Mexiko, veröffentlichte 2000 ihre Studie *Creative Collaborations.* Hier erklärt sie, wie und warum kreative Kollaborationen zustande kommen und was sie von anderen Formen der Zusammenarbeit unterscheidet. Zur Verdeutlichung ihrer These verwendet sie unterschiedliche Beispiele der verschiedensten Disziplinen.

Für John-Steiner sind kreative Kollaborationen nicht einfach eine

97 Vgl. Kapitel 2: *Symbolic Convergence Theory* von Bormann (1985; 1994); Gruppenbewusstsein in improvisierter Musik bei Berliner (1994), Monson (1996) und Wilson (1999).

98 Siehe Kapitel 3; Bohm (2004).

Gruppe von Leuten, die sich treffen, um gemeinsam zu arbeiten. Sie behauptet, dass kreative Kollaborationen beziehungsabhängig sind, da sie unter anderem eine Interdependenz zwischen den Mitgliedern schaffen, die weit über die Aufgabenstellung einer gewöhnlichen Zusammenarbeit hinausgeht.

Ferner versucht John-Steiner, die kreative Kollaboration mit einer „thought community" gleichzusetzen (John-Steiner 2000: 196), in der die Mitglieder emotionale und intellektuelle Risiken eingehen, um eine Gemeinsamkeit und eine produktive Interdependenz aufzubauen. Es geht in dieser Art von Zusammenwirken darum, sowohl eine gemeinsame Vision als auch eine produktive Interdependenz zu etablieren (ebd.). Dies ist im Kontext improvisierter Musik besonders relevant, denn wenn man von dem zeitgenössischen Jazz und der Freien Improvisation ausgeht, so stimmt es noch immer, dass Improvisation eine Zusammenarbeit bewirkt, in der es um die Verantwortung geht, in einer Gemeinschaft zu partizipieren. Meist werden internationale Netzwerke gebildet, die Städte, Orte, bis hin zu Bars verbinden und zu internationalen Treffpunkten machen. Die Partizipation an einer Gemeinschaft geht demnach weit über das gewöhnliche Zusammenkommen, um zu musizieren, hinaus.

So erstellte John-Steiner ein eigenes Modell, in dem die verschiedenen Eigenschaften einer Kollaboration dargestellt sind. Diese Eigenschaften beinhalten die Rollenverteilung, Prinzipien und Arbeitsmethoden, die John-Steiner mithilfe ihrer Studien herausfiltern konnte.

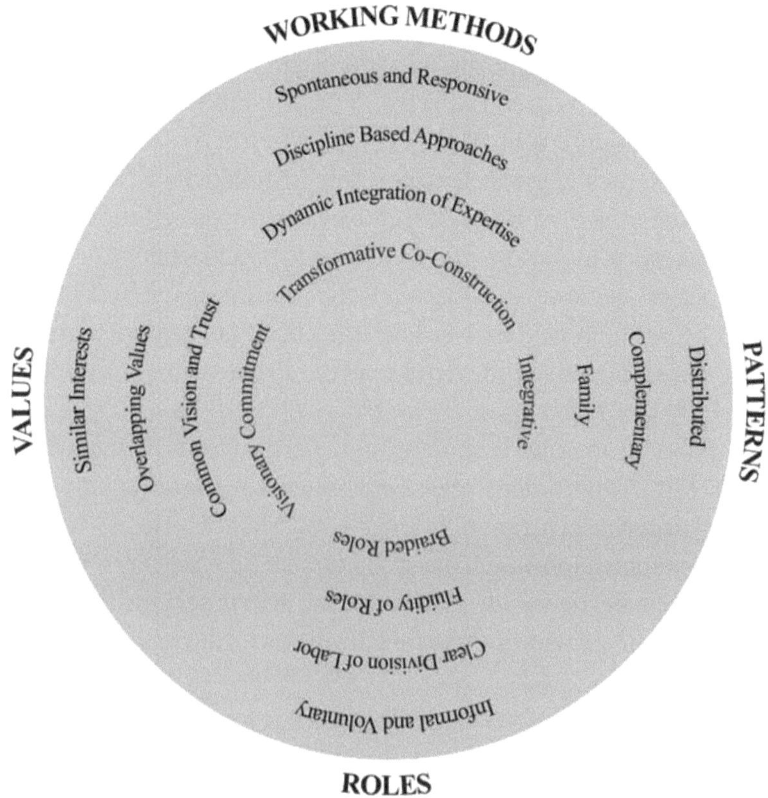

Abb. 1: Collaborative Patterns nach Vera John-Steiner (2000: 197)

Dieses Modell soll zeigen, dass der Prozess einer kreativen Kollaboration dynamisch ist. Dessen Eigenschaften können mit der Zeit variieren. In dem Modell wird zwischen vier Mustern kreativer Kollaboration unterschieden: *distributed, complementary, family* und *integrative collaboration* (ebd.: 197). Die distributive Kollaboration (John-Steiner 2000), ist sehr verbreitet und kann sowohl in alltäglichen als auch in organisatorischen Kontexten stattfinden, zum Beispiel bei Gesprächen auf einer Konferenz oder im Künstlerstudio.

Das zweite Muster beschreibt John-Steiner als komplementäre Kollaboration, weil es hier mehr um die Arbeitseinteilung der Gruppenmitglieder hinsichtlich deren Expertise, Wissensstand, Rollenverteilung und Temperamente geht (ebd.: 198). Es ist eine Art Kollaboration, die gemeinsames Verstehen unter den Mitgliedern schafft (ebd.). Dieses Muster ist eine besonderer Relevanz für diese Studie, da die Gruppenkommunikation, wie sie bis jetzt beschrieben wurde, von den Aspekten der komplementären Kollaboration gekennzeichnet ist. Jedoch muss noch geklärt werden, inwiefern das gemeinsame Verstehen ausschlaggebend für den kreativen Prozess einer Gruppe ist.

Die Kollaboration unter Familienmitgliedern ist John-Steiners drittes Muster. Mit ihr wird der Prozess einzelner Kollaborationen wie der von Will und Ariel Durant oder Pierre und Marie Curie beschrieben. Jedoch behauptet John-Steiner auch, dass es Beispiele verschiedener Gruppen gibt, bei denen die Mitglieder so aneinander gewöhnt waren, dass es sich für sie wie eine zweite Familie anfühlte (ebd.: 201).

Kollaborationen können demnach stark fördernde Strukturen bilden, die die Nachhaltigkeit der Zusammenarbeit bestimmen und weit über den Arbeitsprozess hinausgehen.

Das vierte Muster ist die integrative Kollaboration. John-Steiner nennt hier als Beispiel die Zusammenarbeit zwischen Pablo Picasso und George Braque oder die von Peter Berger und Thomas Luckmann. Bei dieser Kollaborationsform geht es um eine längere Partnerschaft zwischen Menschen, die im konstanten Dialog sind und Risiken eingehen, um eine gemeinsame Vision zu verwirklichen (ebd.: 203).

John-Steiner unterscheidet somit zwischen den einzelnen kollaborativen und kreativen Prozessen aufgrund der Qualität der Beziehung, die die TeilnehmerInnen einer Kollaboration miteinander eingehen. Die Art der Beziehung ist ausschlaggebend für die Kreativität der Kollaboration. Im Rahmen dieser Studie ist dies von grundlegender Bedeutung, da die einzelnen Ensembles nicht nur „Expertengruppen[99]", sondern die Mitglieder auch meist miteinander befreundet sind. Hinzu kommt, dass die Art der Beziehung auch einen Einfluss auf das Gestalten der Gruppenkommunikation hat. Wie bereits im vorherigen Kapitel angesprochen wurde, nimmt die affektive Gruppenkommunikation eine elementare Rolle in der Zusammenarbeit und dem Verhalten in Gruppen ein.[100] John-Steiner hat Recht, wenn sie behauptet, dass besonders in den Künsten, die unterschiedlichen Muster der kreativen Kollaboration von der Art der Beziehung zwischen den Mitgliedern abhängen. Die zwischenmenschlichen Beziehungen definieren so zu sagen die Zusammenarbeit und sind demnach wichtig für den kreativen Prozess.

Es stellt sich jedoch die Frage, ob die Art der Beziehung allein ausreicht, um eine Kollaboration und deren kreativen Prozess zu definieren. Dies hängt teilweise damit zusammen, dass der Arbeitsprozess einer Kollaboration nicht genügt, um den kreativen Prozess ganzheitlich zu beschreiben. Insofern hat die Beziehungsqualität sicherlich einen Einfluss auf die kreative Zusammenarbeit, wenn auch keinen definitiven. Die Qualität einer Beziehung kann, wie der Prozess selbst, im Laufe einer Zusammenarbeit variieren. Hinzu

99 Die Definition des Begriffs beruht auf der Definition der Expertenbefragung: „Expertenbefragungen, die nicht nur zu den Untersuchungseinheiten zählen, sondern besonders geeignet erscheinen, den Forscher über das Untersuchungsfeld [...] zu informieren." (Fuchs u. a. 2011: 216) Im Rahmen dieser Forschungsarbeit handelt es sich bei den dokumentierten Ensembles demnach um unterschiedliche Gruppen von Experten und Expertinnen, deren Expertise im Untersuchungsfeld von äußerster Relevanz für das Untersuchen der Gruppenkommunikation im kreativen Kontext von Gruppen ist.

100 Vgl. z. B.: Bona-Fide-Gruppenmodell und *Symbolic Convergence Theory*.

kommt, dass John-Steiner die Dynamiken, die mit den einzelnen Kollaborationen zusammenhängen, nicht genau genug beschreibt beziehungsweise unterscheidet. Daraus ergibt sich die Frage, ob eine integrative Kollaboration die gleichen Interaktionsmuster aufweist wie eine distributive Kollaboration.

Laut John-Steiner ist eine kreative Kollaboration ein Prozess des Zusammenarbeitens, der über den normalen Austausch einer sozialen Interaktion hinausgeht (John-Steiner & Moran in Miell & Littleton 2004: 11). Es geht in dieser Art der Zusammenarbeit darum, eine gemeinsame Vision zu erschaffen, die der Vielfalt an Fähigkeiten, Temperamenten, Bemühungen und Persönlichkeiten der einzelnen Mitglieder gerecht wird (ebd.). Dabei unterscheiden Moran und John-Steiner zwischen drei verschiedenen Charakteristiken der Kollaboration: die der Komplementarität, Spannung und Emergenz (ebd.: 12). Die Komplementarität ist die Basis für die Dynamiken, die in einer Zusammenarbeit ablaufen können. Für Moran und Steiner setzt dies voraus, dass sich die TeilnehmerInnen einer Kollaboration gegenseitig ergänzen. Die Charakteristik der Spannung (John-Steiner 2000) erhält, das Streben in der Zusammenarbeit. Mit Emergenz will er auf die Veränderungen in einer Kollaboration hinweisen, die während einer längeren Zeit der Zusammenarbeit auftreten können. Obwohl diese Charakteristiken wichtig für die Kollaboration sind, könnten sie gleichsam für jede Art der Zusammenarbeit als valide erklärt werden.

3.2.2.2 Arbeitsprozesse

In kürzeren Perioden der Zusammenarbeit können verschiedene Prozesse wie die der Kollaboration und der Kooperation auftreten. Obgleich sich beide Prozesse durch ihre Dynamiken unterscheiden, wechseln sie sich doch in dem einheitlichen Verlauf der Zusammenarbeit ab. „Jede Kooperation beinhaltet zwangsläufig auch kollaborative Momente." (Stadermann in Bornemann 2011: 79) Hierbei muss darauf hingewiesen werden, dass beide Dynamiken im Rahmen eines Lernprozesses von Stadermann untersucht wurden. Dies ist sogar von besonderer Bedeutung für diese Forschungsarbeit, da die einzelnen Fälle durch die Probesituation der einzelnen Ensembles markiert sind und eine Lernsituation voraussetzten.

Um die unterschiedlichen Dynamiken der Kooperation und der Kollaboration besser darzustellen, hilft folgendes Schema:

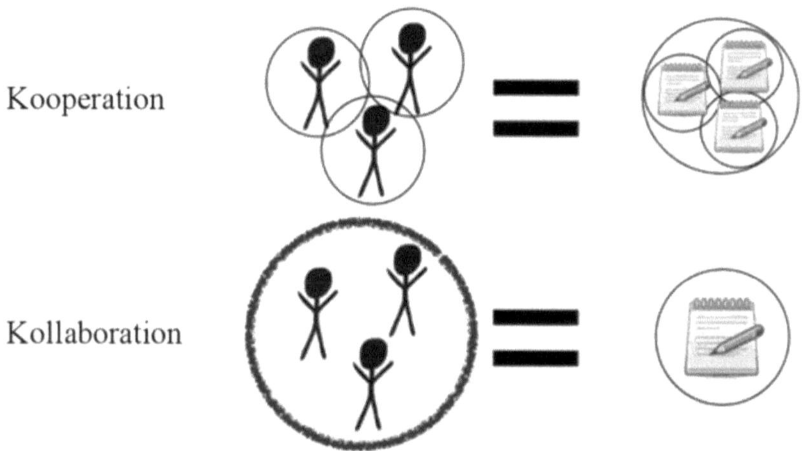

Abb. 2: Kooperation und Kollaboration nach Stefan Bornemann (2011: 78)

In der Kooperation liegt der Schwerpunkt auf dem Ziel der Zusammenarbeit. Dies unterscheidet sie von der Kollaboration. Der kooperative Arbeitsprozess ist laut Stadermann „durch eine individuelle Bearbeitung unterschiedlicher Teilaspekte von einzelnen Gruppenmitgliedern gekennzeichnet" (ebd.: 77). Die Teilaspekte sind meist auf die individuellen Fähigkeiten der Gruppenmitglieder zugeschnitten, sodass das Ziel der Zusammenarbeit der Gruppe klar bleibt. Dies setzt aber voraus, dass der Arbeitsprozess einer Kooperation immer im Vordergrund steht; und zwar mit einer deutlichen Abgrenzung zwischen der Funktions- und der Arbeitsteilung (Bornemann 2011: 77).

Die Kollaboration hingegen ist ein „synchronisierter Prozess der konstruktiven Wissensgenerierung" (ebd.: 78). Ihr Fokus liegt auf der Fähigkeit der Gruppe, einen ko-konstruktiven Prozess zu gestalten, der sich nicht in einzelne Schritte teilen und einzelnen Beteiligten zuschreiben lässt (ebd.). Die Zusammenarbeit beruht demnach auf einer dichten, unmittelbaren und geringen Arbeitsteilung (ebd.: 77).

Beide Prozesse sind komplexe Systemstrukturen. Sie führen zu Arbeits-, Kommunikations- und Entscheidungsmechanismen (ebd.: 10) und organisieren somit die Weiterentwicklung eines Systems. Im Zuge dessen zeichnet sich die kollaborative Systemstruktur durch die Organisation seiner partizipativen und selbstreferenziellen Operationsmuster aus (ebd.). Genau wie Burow geht auch Bornemann davon aus, dass die Synergie dieser drei Strukturen für den kreativen Prozess innerhalb einer Gruppe von äußerster Wichtigkeit ist (Bornemann 2011: 10; Burow 1999: 15).

Für diese Studie ist es speziell im Zusammenhang mit den Arbeitsprozessen der Kollaboration und den kreativen Prozessen einer Gruppe wichtig, erneut die kollaborative Eigenschaft des gemeinsamen Musizierens der Ensembles zu unterstreichen. Mit Bezug auf Stademanns Schema bedeutet dies, dass jedes Gruppenmitglied versucht, den synchronen Prozess einer Ko-konstruktion zu ermöglichen. Es geht um ein kollaboratives Gestalten. Im Zuge dessen kann es passieren, dass unterschiedliche Arbeitsprozesse im Rahmen der einzelnen Gruppen benutzt werden. Um dies genauer zu veranschaulichen, muss noch einmal der Faktor des sozialen beziehungsweise gemeinschaftlichen Lernprozesses betont werden, da dieser eine wichtige Rolle im Kontext der Feldforschung dieser Studie spielt.

3.2.2.3 Lernprozesse

In der Studie *Collaboration, Creativity and the Co-construction of Oral and Written Texts* hat sich die Kommunikationswissenschaftlerin Sylvia Rojas-Drummond zusammen mit den Forscherinnen Karen Littleton und Catherine Albarrán genauer mit der Kreativität und dem Arbeitsprozess der Kollaboration beschäftigt. Dabei konzentriert sich diese Studie auf die pädagogischen Aspekte bei dem Erlernen kreativer Zusammenarbeit. Grundschulkinder werden dabei beobachtet, wie sie lernen zu kollaborieren. Mit dieser Forschung wollte die Forscherinnen Rojas- Drummond u. a., zudem auf den Ansatz des sozial-konstruierten Wissens aufmerksam machen (Rojas-Drummond u. a. 2008: 177). Ihrer Meinung nach sind die kognitiven Prozesse jedes Individuums mit den sozialen und kulturellen Praktiken so verstrickt, dass es fast unmöglich ist, Kognition und Handeln zu trennen (ebd.: 178). Dies wird besonders an den Lernprozessen der Kollaboration deutlich, in denen ein Prozess von Beteiligung und praxisorientierter Teilnahme an gemeinsamen Aktivitäten entsteht (ebd.). Gleichzeitig unterliegt der Prozess der Kollaboration einem sich immer wandelnden Diskurs von Gemeinschaft (ebd.). Die Lernprozesse, die durch eine Kollaboration entstehen, führen somit zur Ko- Konstruktion des Wissens. Rojas-Drummond u. a. zufolge fungiert die Sprache dabei als Mediatorin von Handeln, und das sowohl auf der sozialen als auch auf der psychologischen Ebene (ebd.: 188). Obwohl es wichtig ist, die Korrelation zwischen dem Lern- und dem Arbeitsprozess der Kollaboration zu erkennen, wird in dieser Studie jedoch versäumt, eine genauere Definition dieser Prozesse vorzunehmen.

Im musikwissenschaftlichen und pädagogischen Kontext improvisierter Musik wird immer wieder auf Lernprozesse hingewiesen, die die Arbeitsprozesse innerhalb einer Gruppen-, aber auch Soloimprovisation bereichern sollen. Dabei spielt genau wie bei Rojas-Drummond die Sprache eine zweitrangige Rolle, da sie nur als Mediatorin für das Handeln eingesetzt wird. Das Verständnis der Lernprozesse, die im Rahmen improvisierter Musik stattfinden, wird von Felix Klopotek folgendermaßen exemplarisch verbildlicht:

„Ich denke, dass man Improvisation nicht lehren kann. Man kann nur Situationen ermöglichen, in der auf improvisatorischer Basis eine Vermittlung, ein Austausch von Techniken und Prozessen stattfindet. Man kann lernen, aber nicht lehren." (Bailey in Klopotek 2002: 94)

Die Grundlage der Lernprozesse innerhalb improvisierter Musik erfordert eine offene Haltung gegenüber anderen Musikern und Musikerinnen. Diese Haltung entstammt dem Sinn von Gemeinschaft[101]; sie ist ein sehr wichtiger Faktor für die Probesituation im Jazz und in der Improvisation. Berliner beschreibt, wie Jazzmusikerinnen ihre Improvisationsexpertise durch die konstante Interaktion mit anderen Musikern und Musikerinnen aus der sich immer fortbildenden Gemeinschaft erwarben und entwickelten (Monson 1996: 73). Dabei fungierte die Gemeinschaft hauptsächlich als Lernumfeld[102]: „[...] from people to shops, bars etc. cities comprise the

101 Aus dem Englischen „community" (vgl. Monson 1996).
102 Aus dem Englischen „learning environment" (vgl. Monson 1996).

interstices of the jazz community's larger network. [...] a conventional way for young artists to share information is through informal study sessions which consist of a mix of socializing, shoptalk, and demonstrations known as *hanging out*." (Berliner 1994: 36–37) Das Lernumfeld improvisierender MusikerInnen besteht nicht nur aus Einzel- beziehungsweise Gruppenproben, sondern dehnt sich über ganze Städte, ja sogar Länder aus, indem MusikerInnen unterschiedlicher Herkunft auf Konzerten in Bars oder auf Festivals zusammenkommen und gemeinsam Musik machen.

Dieser Sinn für Gemeinschaft lässt sich auch auf die musikalische Interaktion übertragen. Das musikalische Material und die Interaktion sind sehr stark von dem Prozess des Lernens innerhalb der Improvisationsgemeinschaft geprägt. Dies hat einerseits damit zu tun, dass das musikalische Material als dynamisches Wissen gesehen werden kann, und andererseits damit, dass die Geschichte improvisierter Musik selbst von einem Gemeinschaftssinn geformt wurde, der bis heute in den verschiedenen Communities zu finden ist.

Die Interaktion ist in der improvisierten Musik viel wichtiger als bei komponierter Musik, da die MusikerInnen ganz auf sich alleine gestellt sind. Die Musikwissenschaftlerin Ingrid Monson behauptet, dass ein Großteil der improvisierten Musik durch die Interaktion der MusikerInnen geschehe und zwar auf verschiedenen Ebenen: 1. entsteht die Gestaltung der Musik durch die musikalische Interaktion und dadurch entwickeln sich verschiedene Klänge (Monson 1996: 2). 2. sind auch die interaktiven Formen sozialer Netzwerke und Gemeinschaften wichtig, die das musikalische Teilnehmen begleiten und sogar unterstützen (ebd.). 3. ist die Entwicklung kultureller Sinngebungen und Ideologien, die die Interpretation des Jazz in der amerikanischen Gesellschaft begleiten, auch auf die Interaktion der Musiker zurückzuführen. (ebd.)

Ekkehard Jost betont in seinem Buch *Europas Jazz 1960–80*, dass das zentrale Gestaltungsprinzip einer Jazzband in der permanenten Bereitschaft zur Interaktion besteht (Jost 1987: 30). Zur Veranschaulichung wählt er das Beispiel des Harriott- Quintetts: Hier reagiert jeder auf jeden und ist jederzeit darauf eingestellt, Anstöße anderer aufzunehmen (ebd.). Nun geht es aber in diesem Zusammenhang um mehr als nur die pure Bereitschaft zu reagieren. So beschreibt Peter Wilson dies auch noch als ein interaktives „Aufeinander-Eingehen" (Wilson 1999: 13) und zitiert dabei den Musiker Leo Smith:

„Das Konzept, das ich in meiner Musik anwende, ist, jeden Spieler als vollständige Einheit zu betrachten. Jeder hat sein eigenes Zentrum, von dem aus er unabhängig von den anderen spielt, und durch dieses Respektieren der Autonomie ist das unabhängige Zentrum der Improvisation in stetem Wechsel [...] Diese Haltung befreit die Klang-Rhythmus-Elemente in einer Improvisation davon, durch abhängige Re-Aktion geschaffen zu werden." (Smith in Wilson 1999: 13)

Im Kontext dieser Arbeit sind die ersten beiden Ebenen bedeutsam. Dabei liegt der Schwerpunkt weniger auf der musikalischen als auf der Gruppeninteraktion.

3.2.3 Die Gruppe als Hindernis für Kreativität?

Es gibt auch Studien, die davon ausgehen, dass soziale Prozesse – besonders von Kommunikation getragene – die Kreativität einer Gruppe einschränken.

In ihrer Studie *Social Loafing* unterstellen Steven Karau und Kipling Williams, dass in der Gruppe die individuelle Verantwortung der einzelnen Mitglieder sinkt. Parallel hierzu verschwindet dann auch die Motivation,[103] für bessere Leistungen zu sorgen (Karau & Williams 1993: 683). Für beide wirkt die Gruppe auf die Kreativität einschränkend, da sie unter anderem eine allgemeine Passivität seitens ihrer Mitglieder fördern kann. Dies kann jedoch auch durch das erforschte Gruppenformat bedingt sein. In dieser Studie muss demnach zwischen Experiment- und Sekundärgruppen unterschieden werden. Aus diesem Grund gehören die Forschungsgruppen beziehungsweise die Ensembles, die in dieser Arbeit untersucht werden, der zweiten Kategorie an. Wie schon im ersten Kapitel beschrieben wurde, sind Merkmale der Interaktion innerhalb einer Gruppe äußerst verschieden von Gruppen, die speziell nur für eine Studie geformt wurden, und Gruppen, die sich auf natürliche Weise gebildet haben.

Ein anderer Faktor, der die Zusammenarbeit in Gruppen erschweren soll, ist das Treffen von Entscheidungen. So haben die Psychologen Charlan Nemeth und Brandan Nemeth in ihrer Studie *Better than Individuals*? darauf hingewiesen, dass Gruppen im Allgemeinen Probleme haben, Entscheidungen zu treffen.[104] Dies hängt damit zusammen, dass die Ressourcen individueller Mitglieder nicht ausreichend genutzt werden und somit deren Urteilskraft innerhalb der Gruppe abnimmt (Nemeth & Nemeth in Paulus 2008: 63). Für

103 Dem könnte die Kreativitätstheorie von Teresa Amabile entgegengehalten werden, deren Prämisse die Identifizierung intrinsischer und extrinsischer Motivation von Kreativität sowohl in Gruppen als auch bei dem Individuum ist. Dabei geht sie davon aus, dass „intrinsic motivation is conductive to creativity, but extrinsic motivation is detrimental.“ (Amabile 1996: 15). Ferner behauptet sie: „It appears that when people are primarily motivated to do some creative activity by their own interest in and enjoyment of that activity, they may be more creative than they are when primarily motivated by some goal imposed on them by others.“ (ebd.) Jedoch sprengte dieser Beitrag, zusammen mit dessen Abgrenzung, nicht nur den Rahmen dieser Arbeit, sondern änderte auch den Forschungsfokus.

104 Weitere Studien, die davon ausgehen, dass Gruppen Schwierigkeiten mit der Entscheidungsfindung haben sind: Hinsz (1990); Shepperd (1993).

Nemeth und Nemeth hängt dies mit dem Zwang zum Konsens zusammen, was in Gruppen ein allgegenwärtiges Problem ist (ebd.). Der stille Zwang zur Konformität führt dazu, dass die Partizipation einzelner Mitglieder eingeschränkt wird. Dieses Problem kann aber behoben werden, wenn eine Optimierung der Gruppenstrategien, zum Beispiel eine bessere Verteilung der Aufgaben, vorliegt (ebd.: 64). Wobei sich herausstellte, dass Konformität ein Problem darstellt, wenn Leute für eine kurze Zeitspanne einer kleinen Gruppe zugewiesen werden (John-Steiner 2000: 3).

Darüber hinaus hat Garold Strasser mit seiner Studie belegt, dass der Informationsaustausch in Gruppen sich tendenziell meist auf gemeinsame und nicht einzigartige Ideen fokussiert (vgl. Strasser in Thompson 1999). Infolgedessen verschwindet das Ziel der Zusammenarbeit schnell und daher auch die Motivation zur Zusammenarbeit.

In seinem Artikel *Diversity and Creativity in Work Groups* geht Frances Miliken u. a. davon aus, dass Vielfalt[105] in Gruppenarbeiten nur dann die Kreativität fördert, wenn ein Ausgleich zwischen den Emotionen der einzelnen Mitglieder und dem Funktionieren der Gruppen entsteht (Miliken u. a. in Paulus 2008: 55). Denn obwohl Miliken verschiedene Studien zitiert, die besagen, dass eine Vielfalt von Perspektiven und Werdegängen die Kreativität und Innovation in Gruppen begünstigt, geht er davon aus, dass Vielfalt nicht immer ein automatischer Garant für Kreativität als Ergebnis ist. Er stützt seine Aussagen deshalb auf die Studien von Jackson u. a. (1991) und Jehn und Chadwick & Thatcher (1997), die besagen, dass eine höhere

105 Vielfalt in diesem Sinne wird in zwei Kategorien eingeteilt: einerseits die Differenzen, anderseits die nichtidentifizierbaren Differenzen. Zu den Differenzen gehören zum Beispiel Ethnizität, Geschlecht, kognitive Hintergründe (wie Erziehung), kognitiver Style (z. B. problemlösungsorientiert), kulturelle Werte usw. (Paulus 2008: 36).

Anzahl verschiedener Disziplinen sowie familiärer oder beruflicher Werdegänge und Perspektiven Konflikte herbeiführen und weniger den Gruppenzusammenhalt fördern (ebd.: 54–55). Miliken geht also davon aus, dass eine Vielfalt unterschiedlicher Attribute auch den Prozess der Kreativität und den Prozess der Gruppenarbeit behindern kann. Die Probleme, die hierbei entstehen, können nur durch den Einsatz effektiver Methoden gelindert werden, um somit die Unterschiedlichkeiten innerhalb einer Gruppe zu bewältigen.

Der Psychologe Paul Paulus nimmt an, dass die Resultate dieser Studien mit einem Mangel über das Wissen des Einflusses von Gruppendynamiken auf den kreativen Prozess zu tun haben (Paulus 2008: 4). Seiner Meinung nach gibt es Gruppenfaktoren, die den Prozess der Kreativität begünstigen, und wiederum andere, die das Gegenteil hervorrufen. Jedoch geht Paulus nicht auf die Charakteristika der Kommunikation selbst ein, sondern konzentriert sich genau wie Sawyer und Burow auf einzelne gruppendynamische Faktoren.

Des Weiteren scheint der kreative Prozess in Gruppenstudien meist im Zusammenhang mit einzelnen Aufgaben untersucht zu werden, zum Beispiel Ideenfindung oder Problemlösung. Damit wird jedoch Kreativität auf die Ideenfindung oder das Problemlösen innerhalb einer Gruppe beschränkt. Ferner sind die Kriterien, mit denen das kreative Potenzial bei der Lösung dieser Aufgaben gemessen wird, vom Forscher/von der Forscherin festgelegt. Die einzelnen Gruppen haben demnach nicht die Möglichkeit, einen eigenen kreativen Prozess zu gestalten, da sie nur zur Bewältigung einer Aufgabe geformt wurden. Dies sagt mehr über die potenziell kreativen Möglichkeiten einer Aufgabe aus als über den kreativen Prozess einer Gruppe.

Die VerfasserInnen der genannten Studien sind sich dennoch einig, dass das kreative Potenzial durch unterschiedliche

Gruppenmerkmale gefördert, wenn nicht sogar gesteigert werden kann. Denn diese Merkmale beeinflussen die Verhaltensinteraktion innerhalb einer Gruppe. Dabei spielt die Kommunikation eine zweitrangige Rolle, da der Fokus auf dem erfolgreichen Lösen einer der Gruppe vorgegebenen Aufgabe liegt. Im Rahmen dieser Arbeit werden jedoch Gruppen beziehungsweise Ensembles dokumentiert, deren Zusammenarbeit nicht nur auf der Bewältigung einzelner Aufgaben beruht, sondern darüber hinaus bestehen soll. Demnach ist ihr kreativer Prozess charakterisiert inklusive ihrer Gruppenkommunikation,. unter anderem auch durch ihr unausgesprochenes Vorhaben einer dauerhaften Zusammenarbeit. Das unterscheidet sie außerdem auch von anderen Gruppenformen.

3.3 Zusammenfassung des Kapitels und Fragestellung

In diesem Kapitel wird die Kreativität als Gruppenphänomen mit all ihren relevanten Faktoren veranschaulicht und diskutiert. Ferner wurde untersucht, inwiefern diese Faktoren im Kontext von Ensembles, die improvisieren, auftauchen.

Die Kreativität wurde als Prozess beschrieben, der aus unterschiedlichen Phasen besteht. Im Rahmen einer Gruppe beziehungsweise eines improvisierenden Ensembles, dessen Proben als Feldforschung für diese Studie dienen, bedeutet dies, dass innerhalb der Proben unterschiedliche Phasen durchlaufen werden.[106] Dabei ist die Vorbereitungs- und Inkubationsphase wichtig in Bezug auf die Untersuchung der Gruppenkommunikation, da sie Merkmale wie das Ansammeln von Daten – in diesem Falle Material – und

106 Siehe Wallas' Phasenmodell, S .66–67.

dessen Organisation und Elaboration umfasst. Diese können sich innerhalb der Gruppenkommunikation mittels Reflektionsprozessen wie dem des Dialogs widerspiegeln und führen meist zur Generierung von Ideen, die wiederum in Gruppen kollektiv gestaltet werden können.

Neben Ideen generiert eine Gruppe Arbeitsprozesse, die nicht nur das Verhalten ihrer Mitglieder und deren Interaktion, sondern auch deren Tätigkeit beeinflussen. Hierbei spielt die Art der Beziehung, zu der sich eine Gruppe zusammengefunden hat, eine wichtige Rolle, da die Beziehung mitunter zukünftige Arbeitsprozesse bestimmt. Im Bereich künstlerischer beziehungsweise gestalterischer Tätigkeiten wurden zwei Arbeitsprozesse identifiziert: Kooperation und Kollaboration. Beide verhalten sich in einer kreativen Zusammenarbeit wechselwirkend zueinander. Der Hauptunterschied zwischen ihnen besteht jedoch darin, dass die Kollaboration aus einer Gruppenvision hervorgeht. Diese im Idealfall gemeinsam gestaltete Vision wirkt sich nachfolgend auch auf die kreative Tätigkeit der Gruppe aus.

Es stellt sich jedoch die Frage, inwiefern diese Arbeitsprozesse (Kooperation oder Kollaboration) eigene Kommunikationsmuster sind und somit schon festgefahrene gruppendynamische Strukturen wie eine hierarchische Rollenverteilung, mitbringen, oder ob sie durch freundschaftliche Beziehung zwischen den Gruppenmitgliedern eingeführt werden, wie es der Fall bei den Lernprozessen ist, die im musikalischen Rahmen des Jazz, Free Jazz und improvisierter Musik durch Interaktionsmuster an einzelne MusikerInnen weitergegeben werden. Dies scheint aber nur dann der Fall zu sein, wenn Sprache beziehungsweise Kommunikation eine zweitrangige Rolle in Lern- und Arbeitsprozessen einnimmt. Sie agiert dann nur noch als Medium des Austausches von Ideen und/oder musikalischen

Interaktionsmustern. Kommunikation erleichtert die Koordination und Organisation von Handlungsmustern, die für die unterschiedlichen Arbeitsprozesse wichtig sind.

Im nächsten Kapitel wird die Methodik vorgestellt und der Untersuchungsprozess der dokumentierten Proben dargelegt. Dabei wird der Versuch unternommen, einzelne Charakteristiken der Gruppenkommunikation aufzudecken und zu untersuchen, inwiefern sie einen Einfluss auf den kreativen Prozess bei improvisierter Musik haben.

4. Forschungsmethode und metatheoretische Grundlagen

Die Zielsetzung dieser Studie besteht darin, die Gruppenkommunikation, wie sie innerhalb improvisierender Ensembles, stattfindet, zu erforschen und sie in den kreativen Prozess einzubeziehen. Es geht um das Erforschen eines humanwissenschaftlichen Gegenstandes, der möglichst in seinem natürlichen und alltäglichen Umfeld untersucht werden soll (Mayring 2002: 22). Dazu bietet die qualitative Sozialforschung Methoden an, die die Messung von Qualitäten, d. h. nonmetrischen Eigenschaften von Personen, Diensten oder Gruppen, erlauben (Lamnek 2010: 3).

Dadurch dass in dieser Forschungsarbeit die Methoden und Ansätze der qualitativen Sozialforschung übernommen werden, ist es möglich, das Forschungssubjekt[107] als Ganzes zu untersuchen, indem auch die subjektiven Erfahrungen des Forschers / der Forscherin (Mayring 2002: 25) hinzugezogen werden und die Formulierung eines Regelbegriffs als Ziel der Verallgemeinerung angestrebt wird (ebd.).

Der quantitative Forschungsansatz wäre für diese Studie ungeeignet, da das zu untersuchende soziale Phänomen nicht außerhalb des Individuums existiert, sondern auf den Interpretationen von Individuen einer sozialen Gruppe beruht, die es zu erfassen gilt (Lamnek 2010: 7). Dies ist besonders für das Phänomen der Kreativität, wie es in dieser Forschungsarbeit dargestellt und erforscht wird, von Belang.

107 „Die Ganzheit des Subjekts soll immer mit berücksichtigt werden; das Subjekt soll in seiner Gewohnheit (*Historizität*) gesehen werden. Und schließlich heißt subjektorientierte Forschung auch immer, an den konkreten praktischen Problemen des Subjekts (*Problemzentrierung*) anzusetzen.“ (Mayring 2002: 24).

Ferner bestimmt die forschende Haltung gegenüber dem Untersuchungssubjekt die qualitativen Eigenschaften dieser Studie, denn die Forschungsobjekte sind aktiv handelnde und kompetente InteraktionspartnerInnen im Forschungsprozess (Lamnek 2010: 14). „Sie sind Experten für die zu untersuchenden Fragen. Wegen dieser Eigenschaft sind sie ausgewählt worden und dadurch erlangen sie an Bedeutung." (ebd.)

Die vorliegende Forschungsarbeit wird zudem nicht als Experiment, sondern als forschende Beobachtung der Gruppenkommunikation innerhalb improvisierender Ensembles durchgeführt. Obwohl die Studie eine forschende Beobachtung der Gruppenkommunikation beinhaltet, wird sie dennoch nicht anhand von objektiv gestalteten Messungen durchgeführt. Denn quantitative Messungen und ihre Erhebungstechniken können soziales Handeln nicht wirklich erfassen, ohne Gefahr zu laufen, dieses zu beschönigen oder zu verschleiern (ebd.: 7). Dies bedingt, dass der Forschungskontext als prinzipielle Vorraussetzung von Erhebung, Analyse und Interpretation berücksichtigt werden muss (ebd.: 17). Im Kontrast hierzu geschieht die Datenerhebung im quantitativ-standardisierten Vorgehen unabhängig vom Kontext, da die Erhebungssituation standardisiert sein muss (ebd.). In der qualitativen Forschung gibt es somit keine klare Isolierung von Ursache und Wirkung (Flick 2000: 10). Demnach entsteht auch keine saubere Operationalisierung theoretischer Zusammenhängen (ebd.).

Folglich wird in der vorliegenden Studie nicht von einer klaren Hypothese ausgegangen, da einerseits keine Messbarkeit und Quantifizierung von dem zu erforschenden Phänomen[108] (ebd.: 11) stattfinden und andererseits das Aufstellen zu testender Hypothesen vor

108 Nach Flick werden in einer quantitativen Studie „Phänomene in ihrer Häufigkeit und Verteilung bestimmt" (Flick 2000: 11).

der eigentlichen Untersuchung dazu führen kann, dass dem Handelnden bzw. der Handelnden eine von ihm bzw. ihr nicht geteilte Absicht suggeriert oder aufoktroyiert wird (Lamnek 2010: 7). Dies ist für die Studie von besonderer Relevanz, da die Gruppenkommunikation bisher noch nicht im Kontext des kreativen Prozesses improvisierender Ensembles untersucht wurde.

Des Weiteren unterscheidet sich das Ziel einer quantitativen von einer qualitativen Forschung dadurch, dass erstere versucht, generelle Erklärungen und allgemeingültige Gesetzmäßigkeiten bereitzustellen, während die qualitative Forschung unter anderem empirisch begründete Theorien entwickelt (Flick 2000: 14). Es ist demnach nicht das Ziel dieser Studie, Bekanntes in Form bereits formulierter Theorien zu überprüfen (ebd.: 14), sondern etwas Neues in Form von Hypothesen zu entdecken.

In diesem Kapitel sollen die methodologischen Ansätze mitsamt ihren Diskursen einander gegenübergestellt werden, um ihre Anwendung in dieser Studie darzulegen. Dabei wird nicht nur die qualitative Sozialforschung, sondern auch die Untersuchungsform der Einzelfallstudie aufgegriffen, die Hauptforschungsansatz dieser Arbeit ist. In diesem Zusammenhang wird die Feldforschung als Erhebungsdesign beschrieben und die teilnehmende Beobachtung als Erhebungsmethode. Bei der Aufarbeitung des erhobenen Materials wird eine Kombination aus zwei Analyseverfahren eingeleitet: die der vergleichenden Fallanalyse und die der dokumentarischen Methode. Derweil ist es wichtig, zu betonen, dass die dokumentarische Analysemethode nicht als Hauptuntersuchungsmethode eingesetzt wird, sondern nur das Begriffsinventar von Aglaja Przyborski als ergänzendem Analyseschritt benutzt wird.

4.1 Qualitative Sozialforschung

Die qualitative Forschung hat den Anspruch, Lebenswelten „von innen heraus", also aus der Sicht der handelnden Menschen zu beschreiben. Damit will sie zu einem besseren Verständnis sozialer Wirklichkeit(en) beitragen und auf Abläufe, Deutungsmuster und Strukturmerkmale aufmerksam machen (Flick u. a. 2005: 14). Dabei argumentiert Flick, dass die Grundprinzipien der qualitativen Forschung auf dem symbolischen Interaktionismus von Norman K. Denzin beruhen. Der Begriff „symbolisch" bezieht sich auf die sprachlichen Grundlagen menschlichen Zusammenlebens, während Interaktion darauf hinweisen soll, dass die Menschen in wechselseitiger Beziehung zueinander gemeinsam handeln (ebd.: 137). Des Weiteren dient Interaktion der Untersuchung und Analyse der Entwicklungsverläufe von Handlungen, die entstehen, wenn mehrere Personen (Akteure) ihre individuellen Handlungslinien in ihrer jeweiligen Handlungsinstanz[109] (Reflexivität) mit dem Ziel gemeinsamen Handelns aufeinander abstimmen (ebd.). Interaktionisten behaupten sogar, dass Erfahrung, Struktur und Subjektivität das Ergebnis dialogischer Prozesse seien (ebd.: 138). Die kommunikativen Prozesse werden als strukturierte Eigenschaften sozialer Systeme bezeichnet, die gleichzeitig als Medium und Resultat sozialer Handlungen gelten (ebd.).

Philipp Mayring stimmt dem zu, indem er behauptet, dass der Grundgedanke darin liegt, dass Menschen nicht starr nach kulturell etablierten Rollen, Normen, Symbolen oder Bedeutungen handelten (normatives Paradigma), sondern jede soziale Interaktion selbst als interpretativen Prozess auffassten (Mayring 2002: 10).

109 Mit Handlungsinstanz ist der Ort der Handlung in der Person selbst gemeint, der anhand Sprache oder in anderen Strukturen und Prozessen beschrieben wird (Flick u. a. 2005: 137).

„Der Mensch muss jede soziale Situation für sich deuten, muss sich klar werden, welche Rollen von ihm erwartet werden, ihm zugeschrieben werden und welche Perspektiven er selbst hat." (ebd.)

Dem folgt die Behauptung, dass wenn das soziale Handeln als Interpretation gesehen wird, der Forscher/die Forscherin deren InterpretIn sein kann. Die qualitative Forschung will die Interaktion der Menschen in deren sozialem Kontext interpretieren. Mayring fügt dem hinzu, dass einer der Grundgedanken des qualitativen Denkens die Interpretation des Forschungssubjektes ist (ebd.: 19). Was Mayring damit meint, ist, dass der Untersuchungsgegenstand der Humanwissenschaften nie völlig offen liegt, sondern immer durch Interpretation erschlossen werden muss (ebd.: 22). Die Interpretation wird dabei als Erklärung vom Vorverständnis des Forschungsgegenstandes definiert, da eine vorurteilsfreie Forschung nicht möglich ist (ebd.: 25).

Wenn man die interpretative Konstruktion einer spezifischen Interaktion zwischen Individuen haben möchte, reicht es jedoch nicht aus, allein auf die Auseinandersetzung der Individuen zu schauen. Die Konstruktion soll auch auf die bereits erlernten und abgespeicherten Überzeugungen, Handlungsroutinen und Kontextmarkierungen, die zu einer Interaktion dazugehören, hindeuten und sie hervorheben.

Das Ziel der qualitativen Forschung ist es, Neues zu entdecken und empirisch begründete Theorien zu entwickeln (Flick 2000: 14). Im Zuge dessen werden die Perspektiven der Beteiligten und ihre Vielsichtigkeit in Bezug auf den Forschungsgegenstand wahrgenommen und verknüpft (ebd.: 15). Darüber hinaus wird die Subjektivität des Forschers / der Forscherin zum Bestandteil des Forschungsprozesses (ebd.). Dies geschieht, indem seine/ihre Handlungen und Beobachtungen im Feld zu Daten werden, die in die Interpretationen einfließen und in den Kontextprotokollen dokumentiert werden (ebd.: 16).

Die qualitative Sozialforschung ist jedoch kritisch zu betrachten, besonders hinsichtlich der Subjektivität, Reliabilität und Validität der Ergebnisse. Subjektivität gilt nicht als Störvariable in der qulitativen Forschung, sondern ist Teil des wissenschaftlichen Erkenntnisgewinns (Flick 2007b: 19). Diesbezüglich wird in der qualitativen Forschung außerordentlich viel Wert auf die Auswahl der Methodik und deren systematische Verfolgung während des Forschungsprozesses gelegt. Indes unterliegen auch die Ergebnisse der persönlichen beziehungsweise subjektiven Interpretation der Forschenden. Deswegen wird die Interaktion zwischen ForscherIn und Forschungsgegenstand besonders in den Sozialwissenschaften als dynamisch charakterisiert (Mayring 2002: 31–32). Dies schließt die Reliabilität, die auf einer Wiederholung beruht, aus, da sich nicht nur die Interaktion zwischen dem Forscher/der Forscherin und dessen Gegenstand verändert, sondern auch die der Forschungssituation.

Die von der Interpretation geleiteten Ergebnisse müssen zudem einer argumentativen Begründung unterliegen, die mit dem theoretischen Vorverständnis des Forschers / der Forscherin korrespondieren muss (ebd.: 36). Außerdem wird, indem die Gütekriterien eingehalten werden, die Validität der qualitativen Forschung gesichert. Dabei gibt es einige kritische Behauptungen, die die Qualität qualitativer Forschungen bemängeln und dies an dem Fehlen allgemeiner, für die qualitative Forschung relevanter Gütekriterien festmacht (ebd.: 140). Mayring hat angesichts dessen nicht nur methodenspezifische Gütekriterien vorgeschlagen (ebd.: 142–144), sondern auch sechs als allgemein anerkannte Gütekriterien[110] zusammengefasst (ebd.: 144–148).

110 Vgl. Mayring (2002): Verfahrensdokumentation, argumentative Interpretationsabsicherung, Regelgeleitetheit, Nähe zum Gegenstand, Triangulation.

Im Rahmen dieser qualitativen Forschung soll eine Hypothese geniert werden. Laut Flick gilt es in diesem Zusammenhang, die komplexen forschungsrelevanten Zusammenhänge sauber in unterschiedliche Variablen zu zerlegen, damit der lineare Prozess einer qualitativen Hypothesenableitung stattfinden kann (Flick 2000: 57). Dabei spielt unter anderem das induktive Denken des Forschers / der Forscherin eine Rolle, denn eine Hypothese erschließt sich erst dann, wenn der Schluss einer Regel, die aus einem spezifischen Fall und dessen Resultat abgleitet wurde, allgemein wahrgenommen wird (Kelle & Kluge 1999: 22).

Im Kontext dieser Studie bedeutet dies, dass in einem ersten Schritt, unterschiedliche Merkmale hinsichtlich der Gruppe, des kreativen Prozesses und der Gruppenkommunikation anhand von Theorieansätzen hervorgebracht worden sind. Im zweiten Schritt der methodischen Analyse wird geschaut, inwiefern diese Merkmale mit der Realität der einzelnen Fälle übereinstimmen. Des Weiteren muss ergründet werden, ob sich Verknüpfungen finden lassen und welche Konsequenzen sich daraus ableiten lassen. Induktive Schlüsse beginnen indes mit den Beobachtungen individueller Fälle, bevor sie zu allgemeinen Aussagen führen (Kern 1997: 1).

Die Forschungsfrage dieser Arbeit bezieht sich auf den Einfluss der Gruppenkommunikation im kreativen Prozess improvisierender Ensembles.

Hierbei werden die individuellen Ensembles beziehungsweise die dokumentierten Probendiskurse gemäss den Richtlinien der qualitativen Forschung als Einzelfälle wahrgenommen.

(2002: 144–148).

4.2 Einzelfallforschung

Im Fokus der Einzelfallforschung steht der einzelne Mensch oder eine einzelne soziale Einheit wie die Gruppe (Lamnek 2010: 275). Dabei besteht der Wert von Einzelfallstudien darin, auf ein empirisches Phänomen aufmerksam zu machen und währenddessen einen theoretischen Typus in seiner inneren Logik zu erklären (Brüsemeister in Lamnek 2010: 273). Die untersuchten Einzelfälle sollen indes in ihrer Ganzheitlichkeit realitätsgetreu[111] erfasst werden (Lamnek 2010: 275). Im Übrigen beschreibt Siegfried Lamnek die Einzelfallstudie als Forschungsansatz und nicht als Erhebungstechnik (Lamnek 2010: 272). Das Ziel einer qualitativen Einzelfallstudie, ist es, ein ganzheitliches und damit realistisches Bild der sozialen Welt zu zeichen (ebd.: 273).

Fallanalysen werden einerseits zur Erkundung eines Forschungsfeldes eingesetzt und andererseits zum Generieren von Hypothesen (Schnell, Hill & Esser 1992 1992: 236–238). Im ersteren Fall sind Einzelfallstudien ein äußerst hilfreicher Ansatz, was die Suche nach relevanten Einflussfaktoren bei der Interpretation von Zusammenhängen angeht (Mayring 2002: 42). Laut Lamnek dient die Fallstudie als Exploration dazu, relevante Dimensionen eines Objektbereiches zu ermitteln (Lamnek 2010: 277). Dies ist für die vorliegende Studie von außergewöhnlicher Relevanz, da es nicht zuletzt darum geht, den kreativen Prozess improvisierender Ensembles mitsamt seinen möglichen Facetten zu untersuchen und wissenschaftlich bestmöglich zu erfassen. Die Fallstudie kann dabei helfen, inhaltlich

111 „Wahrnehmen und Interpretieren sind alltägliche Entsprechungen der wissenschaftlichen Interaktion des Beschreibens und Analysierens. Doch darf man beim Verfolgen dieses Ziels nicht vergessen, dass im interpretativen Paradigma des wissenschaftlichen Vorgehens (d. h. die rationale Rekonstruktion der Wirklichkeit durch kontrolliertes Fremdverstehen) nichts mit dem alltäglichen Vorgehen zu tun hat." (Lamnek 2010: 284).

wichtige Aspekte und Dimensionen des Gegenstandes zu ermitteln (ebd.: 278).

Des Weiteren bietet die Fallstudie ein hervorragendes Instrument zur Hypothesenbildung. Dies ist nicht nur durch den Faktor der Realitätsnähe der Fälle gegeben, sondern spiegelt sich auch in der Rekonstruktion von Handlungsmustern und einer allgemeinen Regelmäßigkeit wider (Lamnek 2010: 284–286). Somit fokussiert sich die vergleichende Fallanalyse zuerst auf das Herausfiltern der zentralen Variablen der Theorie – nach denen sich auch die Forschungsfrage richtet – und dann erst auf das Hervorbringen und Abdecken möglicher Verknüpfungen (Petermann 1996: 13).

Wie schon oben beschrieben wurde, werden im Rahmen der qualitativen Fallstudie die einzelnen dokumentierten Proben der Gruppen zuerst als Fälle dargestellt und dann miteinander verglichen. Dabei geht es in diesem Teil der Analyse darum, die Hauptvariablen der Gruppenkommunikation in diesen Fällen hervorzubringen, zu vergleichen, und daraus eine Hypothese zu generieren. Somit werden die Daten, auf denen die Probendiskurse der einzelnen Ensembles beruhen, als Einzelfälle analysiert.

Die Daten dieser Forschung wurden anhand einer Feldforschung und der teilnehmenden Beobachtung erhoben.

4.2.1 Erhebungsdesign

4.2.1.1 Feldforschung

Die Feldforschung will ihren Gegenstand in möglichst natürlichem Kontext untersuchen, um Verzerrungen durch Eingriffe in die Untersuchungsmethoden beziehungsweise durch die wirklichkeitsferne Außenperspektive zu vermeiden (Mayring 2002: 55). Die Hauptschwierigkeiten nach Mayring liegen einerseits im Zugang von ForscherInnen zum Forschungsfeld und andererseits in der Auswertung von Vielfalt. Darüber hinaus beschreibt Mayring vier grobe Voraussetzungen, die einen Feldforschungsansatz ermöglichen und erleichtern: Erstens muss das Feld ForscherInnen zugänglich sein; zweitens sollte es im Feld eine Funktion geben, die ForscherInnen einnehmen können, ohne das Forschungsfeld durcheinanderzubringen (ebd.: 57). Drittens muss der Forscher/die Forscherin einerseits an den ablaufenden Prozessen Anteil nehmen und gleichzeitig Distanz bewahren (ebd.). Viertens muss das Vorhaben ethisch gerechtfertigt sein (ebd.). Diese Voraussetzungen wurden in dieser Forschungsarbeit eingehalten. Der Forscherin wurde der Zugang zum Forschungsfeld ermöglicht, indem ihr während der Proben die Rolle des beobachtenden Publikums zugeteilt wurde. Dessen Rolle ist Teil des musikalischen Settings und demnach des Forschungsgegenstandes. Sie erlaubt es der Forscherin, Anteil am Prozess zu haben und gleichzeitig auf Distanz zu bleiben. Dies schließt unter anderem mit ein, dass die Präsenz der Forscherin als nicht störend wahrgenommen wurde. Die Ensembles wurden zudem im Vorstellungsgespräch über die ethischen Rahmenbedingungen der Dokumentation aufgeklärt.

4.2.1.2 Erhebungsmethoden

Hauptmethode der Feldforschung nach Mayring ist die teilnehmende Beobachtung (Mayring 2002: 54). Grundgedanke dieser Erhebungsmethode ist es, eine größtmögliche Nähe zum Forschungsgegenstand zu erreichen (ebd.: 81). Die teilnehmende Beobachtung ist zudem besonders gut geeignet, was Fragestellungen explorativen Charakters angeht (Mayring 2002: 83). Dies trifft vor allem auf die Fragestellung dieser Studie zu, in der es um das Erforschen der Gruppenkommunikation improvisierender Ensembles geht.

Genau wie bei der Feldforschung ergibt sich bei der teilnehmenden Beobachtung das Problem, dass der Forscher/die Forscherin aufgenommen, als TeilnehmerIn akzeptiert und nicht als Störfaktor gesehen werden möchte (Mayring 2002: 82). Im Falle dieser Forschungsarbeit wurde vor der Dokumentierung immer auf ein Vorstellungsgespräch mit einem der Mitglieder der Ensembles bestanden, in dem das wissenschaftliche Vorhaben kurz erläutert wurde. Dies beinhaltete auch das Erwähnen der ethischen Rahmenbedingungen, zum Beispiel, dass die erhobenen Daten anonymisiert und somit keine Namen genannt werden. Der Forschungsschwerpunkt dieser Arbeit blieb aber verdeckt, da die Gespräche der Fälle inhaltlich so unbeeinflusst wie möglich gelassen werden sollten.

Im Sinne der teilnehmenden Beobachtung wurden Tonaufnahmen von den Proben gemacht und zudem anhand von Feldnotizen und Protokollen unterstützend festgehalten. Protokolle und Feldnotizen dienen dazu, den Kontext der einzelnen Situation zu vervollständigen, indem praktische Dimensionen miteingeschlossen werden, zum Beispiel Rahmenbedingungen der Probensituation, die Zeit der Pausen, körperliche Merkmale während der musikalischen und sprachlichen Interaktion. Im Verlauf wurde aber berücksichtigt, dass der theoriegeleitete Leitfaden nicht verloren geht. Dies erschien jedoch schwieriger, als zuerst angenommen, da das gleichzeitige Beobachten inklusive Feldnotizen und Protokoll den natürlichen Ablauf des Forschungsgegenstandes nicht verändern darf, was wiederum wie ein Paradox erscheint. Denn die Protokolle wurden im Zeitraum nach den Proben durchgeführt, was das Problem von Gedächtnislücken und subjektiven Fehlinterpretationen mit sich bringen kann (Bortz & Döring 1995: 296). Demgegenüber wurden die Feldnotizen jedoch während der Proben gemacht, was wiederum einen Ausgleich herstellte, da mögliche Gedächtnislücken und/oder Fehlinterpretationen im Vergleich mit den Protokollen verringert werden konnten.

Des Weiteren wurde auch ein Postskript erstellt, das die Protokolle und die Feldnotizen ergänzen soll. Es beinhaltet nicht nur Informationen aus den Protokollen und den Feldnotizen der einzelnen dokumentierten Fälle, sondern kann unter Umständen auch das Befragen einzelner Ensemblemitglieder miteinbeziehen.

Im Laufe der Dokumentation kam es zwei Mal zu einer solchen Befragung einzelner Mitglieder. Dabei wurde auf jegliche Interviewart verzichtet, da die Befragung in beiden Fällen zur Klärung von Missverständnissen eingesetzt wurde. Es gab nur am Anfang der Befragung zwei bis drei geplante Fragen, die sich auf Verständnisprobleme seitens des Forschers bezogen, die während der Transkription der Fälle auftauchten. Die Befragten konnten innerhalb dieser Situation frei sprechen, was ihnen zudem auch die Chance gab, auf vergangene Proben zurückzuschauen, da das Audiomaterial als Referenz eingesetzt wurde.

Die Interviewart, die diesen Befragungen am nächsten kommt, ist die des episodischen Interviews. Flick deutet darauf hin, dass der

Ausgangspunkt des episodischen Interviews sei, dass Erfahrungen der Subjekte hinsichtlich eines bestimmten Gegenstandsbereiches in Form narrativ-episodischen Wissens und in Form semantischen Wissens abgespeichert und erinnert werden (Flick 2000: 124).

Im episodischen Interview liegt die Aufmerksamkeit auf Situationen beziehungsweise Episoden, in denen die InterviewpartnerInnen Erfahrungen gemacht haben, die für die Fragestellung der Untersuchung relevant erscheinen (ebd.). Kernpunkt dieser Interviewform nach Flick ist es, den Interviewten regelmäßig zum Erzählen von Situationen aufzufordern (ebd.: 126). Die Probleme dieser Methode liegen darin, dass erstens manche Menschen größere Schwierigkeiten haben, zu erzählen als andere (ebd.:128) und zweitens die Vermittlung des Prinzips der Erzählung von und in bestimmten Situationen vorsichtig anzugehen ist (ebd.).

Jedoch wurde das narrative Interview als solches nicht in dieser Studie benutzt. Ein Erläutern der Methode ist dennoch sinnvoll, da es der Befragung in dieser Studie einen abgrenzenden theoretischen Kontext verschafft. Die Befragungen dienten somit der Abklärung einiger Verständnisprobleme und wurden nicht systematisch als Erhebungsmethode angewandt. Die Erzählsituation während der beiden Befragungen war die, dass auf die schwer verständlichen Stellen im Diskurs anhand des Transkripts und der Audiodokumentation hingewiesen wurde und die Befragten dies aus ihrer Perspektive zu beantworten versuchte.

Letztlich wurde die Beobachtung teilnehmend, systematisch, offen und in einer natürlichen Situation vorgenommen. Dies bedeutet, dass sich die Rolle der Forscherin auf eine aktive Beobachtung beschränkte. Die beobachteten Gruppen waren sich der Präsenz des Forschers bewusst, da sie vorher unter anderem durch das

Vorstellungsgespäch von dem wissenschaftichen Unterfangen und dessen ethischen Rahmenbedingungen in Kenntnis gesetzt worden waren. Die damit offene Beobachtung fand im natürlichen Probeumfeld der einzelnen Ensembles statt. Des Weiteren wurde ein Beobachtungssystem erstellt.

4.2.1.3 Beobachtungssystem

Die Feldforschung, die für diese Arbeit vorgenommen wurde, dokumentiert die Proben von sechs Ensembles, die Teil der Echtzeitmusikszene sind. In den vorherigen Kapitel wurde bereits auf einzelne Aspekte, die für die Echtzeitmusikszene kennzeichnend sind, eingegangen, wie zum Beispiel deren vielfältige musikalische Einflüsse, die facettenreichen biografischen Hintergründe der MusikerInnen und die Betonung des kollektiven Improvisationsprozesses.

Die Dokumentation der Beobachtungsergebnisse findet mithilfe von Aufnahmegerät, Feldnotizen und Protokollen statt. Außerdem wird die Datenerhebung mit der Methode der teilnehmenden Beobachtung durchgeführt und ein Beobachtungssystem nach Winfried Stier[112] erstellt und weitmöglichst befolgt. Obschon dieses Beobachtungssystem erzeugt wurde, erfolgt die teilnehmende Beobachtung auf unstrukturierte Weise, da sie, was die Beobachtungskategorien angeht, auf allgemeinen Richtlinien beruht (Lamnek 2010: 509). Eine unstrukturierte Beobachtung ist jedoch nicht weniger wissenschaftlich als eine strukturierte (ebd.). Beide richten sich auf ein genau formuliertes Forschungsziel, sind systematisch geplant, werden systematisch aufgezeichnet und können Überprüfungen unterzogen werden (ebd.). Zudem unterscheidet sich die unstrukturierte

112 Vgl. Stier (1999).

Beobachtung von der strukturierten dadurch, dass erstere offen für die Verhältnisse und deren Entwicklungen im sozialen Feld bleibt (ebd.: 514).

In Bezug auf das Beobachtungssystem nach Stier sollen zuerst das Untersuchungsziel und dessen Verwendungszweck festgelegt werden (Stier 1999: 170). Im Rahmen dieser Studie bezieht sich dies auf das Erforschen der Gruppenkommunikation und deren Einfluss auf den kreativen Prozess der Ensembles; Ziel ist, diese Art der Gruppenkommunikation zukünftig zu fördern. In einem zweiten Schritt soll die Beobachtungssituation bestimmt werden (ebd.). Im Falle dieser Forschung stellt dies die Untersuchung sozialer Systeme wie den Echtzeitmusikensembles während ihrer Proben dar. Dabei wird der Zeitraum von maximal drei Stunden nicht überschritten und die Ensembles zählen nicht mehr als fünf Mitglieder. Der dritte Schritt des Beobachtungssystems nach Stier beschäftigt sich mit dem Erklären der Beobachtungskategorien (ebd.).

In Bezug auf diese Studie werden die Kategorien erstmals anhand theoretischer Konzepte identifiziert: Dabei steht die verbale Gruppenkommunikation im Fokus. Dies beinhaltet, dass sich während der teilnehmenden Beobachtung auf die verbalen Prozesse der einzelnen MusikerInnen konzentriert wird. Ein zusätzlicher Schwerpunkt wird temporär auf die mögliche Verbindung zwischen verbaler und nonverbaler, zum Beispiel physischer oder musikalischer Kommunikation, gelegt. Dies ist besonders dann der Fall, wenn die nonverbalen kommunikativen Prozesse sehr auffallend erscheinen.

Der vierte Abschnitt des Beobachtungssystems nach Stier stimmt nicht mit den Bedingungen dieser Studie überein und wurde übersprungen: Die Ensembles hatten keinen externen Beobachter/keine externe Beobachterin ausgewählt. Dies ist dadurch bedingt, dass es in dieser Forschung unter anderem auch darum geht, herauszufinden, inwiefern die Gruppenkommunikation der einzelnen Fälle Anzeichen der Selbstbeobachtung aufzeigt. Der Ansatz dieser wissenschaftlichen Untersuchung beruht auf der gruppeninternen Beobachtung und nicht auf der von außen.

In diesem Zusammenhang trifft auch Stiers Kriterium in Bezug auf die Rolle wissenschaftlicher BeobachterInnen mit den Bedingungen der teilnehmenden Beobachtung gemäß Mayring überein: Die Rolle soll offen sein und es soll eine Orientierung der Beteiligten über die Beobachtung in allen Fällen stattfinden, indem sie über den Zweck informiert werden und Bedenken aussprechen können.

Wobei erwähnt werden muss, dass durch den Einsatz der teilnehmenden Beobachtung auch eine Einsatzrestriktion entsteht, denn aus den verschiedensten Gründen können nicht alle Verhaltensweisen beobachtet werden (Lamnek 2010: 506). Sogar das Beobachtungssystem Stiers kann die Wirkung der Tatsache nicht mindern. Im Unterschied dazu standen die physischen Verhaltensweisen der einzelnen Gruppenmitglieder weniger im Mittelpunkt der Untersuchung dieser Studie als deren verbale Kommunikation. Gleichzeitig sind die Konsequenzen dieser Einsatzrestriktion nicht wesentlich für die Forschungsfrage.

Im folgenden Unterkapitel werden nun die einzelnen Analyseschritte dargelegt.

4.2.2 Aufarbeitung

Bevor eine Aufarbeitung des dokumentierten Materials stattfinden kann, müssen die einzelnen Analysemethoden mitsamt ihrer indivduellen Schritte erläutert werden. Denn im Rahmen dieser Studie werden zwei unterschiedliche Analysemethoden nacheinander angewandt.

Generell ist das Ziel einer Einzelfallstudie, genauere Einblicke in das Zusammenwirken unterschiedlicher Faktoren zu ermöglichen, indem sie sich häufig auf das Herausarbeiten typischer Vorgänge konzentriert (Lamnek 2010: 275). Um diese Vorgänge innerhalb der Gruppenkommunikation besser herausfiltern zu können, werden die Daten der dokumentarischen Analysemethode unterzogen. Der Grund hierfür ist, dass die Forschungsfrage nicht den Konversationsinhalten nachgeht, sondern Gruppenkommunikationsmerkmale zu identifizieren vermag, die einzelne Konversationsvorgänge innerhalb der Fälle generieren können.[113] Darüber hinaus ist die dokumentarische Analysemethode äußerst nützlich für die wissenschaftliche Verfremdung der Daten. In diesem Zusammenhang ist noch einmal darauf hinzuweisen, dass es bei der Verwendung der dokumentarischen Analysemethode in erster Linie um einen Transfer des Begriffsinventars nach Aglaja Przyborski geht und nicht um eine Neuinterpretation des methodischen Ansatzes. Damit der Gebrauch dieses Analysevorgangs verständlicher wird,

113 Die Konversationsanalyse, wie sie Uwe Flick im Rahmen der qualitativen Einzelfallstudie vorschlägt, zielt eher auf die sequenzielle Reproduktion eines Geschehens ab, was die Intentionen der Beteiligten außen vor lässt (Flick 2000: 221). Dies macht im Rahmen dieser Studie keinen Sinn, da die Intentionen der MusikerInnen ein Teil des Prozesses sind. Obwohl bei der Diskursanalyse die Intentionen eine Rolle spielen, liegt der Fokus der Diskursanalyse auf dem Inhalt der Rede, also dem Aufzählen der relevanten Themen (ebd.). Jedoch stimmt auch hier der methodische Fokus nicht mit dem Forschungskern dieser Studie überein.

ist ein kurzer methodologischer Exkurs in die rekonstruktive Sozialforschung nötig.

4.2.1.1 Exkurs: Rekonstruktive Sozialforschung

Die rekonstruktive Sozialforschung, wie sie Ralf Bohnsack weiterentwickelte, beinhaltet, dass zwischen methodischen Regeln und Forschungspraxis eine reflexive Beziehung entsteht (Bohnsack 1993: 8). Dies bedeutet, dass sich Theorie- und Typenbildung aufgrund einer Rekonstruktion der Alltagspraxis der Erforschten vollziehen (ebd.). Laut Bohnsack ist eine Theorie ihrem Gegenstand deshalb nur angemessen, wenn sie aus ihm heraus entwickelt worden ist (ebd.: 32). Dieser Entwicklung liegt der hermeneutische Zirkel zugrunde, mit dem davon ausgegangen wird, dass eine überholte Theorie nur durch eine alternative, ihr überlegene Theorie überwunden werden kann (Bohnsack 2014: 28).

Es ist an dieser Stelle wichtig, zu bemerken, dass Bohnsack seine Theorie auf die Wissenssoziologie von Karl Mannheim stützt. Das Konzept des hermeneutischen Zirkels ist ein direkter Bezug zu Mannheims Konzept der Entwicklung der Prinzipienwissenschaften.

Kommunikatives und konjunktives Wissen

Eine weitere Anlehnung an Mannheim ist die Differenzierung zwischen kommunikativem und konjunktivem Wissen. Das kommunikative Wissen ruft öffentliche Bedeutungen hervor, die innerhalb der Gesellschaft verbreitet sind (Schmidt-Pfister 2010). Das konjunktive Wissen hingegen stellt das milieuspezifische Wissen dar, das konkrete Bedeutungsmuster hervorbringt (ebd.).[114] Des Weiteren wird es durch soziale Zusammenhänge erzeugt, die zudem als konjunktive Erfahrungsräume gelten und sich aus den geteilten existenziellen Erfahrungen der Beteiligten formen. Dies bildet einen Strukturzusammenhang, der als kollektiver Wissenszusammenhang das Handeln relativ unabhängig vom subjektiven Sinn behandelt (ebd.).

Laut Bohnsack geht demnach die rekonstruktive Sozialforschung einerseits vom kommunikativen als reflexivem Wissen und andererseits vom konjunktiven als implizitem/atheoretischem Wissen aus (Schmidt-Pfister 2010: 2).

Einer der Gründe für diese Unterscheidung unterschiedlicher Wissensarten ist, dass Bohnsack die Aporie von Subjektivismus und Objektivismus nach Alfred Schütz überwinden möchte (Bohnsack u. a. 2001: 11).

In Bezug auf ForscherInnen als sozialwissenschaftliche InterpretInnen setzt dies voraus, dass die nicht mehr zu wissen vermögen, als die Akteure und Akteurinnen des Forschungsgegenstandes, sondern Bohnsack geht davon aus, dass die Akteure und Akteurinnen selbst nicht wissen, was sie alles wissen (ebd.). Sie verfügen demnach über ein implizites Wissen, das reflexiv für sie nicht ohne weiteres verfügbar ist (ebd.).

In Bezug auf dies Studie stellt sich nun die Frage, inwiefern dieses implizite Wissen erkennbar gemacht wird, wenn es keinen direkten

114 Bohnsack behauptet, dass es besonders auf der konjunktiven Ebene möglich sei, habitualisiertes und praktisches Erfahrungswissen zu ergründen, wegen der Rekonstruktion der Muster, die auf kollektiv geteilte „existentielle Hintergründe" von Gruppen, also auf biografische („kollektivbiographische") Erfahrungen verweisen (Schmidt-Pfister 2010: 2–3).

verbalen Austausch zwischen dem Forscher und den Musikern und Musikerinnen gab.[115] Die rekonstruktive Sozialforschung geht nämlich davon aus, dass zum methodisch- kontrollierten Fremdverstehen ein Kontext geschaffen werden soll, der ein implizites Wissen ermöglicht (Bohnsack 2014: 21–23). Dabei erwähnt Bohnsack immer wieder die Interviewsituation (ebd.: 22). Gleichzeitig behauptet er aber, dass die interpretativen oder rekonstruktiven Verfahren dem Motto „Weniger Eingriff schafft mehr Kontrollmöglichkeiten" folgen (ebd.: 22). Dieses scheinbare Paradox wird nichtsdestotrotz dadurch gelöst, dass die dokumentarische Methode in dieser Studie nicht als Erhebungsmethode eingesetzt wird. Es muss insofern keine Situation geschaffen werden, in der die Ensemble- beziehungsweise Gruppenmitglieder miteinander sprechen, da diese Situation Teil des natürlichen Umfeldes der Forschungsobjekte ist. Das methodisch-kontrollierte Fremdverstehen wird dadurch gesichert, dass so wenig wie möglich in den natürlichen Kontext eingegriffen wird.

Ferner gilt die Erhebungsmethode der teilnehmenden Beobachtung genau wie die Interviewsituation im Rahmen der rekonstruktiven Sozialforschung als direktes Verfahren,[116] dem die Prinzipien der Kommunikation und der Offenheit zugrunde liegen (Bohnsack 2014:23). Bei dem Erläutern dieser beiden Prinzipien beruft sich Bohnsack auf Christa Hoffmann-Riem, die bezüglich der Kommunikation schreibt:

„Das Prinzip der Kommunikation besagt, dass der Forscher den Zugang zu bedeutungsstrukturierten Daten im Allgemeinen nur gewinnt, wenn er eine Kommunikationsbeziehung mit dem For-

115 Die zwei Befragungssituationen ausgenommen.

116 Vgl. Bohnsack: „Im Falle der teilnehmenden Beobachtung habe ich den Vorteil, dass ich die Äußerungen oder Gespräche, Diskussionen auf den jeweiligen Handlungskontext beziehen kann, über den geredet wird." (Bohnsack 2014: 23).

schungssubjekt eingeht und dabei das kommunikative Regelsystem der Forschungssubjekte in Geltung lässt." (Hoffmann-Riem 1980:343).

Dementprechend beschreibt Bohnsack dieses Prinzip als notwendige Methode, um ForscherInnen eine Kommunikationsbeziehung mit dem Forschungssubjekt zu ermöglichen und dabei das kommunikative Regelsystem der Forschungssubjekte zur Geltung zu bringen (Bohnsack 2014: 21–22).

Wie bereits an vorheriger Stelle erwähnt wurde, findet im Rahmen dieser Studie jedoch keine solche Kommunikation zwischen dem Forscher und dessen Forschungssubjekte statt. Es wurden von dem Forscher weder Gruppendiskussionen noch Interviews als Forschungsmittel eingesetzt. Die teilnehmende Beobachtung folgt weitgehend nur der Struktur des systematischen Beobachtungssystems[117]. Das Prinzip der Kommunikation hat allerdings auch in dieser Forschungsarbeit ihre methodologische Relevanz, indem sie dazu dient, das kommunikative Regelsystem der Forschungssubjekte freizulegen.

In diesem Zusammenhang spielt das Prinzip der Offenheit eine wichtige und im Falle dieser Forschung dennoch eine zweischneidige Rolle. Dies ist dadurch bedingt, dass Hoffmann-Riem das Prinzip der Offenheit wie folgt beschreibt:

„Das Prinzip der Offenheit besagt, dass die theoretische Strukturierung des Forschungsgegenstandes zurückgestellt wird, bis sich die Strukturierung des Forschungsgegenstandes durch die Forschungssubjekte herausgebildet hat." (Hoffmann-Riem 1980: 346).

117 Vgl. systematisches Beobachtungssystem nach Stier (1999) S. 113–114.

Dieser Ansatz wird im Kontext der rekonstruktiven Sozialforschung nichtsdestotrotz durch die Strukturierung der Forschungsdiskurse, zum Beispiel der Gruppendiskussion oder den unterschiedlichen Interviewarten, des Forschungssubjektes unterstützt. Bohnsack geht davon aus, dass das Prinzip der Offenheit die Herausbildung der theoretischen Strukturierung des Forschungsgegenstandes durch die Forschungssubjekte ermöglicht (Bohnsack 2014: 22).

Im Falle der vorliegenden Studie findet diese Strukturierung nicht anhand der von der rekonstruktiven Sozialforschung festgelegten Forschungskommunikation statt, sondern durch die teilnehmende Beobachtung nach Philipp Mayring. Zwar gilt auch hier das Prinzip der Offenheit, das auf Hoffmann-Riems Begriffsdefinition beruht, jedoch wird es anders eingesetzt. Mayring bezieht sich auf Hoffmann- Riem und beschreibt das Prinzip der Offenheit als eine der dreizehn Säulen qualitativen Denkens (Mayring 2002: 27–28). Er wendet dieses Prinzip im Kontext der Hypothesengenerierung an, indem er davon ausgeht, dass eine Hypothese nicht mittels des theoretischen Vorverständnisses entwickelt wird, sondern erst durch die Datenanalyse zustande kommt (ebd.: 28). Demnach wird dieser Forschung, was die beiden Prinzipien der Kommunikation und der Offenheit angeht, ein hoher Stellenwert zuerkannt.

Die Erhebungsmethode der teilnehmenden Beobachtung ermöglichte es, die Gruppengespräche im Handlungskontext zu erforschen, was für Bohnsack zur Erforschung von Gesprächen und Diskussionen äußerst relevant ist (Bohnsack 2014: 23). Wenn es darum geht, die methodische Kontrolle im Rahmen der rekonstruktiven Sozialforschung zu wahren, so kann diese auch anhand der teilnehmenden Beobachtung sichergestellt werden und muss nicht durch eine Interviewsituation ergänzt werden oder erfolgen. Was jedoch die Erkenntnis und Darlegung impliziten Wissens im

Rahmen dieser Studie mittels des Analyseverfahrens der dokumentarischen Methode angeht, so ist eine weiterer Einblick in die analytische Haltung fällig.

Wechsel der Analyseeinstellung vom „was" zum „wie"

Um das „wie" aus dem „was" herauszufiltern, findet in der rekonstruktiven Sozialforschung und spezifischer anhand der dokumentarischen Methode ein Wechsel der Analyseeinstellung statt. Bohnsack beschreibt diesen Wechsel als Prozess, der den Zugang von kommunikativem zum konjunktiven Wissen ermöglicht (ebd.: 14).

Der kommunikative Zugang spiegelt den ersten Schritt der Analyseeinstellung wider. Ziel dieses Unterfangen ist es, herauszufinden, *was* gerade Gegenstand der Kommunikation ist. Der zweite Schritt besteht darin, zu ermitteln, *wie* beziehungsweise auf welche Art und Weise dieser Gegenstand in der Kommunikation entstand und gehandhabt wurde. Die zugrundeliegende Annahme für den zweiten Schrittes war, dass konjunktives Wissen in allen Alltagssituationen, in denen Personen miteinander kommunizieren, vorhanden ist und durch diese Personen aktualisiert werden kann.

4.2.1.2 Dokumentarische Methode

Die dokumentarische Methode wurde von Bohnsack aus der Praxis heraus entwickelt. Ihr Potenzial liegt darin, implizites Wissen, das der Alltagskommunikation zugrunde liegt, aber nicht reflexiv zugänglich ist, rekonstruieren zu können. Sie eignet sich insbesondere zur Interpretation aufgezeichneter Alltagskommunikation.

Angesichts dieser Studie ist dies von hoher Bedeutung, da keine Gruppendiskussion per se, sondern die Alltagskommunikation von Gruppen im Kontext von Musikproben aufgenommen wurde. Allerdings spielt dies in Bezug auf die dokumentarische Methode eine geringe Rolle, da Bohnsack davon ausgeht, dass sich auch in Alltagsgesprächen und -interaktionen kollektiv geteiltes implizites Wissen dokumentieren lässt (Bohnsack 2014: 123).

Zudem ist es wichtig, darauf hinzuweisen, dass sich in Alltagsgesprächen und in Interaktionen, die in der Gruppe passieren, durch Sprache Kollektivvorstellungen bilden: „Die Kollektivvorstellungen sind also der Niederschlag der perspektivischen, jedoch stereotypisierten, d. h. auf einen bestimmten Erfahrungsraum bezogenen konjunktiven Erfahrung." (Mannheim 1980 :231) Dies ist besonders für diese Arbeit relevant, da genau die im Kollektiv entstandenen Vorstellungen erforscht werden sollen.

Eine der grundlegenden Annahmen der dokumentarischen Methode ist demnach, konjunktive Orientierungen, die sich in solchen Kommunikations- und Interaktionszusammenhängen beziehungsweise Diskursen ergeben, vorhaben, um so die konjunktiven Erfahrungsräume repräsentieren zu können (ebd.: 124).

Wie wir im vorherigen Kapitel gesehen haben, wird das Wissen der MusikerInnen über ihre inkorporierten Handlungsroutinen zunächst als „atheoretisches Wissen" oder „implizites Wissen" (vgl. Bohnsack 2014: 191) bezeichnet und demgemäß der Rekonstruktion mit der dokumentarischen Methode unterzogen. Ziel dieser Methode ist es, herauszufinden, inwiefern Individuen und/oder Gruppen ihre eigenen Orientierungen und Werthaltungen in einer alltäglichen oder besonderen Situation handlungsleitend einsetzen. Bei dieser Forschungsmethode steht das Datenmaterial aus der Analyse der Kommunikation dem Individuum oder der Gruppe zur Verfügung. Dies ist dadurch bedingt, dass die Kommunikation, besonders innerhalb von Gruppen, gelebte Erfahrungen zum Ausdruck bringt, zum Beispiel durch Erzählungen. Demnach können diese Erzählungen auch Orientierungen und Werthaltungen innerhalb der Gruppe widerspiegeln.

Wenngleich die dokumentarische Methode besonders seit Bohnsacks Weiterentwicklung sehr auf Gruppendiskussionsverfahren, Interviewsituationen und Video- beziehungsweise Bildaufnahmen spezialisiert wurde, verfügt auch die Tonaufnahme von Alltagskommunikation über ihren Platz als Datenmaterial (Bohnsack 2014: 67).

Im Zentrum dieser Methode steht somit die Rekonstruktion des konjunktiven Erfahrungsraumes einzelner Gruppen und der daraus entstehenden Habitusgenese. Dabei unterliegt die akurate Rekonstruktion dieses Verlaufs der Interpretation der ForscherInnen. Die Gültigkeit der Methode bezieht sich auf deren methodische Kontrolle. Bohnsack schreibt hierzu:

Methodische Kontrolle bedeutet hier also Kontrolle über die Unterschiede der Sprache von Forschenden und Erforschten, über die Differenzen ihrer Interpretationsrahmen, ihrer Relevanzsysteme. Und diese Kontrolle gelingt nur, wenn ich den Erforschten Gelegenheit gebe, ihr Relevanzsystem zu entfalten, und dann darauf aufbauend – rekonstruiere – mir die Unterschiede der Interpretationsrahmen vergegenwärtige. (Bohnsack 2014: 22)

Ob die Rekonstruktion der Diskursorganisation einzelner Gruppen adäquat ist, hängt also von der Interpretation der ForscherInnen. Diese Interpretation soll methodisch kontrolliert durchgeführt werden, was, wie bereits oben erwähnt wurde, ein offenes

Kommunikationsverfahren[118] und ein kontrolliertes Fremdverstehen[119] einbezieht (ebd.: 23). Hinzu kommt das Argument, dass eine überholte Theorie nur durch eine alternative, ihr überlegene Theorie überwunden werden kann, durch den untrennbaren Zusammenhang von Theorie und Beobachtung beziehungsweise Theorie und Erfahrung (ebd.: 30). Die Resultate der dokumentarischen Analysemethode sollen immer mit der forschungsrelevanten Theorie abgeglichen werden. Zusammenfassend sollen die gerade erwähnten Aspekte die methodische Kontrolle einer Studie sicherstellen.

Die dokumentarische Methode scheint nichtsdestotrotz das narrative Interview als Hauptzugang zum Datenmaterial vorauszusetzen. Bohnsack bestätigt dies und beschreibt das Wesentliche am Interview wie folgt:

Die Fragestellung soll – wenn wir beim Interview bleiben – möglichst offen sein, sodass die Befragten die Kommunikation weitestgehend selbst strukturieren und damit auch die Möglichkeit haben, zu dokumentieren, ob sie die Fragestellung überhaupt interessiert [...]. Die Befragten sollen selbst offen legen, wie sie die Fragestellung interpretieren, damit die Art und Weise, wie sie die Fragen übersetzen, erkennbar wird; und zugleich wird ihnen die Gelegenheit gegeben, das Thema in ihrer eigenen Sprache zu entfalten. (Bohnsack 2014: 22)

118 „Allen offenen Verfahren ist gemeinsam, dass sie denjenigen, die Gegenstand der Forschung sind, die Strukturierung der Kommunikation im Rahmen des für die Untersuchung relevanten Themas so weit wie möglich überlassen, damit diese ihr Relevanzsystem und ihr kommunikatives Regelsystem entfalten können und auf diesem Wege die Unterschiede zum Relevanzsystem der Forschenden überhaupt erst erkennbar werden." (Bohnsack 2014: 23).

119 Vgl. vorheriges Zitat von Bohnsack: „Unterschiede der Sprache von Forschenden und Erforschten" (ebd.: 22). Um dieses kontrollierte Fremdverstehen zu erreichen, wird für diese Studie das Begriffsinventar von Aglaja Przyborski genutzt.

Allerdings wurde bereits an mehreren Stellen erwähnt, dass das Einsetzen von Interviews nur dann Sinn macht, wenn die dokumentarische Methode als Erhebungsmethode in einer Studie angewandt wird. Dies trifft auf diese Forschung nicht zu. Grund hierfür ist unter anderem der, dass sich die Forschungsfrage nicht mit einem bestimmten Gesprächsthema befasst, sondern sich auf Gruppenkommunikationsverfahren bezieht. Derweil ist es dennoch sinnvoll, die dokumentarische Analysmethode im Rahmen der vorliegenden Studie vorzunehmen, da diese es ermöglicht, das implizite Wissen der Forschungseinheiten (z. B. Gruppen/Ensembles) erkennbar zu machen. Sie erlaubt es schließlich, die Kommunikationsverfahren systematisch nicht nach Inhalten, sondern nach kommunikativen Verhältnissen zu analysieren. Um die Gruppenkommunikationsverfahren besser auswerten zu können, wurde deshalb Aglaja Przyborskis Begriffsinventar eingesetzt.

Das Begriffsinventar zur Diskursorganisation

Die Auswertung der Daten beruht auf einem Begriffsinventar, dessen Basis Ralf Bohnsack formuliert, aber Przyborski weiter ausgeführt hat. Obschon das Begriffsinventar von Przyborski auf Gruppendiskussionen und Interviews beruht, bleibt das Ziel der dokumentarischen Interpretation ihrer und dieser Arbeit das das gleiche, nämlich das Extrahieren kollektiver Orientierungen und eines kollektiven Habitus, was die Struktur des Falls beziehungsweise Ausschnittes betrifft. Diesbezüglich wird im Rahmen der Datenanalyse auch von „Propositionen“ oder „Elaborationen“ ausgegangen, mit dem Unterschied, dass diese weder von einer externen Person noch durch Fragebogen oder Gruppendiskussionen bewusst in die Probefälle eingeführt wurden.

Im Zusammenhang mit der Forschungsfrage geht es darum, zu ermitteln, inwiefern Gruppenkommunikation ein Teil des kreativen Prozesses von Improvisationsgruppen ist und welchen Einfluss die Gruppenkommunikation eventuell auf das improvisierende Handeln der Gruppe ausübt. Angesichts dessen spielen die kollektiven Orientierungen, die zu einem kollektiven Habitus beitragen, eine Rolle,[120] denn sie entstammen möglicherweise auch den zwischenmenschlichen Prozessen.[121]

Genau wie bei Bohnsack wird auch für diese Arbeit davon ausgegangen, dass ein Gespräch ein sich selbst steuerndes beziehungsweise autopoietisches System ist (Bohnsack 2014: 123). Als Folge dessen könnte man behaupten, dass sich jedes Gespräch entlang einer selbstentwickelten Struktur gestaltet, was deren Analyse unentbehrlich macht. Des Weiteren ist das Erforschen der Diskursbewegung im Rahmen dieser Studie nicht nur im Zusammenhang mit der Kategorisierung der einzelnen Fälle wichtig, sondern auch in Bezug auf die Bewegung der ausgewählten Passagen. Laut Bohnsack soll die Gesprächsanalyse kollektive Entitäten hervorbringen, die im Sinne Mannheims auch als kollektive oder konjunktive Erfahrungsräume verstanden werden sollen (ebd.: 124). Wenngleich diese methodischen Ansätze zum Teil für Interviewsituationen erarbeitet wurden, ist es, wie oben bereits erwähnt wurde, trotzdem sinnvoll, sie als Analyseverfahren auf Gruppenkommunikationsprozesse und somit auf Diskurse zu übertragen.

Da sich die Forschungsfrage dieser Studie der Gruppenkommunikation und deren Einfluss auf den kreativen Prozess widmet, müssen zuerst die Diskursbewegungen innerhalb der Fälle, im

120 Vgl. Kapitel 3, Paulus' (2003) Beitrag, S. 81–82.
121 Siehe Kapitel 3, S. 93–99.

Speziellen aber in den ausgewählten Passagen, aufgedeckt werden. Anhand der Gesprächsanalyse soll nun gezeigt werden, in welchem Ausmaß die emergenten Erfahrungsräume ähnliche Charakteristika aufzeigen, und inwiefern sie als wichtig für die Kreativität der einzelnen Gruppe beziehungsweise des Ensembles gelten können.

Dabei sollen die Diskursbewegungen der Fälle Aufschluss darüber geben, wie Gruppenmitglieder innerhalb des kreativen Kontextes miteinander kommunizieren. Diese Diskursbewegungen sollen darüber aufklären, inwiefern die Eigenart der kommunikativen Interaktion einen Einfluss auf den kreativen Prozess des Falls hat. Ferner sollen die Diskursbewegungen einzelner ausgewählter Passagen Klarheit darüber verschaffen, wie die Gruppe innerhalb einer spezifischen Situation miteinander kommuniziert.

Die einzelnen Passagen innerhalb der Fälle wurden anhand der theoretischen Relevanz dieser Studie ausgewählt. Dies bedeutet, dass die ausgewählten Passagen den Teil des Diskurses darstellen, in dem es zu einem signifikanten Moment in der Musik kam, und dieser Moment nun von allen Mitgliedern besprochen wird. Wobei es wichtig ist, zu beachten, dass dieser Moment sich nur anhand des Diskurses, wie er in den Proben stattgefunden hat, identifizieren lässt. Dies bedeutet, dass nur die MusikerInnen der einzelnen Ensembles determinieren können, welche diese Momente sind.

Im Rahmen der dokumentarischen Methode beschreibt Bohnsack diese Momente als „dramaturgischen Höhepunkt", die im Laufe jedes Gesprächs mehrmals auftauchen können und sich in besonderer Weise durch einen gemeinsamen Rhythmus charakterisieren lassen (ebd.: 125). Ein weiterer Begriff, der diese Momente beschreibt, ist die „Fokussierungsmetapher": Sie deutet auf Passagen hin, die eine hohe interaktive Dichte im Sinne eines ausgeprägten gemeinsamen Rhythmus besitzen, in der unter anderem ein hoher Detaillierungsgrad sowie eine deutlich erkennbare Bildhaftigkeit der Darstellung zum Ausdruck kommen (ebd.).

Dies setzt allerdings auch voraus, dass die kreativen Momente zuerst in der Musik, also dem improvisierenden Handeln, entstehen. Von daher stellt sich die Frage: Dient die verbale Kommunikation dazu, die kreativen Momente für die Gruppe bewusst zu machen? Wenn dem so ist, welche Rolle spielen dabei rhetorische Figuren wie Metaphern und Analogien?

Um die Einheitlichkeit des kreativen Prozesses innerhalb eines Falls zu unterstreichen, müssen beide Diskursbewegungen miteinander verglichen werden. Hinzu kommt, dass dieser Vergleich auch zu einer möglichen Kategorienbildung der Fälle führt.

Das Begriffsinventar beinhaltet folgende Termini:

Thema und Proposition:
„Der Begriff „Proposition" hebt sich von dem Dokumentsinn ab, während der Begriff „Thema" sich auf die kommunikative, verallgemeinerbare Ebene des Sinns bezieht" (Przyborski 2004: 65).

Fragen und immanente Nachfragen:
„Es wird auch meist dann von „Fragen" oder „exmanenten Fragen" gesprochen, wenn neue Themen durch Fragen angesprochen werden. Von „immanenten Nachfragen" wird gesprochen, wenn ein Thema durch die Diskussionsleitung aufgegriffen wird, das durch die Gruppe bereits angesprochen wurde." (ebd.: 68)

Elaboration (einer Proposition):
„Jede Aus- oder Weiterbearbeitung einer Orientierung [...] wird als „Elaboration" bezeichnet." (ebd.: 69)

Differenzierung:
„Bei einer „Differenzierung" geht es zwar auch um eine Weiterbearbeitung eines Orientierungsgehalts, wie bei einer Elaboration [...]. Hier werden aber besonders die Grenzen der Orientierung, des aufgeworfenen Horizonts markiert, und zwar nicht in Form eines negativen Gegenhorizonts." (ebd.)

Validierung:
„Als „Validierung" werden Bestätigungen von aufgeworfenen propositionalen Gehalten bezeichnet. In einer „Validierung" muss deutlich werden, dass mit dem Orientierungsgehalt des Interaktionszuges, auf den sie sich bezieht, übereingestimmt wird." (ebd.: 70)

Ratifizierung:
„Als „Ratifizierungen" werden jene Äußerungen bezeichnet, bei denen sich für die Interpretin nicht oder noch nicht entscheiden lässt, ob mit der Äußerung nur angezeigt wird, dass ein Sinngehalt verstanden wurde, sinnvolle Worte gehört wurden, oder auch z. B. eine „Validierung" des Sinngehalts, vielleicht auch eine „Differenzierung" oder gar „Divergenz"." (ebd.: 71)

Antithese/Synthese:
„Von einer „Antithese" wird gesprochen, wenn sich auf eine Proposition verneinend bezogen wird und/oder ein gegenläufiger Horizont aufgeworfen wird. [...] Der in der Proposition aufgeworfene Orientierungsgehalt bildet die These zur „Antithese". [...] Kommt es zu einer „Synthese" der einander zunächst entgegenstehenden Orientierungsgehalte, dann fällt die Bezeichnung Antithese zu Recht.

„Synthesen" vollziehen sich also meist in „Konklusionen", am Ende einer Passage." (ebd.: 71–72)

Opposition:
„Eine „Opposition" ist ein erster Entwurf einer Orientierung, die nicht zu der vorgegangenen passt, mit ihr unvereinbar ist." (ebd.: 72)

Divergenz:
„Eine „Divergenz" ist das Aufwerfen eines zu einer Proposition, zu einer Elaboration einer Proposition usw. widersprüchlichen Orientierungsrahmens unter Einbeziehung von Elementen aus jenen Diskursbewegungen, denen sie entgegensteht." (ebd.: 73)

Konklusion:
„Konklusionen" finden sich am Ende eines Themas und bei der Beendigung einer Darlegung eines Orientierungsgehaltes." (ebd.: 74)

Transposition (Transition):
„Transpositionen" sind „Konklusionen", in denen zugleich ein neues Thema aufgeworfen und die Orientierung in ihrem Grundgehalt mitgenommen wird." (ebd.: 76)

Zwischenkonklusionen/Anschlussproposition:
„Ein Thema wird nur erweitert oder anders aufgerollt. An solchen Stellen im Diskurs kommt es zu Beendigungssequenzen und Neuansätzen, hier wird von „Zwischenkonklusion" und „Anschlussproposition" gesprochen." (ebd.)

4.2.1.3 Transkription des Materials

Das Material aus der teilnehmenden Beobachtung wurde der TiQ, „*Talk in Qualitative Social Research Transkription*", unterzogen. Die Richtlinien systematisierte Aglaja Przyborski 1998 wie folgt:[122]

TiQ: Talk in Qualitative Social Research

[	Beginn einer Überlappung beziehungsweise direkter Anschluss beim Sprecherwechsel
]	Ende einer Überlappung
(.)	Pause bis zu einer Sekunde
(2)	Anzahl der Sekunden, die eine Pause dauert
nein	betont
nein	laut (in Relation zur üblichen Lautstärke des Sprechers / der Sprecherin)
°nee°	sehr leise (in Relation zur üblichen Lautstärke des Sprechers / der Sprecherin)
.	stark sinkende Intonation
;	schwach sinkende Intonation
?	stark steigende Intonation
,	schwach steigende Intonation
viell-	Abbruch eines Wortes oh=neeWortverschleifung
nei::n	Dehnung, die Häufigkeit vom : entspricht der Länge der Dehnung (doch) Unsicherheit bei der Transkription, schwer verständliche Äußerungen

122 Vgl. Bohnsack 2014: 253–254.

((stöhnt))	Kommentare beziehungsweise Anmerkungen zu parasprachlichen, nichtverbalen oder gesprächsexternen Ereignissen; die Länge der Klammer entspricht im Falle der Kommentierung parasprachlicher Äußerungen (z. B. Stöhnen) etwa der Dauer der Äußerung.
@nein@	lachend gesprochen
@(.)@	kurzes Auflachen
@(3)@	3 Sek. Lachen

Groß- und Kleinschreibung:
Bei Neuansetzen eines Sprechers / einer Sprecherin am Beginn eines „sogenanntes Häkchens" wird das erste Wort mit Großbuchstaben begonnen. Nach Satzzeichen wird klein weitergeschrieben, um deutlich zu machen, dass Satzzeichen die Intonation anzeigen und nicht grammatikalisch gesetzt werden.

Zeilennummerierung:
Zum Auffinden und Zitieren von Transkriptstellen ist es notwendig, eine durchlaufende Zeilennummerierung zu verwenden.

Maskierung:
Da es sich um einzelne Fälle handelt, werden die Ensembles nur nach den nummerierten Fällen erwähnt. Dabei werden ihre Namen nie genannt. Die Fälle werden nummeriert und allen Personen, die teilgenommen haben, wird ein Buchstabe zugewiesen. Dieser Buchstabe bleibt auch bei allen etwaigen weiteren Erhebungen beziehungsweise bei der teilnehmenden Beobachtung, an denen die Person beteiligt ist, bestehen. Namen, die in den Gesprächen genannt werden, werden durch erdachte Namen ersetzt. Alle Ortsangaben (Straße, Plätze, Bezirke) werden maskiert.

4.3 Zusammenfassung der Analyseschritte und -methoden

Bei dieser Forschungsarbeit handelt es sich um eine qualitative Sozialforschung (Flick 2000, 2005, 2007), die anhand von Einzelfallanalysen (Lamnek 2010; Mayring 2002, 2010), die Gruppenkommunikation improvisierender Gruppen erforscht. Im Zuge dessen wurden die Daten zuerst mithilfe der teilnehmenden Beobachtung und eines ergänzenden Beobachtungssystems im Kontext einer Feldforschung erhoben, bevor sie transkribiert wurden. Hieraus entstanden Falldiskurse, die zwei Analyseebenen durchlaufen mussten, um die Forschungsfrage beantworten zu können.

Die dokumentierten Falldiskurse wurden somit zuerst der dokumentarischen Analysemethode unterzogen. Dies war dadurch bedingt, dass die vergleichende Fallanalyse der Diskurse nicht ausreichte, um die Charakteristiken der Gruppenkommunikation in improvisierenden Gruppen zu identifizieren. Der Analyseverlauf der dokumentarischen Metode zusammen mit dem Transfer von Przyborskis Begriffinventar ermöglichten es, nicht nur die Gruppenkommunikationsmerkmale zu erkennen, sondern auch ihren Gebrauch zu bestimmen: Was zeichnet diese Charakteristiken aus? Gibt es begleitende Sprachmuster? Unter welchen Bedingungen treten sie auf? Ist dies thematisch, situativ oder kontext bedingt?

1. Dokumentarische Analysemethode

   Die im Vorfeld genannten methodologischen Grundlagen der dokumentarischen Methode wurden in folgenden Schritten in die Praxis umgesetzt:

a) Formulierende Interpretation

   Hier geht es um das Hervorheben von Ober- und Unterthemen

in den Diskursen. Für Bohnsack ist dies der Schritt, in dem der Interpret / die Interpretin innerhalb des Gruppenrahmens bleibt und diesen durch die angesprochenen Themen paraphrasiert (Bohnsack 2014: 136). Es geht darum, den immanenten Sinn der Diskurse hervorzubringen. Somit bleibt diese Form der Interpretation dem Inhalt des Materials sehr nahe. Der Bezug auf ein gemeinsames Thema ist die Grundlage jeder Kommunikation (ebd.).

b) Reflektierende Interpretation
   Mit diesem Analyseschritt wird das „Wie" des Handelns versucht zu erkennen, indem der Diskursrahmen rekonstruiert wird (ebd.: 137). Dies passiert unter anderem durch eine Unterteilung des Diskurses in eine Proposition-Konklusion- Sequenz. Bohnsack greift den Begriff „Proposition" von Harold Garfinkel auf. Laut Bohnsack deutet der Begriff hin auf die alltäglichen Darstellungen beziehungsweise Beschreibungen, die sich aus vielen unterschiedlichen Propositionen zusammensetzen (ebd.). Eine Proposition kann aber auch ergänzt werden, und anschließend innerhalb des Textmaterials als *Elaboration* gekennzeichnet werden. Oder es kann zu vorläufigen Konklusionen kommen, die durch die gleiche Begrifflichkeit markiert sind. Um den Diskurs in eine Proposition-Konklusion-Sequenz zu unterteilen, wird sich ausschließlich nach dem Begriffsinventar Przyborskis gerichtet.

In einem weiteren Schritt wird eine Gesprächsanalyse nach Przyborski eingeleitet, mit der der Diskursverlauf anhand inkludierender und exkludierender Modi identifizieren wird. Dieser Schritt ist besonders relevant im Kontext der vorliegenden Arbeit, da auf diese Weise einfacher verglichen werden kann, wie einzelne Gruppen mit demselben Thema umgehen. Somit wird also untersucht, ob ein Diskurs parallel, univok, konsensgeleitet, oppositionell oder divergent organisiert ist.

Nach der ersten Analyseebene folgt nun die zweite. Diese soll Aufschluss darüber geben, inwieweit die identifizierten Merkmale und deren Einsatz innerhalb der einzelnen Falldiskurse übereinstimmen.

2. Vergleichende Einzelfallanalyse
   Die vergleichende Einzelfallanlyse stellt den letzten Analyseschritt der Daten dar. Die einzelnen Fälle werden bei dieser Forschung nach ihren identifizierten Diskursbewegungen gebündelt und miteinander verglichen. Generell beinhaltet die Einzelfallanalyse folgende fünf zentrale Schritte: Das Formulieren der Forschungsfrage, die Falldefinition, das Bestimmen spezifischer Methoden und das Sammeln des Datenmaterials, die Aufarbeitung des Materials und schließlich das Identifizieren eines größeren Zusammenhangs (ebd.: 43–44). Besonders Letzteres beruht auf dem Vergleich der einzelnen Fälle miteinander. Da die Forschungsfrage und die Falldefinition bereits in den vorherigen Kapiteln formuliert wurden, wird sich in diesem Kapitel nun der Methodenbestimmung, der Aufarbeitung des Materials und letzlich dem Herausfiltern eines größeren Zusammenhangs zugewendet.

   Bei dem Herausfiltern eines größeren Zusammenhangs ist es wichtig, die durch den Vergleich der einzelnen Fälle hervorgehobenen Variablen zu identifizieren und deren Verknüpfungen im Rahmen der Forschungsfrage erkennbar zu machen. Genauer gesagt wird die vergleichende Einzelfallanalyse im Kontext dieser Studie dazu benutzt, die genauen Verbindungen und Abläufe, nach denen die Metaphern innerhalb der Probegespräche konstruiert werden, zu untersuchen.

5. Fallauswertung

In diesem Kapitel wird sich mit der Auswertung der einzelnen Fälle beschäftigt. In einem ersten Schritt wird eine detaillierte Fallbeschreibung, die nach den Analyseschritten der dokumentarischen Methode eingesetzt und sich dabei Przyborskis Begriffsinventars bedient. Die einzelnen Fallbeschreibungen sind eine Zusammensetzung aus Feldnotizen, Postskripts und den Resultaten der Analyseschritte der formulierenden und reflektierenden Interpretation, wie sie Bohnsack festgelegt hat. Diese Darstellung der individuellen Fälle hat zweierlei Ziele: erstens das Identifizieren gemeinsamer Charakteristika, was die Gruppenkommunikation der einzelnen Ensembles angeht, die unter anderem auch der Kategorisierung zugutekommen; zweitens das Aufdecken der unterschiedlichen Diskursorganisationen, die diesen Diskursfällen unterliegen, um den Gebrauch der Charakteristiken zu determinieren.

In einem weiteren Schritt werden die Fälle mit der gleichen Diskursorganisation gebündelt, um zu beobachten, ob es hier, was die unterschiedlichen Kategorien angeht, zu Differenzen beziehungsweise Gemeinsamkeiten kommt.

In der letzten Phase der Fallauswertung werden die einzelnen Fälle mitsamt ihren unterschiedlichen Diskursorganisationen miteinander verglichen, um zu sehen, inwiefern diese im Umgang mit den Kategorien beeinflusst werden. Des Weiteren werden hiervon die für diese Studie relevanten Hypothesen abgeleitet und mit den noch offenen Theoriesträngen verbunden.

Es ist weiterhin zu bemerken, dass die Transkripte in diesem Kapitel nicht vollständig dargestellt wurden. Diesbezüglich befindet sich im Anhang die detaillierte Version, die die transkribierten

Textpassagen, einschließlich der genauen Analyseprozedur, konkreter veranschaulicht.

5.1 Durchlauf des gesamten Materials

5.1.1 Fallbeschreibung Fall 1

Das Ensemble besteht aus vier Mitgliedern: A, B, C und D. Sie kennen sich schon mehrere Jahre und sind gut befreundet. Das Ensemble gibt es seit 2009. A, B und D absolvierten ein klassisches Musikstudium. A ist Holländer, B Norweger, C und D sind Deutsche. Zum Zeitpunkt der Probe leben alle seit ungefähr sechs, sieben Jahren in Berlin. Diese Tatsache ist wichtig, da das Ensemble Teil der Echtzeitmusikszene sind. Seine Musik beruht auf selbst konzipierten Pitch-Strukturen, mit denen es anhand von Pitch sets[123] experimentiert.

Bevor die teilnehmende Beobachtung anfängt, hat das Ensemble bereits eine Stunde geprobt. Die Beobachtung beginnt mit einem kurzen Vorstellungsgespräch.

Das Ensembles hat sich kreisförmig positioniert, was es ermöglicht, das Aufnahmegerät in der Mitte zu platzieren. Nach einer kurzen Vorstellung, die unter anderem auch ein wenig Smalltalk beinhaltet, fängt die Gruppe an zu spielen. Die folgenden Ausschnitte entstammen dem dokumentierten Gespräch, das sofort nach dem Spielen stattfand.

123 *Set* kommt aus dem Englischen und deutet in den Musikwissenschaften auf eine musikalische Entität hin (z. B.: *pitch set* = Sammlung von Tonhöhen). Im Kontext improvisierter Musik wird jedoch oft von Sets gesprochen, wenn es um Musikstücke geht (z. B. spielt das Ensemble auf ihrem Konzert vier Sets.)

Der musikalische Kontext vor diesem Gespräch war der, dass das Ensemble mit einer Struktur, die es „Liquid“ nennt, experimentierte. Während das Ensemble spielte, fiel auf, dass C sehr oft in Richtung A und B schaute und diese den Blick entgegnen. D konstant blickte nach unten oder hielt seine Augen geschlossen.

Der Diskurs in dieser Probe zeichnet sich unter anderem durch die Wechselwirkung zwischen einzelnen mimischen Merkmalen (z. B. Blickkontakt), dem Proben und der darauffolgenden Diskussion über die Musik aus. Obwohl der Inhalt der gerade gespielten Musik thematisch Vorrang besitzt, kommt es doch zum Themenwechsel, zum Beispiel „Rs Aufnahme“ (siehe Zeile des Transkripts: 464–516). Die Erfahrungsräume dieser Gruppe sind größtenteils gleich: Generation, Geschlecht und Milieu, aber nicht Herkunft.

Was nun die Arbeitsprozesse der Gruppe angeht, so arbeitet das Ensemble abwechselnd auf kollaborativer und kooperativer Ebene. Dies beinhaltet unter anderem, dass es keinen Bandleader gibt, der die Gruppe anführt. Die selbst konzipierten Sets beziehungsweise Stücke sind grobe Strukturkompositionen, die anhand gemeinsamen Improvisierens mit verschiedenen Pitch Sets entstehen.[124]

Das grundlegende Thema dieser Passagen ist die Identifizierung der *frozen moments*: eines Musikelements, das in dieser Probe zum ersten Mal verwendet wurde und über das das Ensemble nun spricht. Der *frozen moment* wird im Rahmen dieser Studie als kreatives Moment gesehen. Er markiert den Anfang des Gesprächs über diese

124 Während dieses improvisatorischen Prozesses wird weder auf traditionelle noch auf grafische Notation gesetzt. Die Musiker legen kurz fest, mit welchem Pitch beziehungsweise mit welcher Kombination von Tonhöhen sie genau experimentieren wollen. Das Tempo, die Klangfarbe und die Dauer werden jedoch von Moment zu Moment durch das gemeinsame Spielen gestaltet.

Probe und zieht sich durch den ganzen Ablauf der Probe hindurch. Es wird sofort klar, dass ein gemeinsamer Orientierungsrahmen besteht, weil die Gruppe in der Wir-Form angesprochen wird und alle Mitglieder dies sofort validieren. Zudem hat die Gruppe bereits ein für sich geschaffenes Vokabular entwickelt, um über ihre Musik zu sprechen (zum Beispiel: „Liquid structure").

Nach dem ersten Spielen wird klar, dass etwas Neues beziehungsweise Unerwartetes passiert ist, da C und A dies durch ihre Kommentare umschreiben (s. Z. 14–19) und die beiden anderen (B und D) dies validieren: „Interesting set" (Z. 15), „Really new colour" (Z. 19). Das Interessante an diesen ersten Kommentaren ist, dass sie sich zuerst mit dem ganzen Set beschäftigen und nicht mit dem Moment an sich. Dies trifft auf die generelle Bemerkung „Interesting set" bis hin zur Bemerkung „Really new colour" zu. Es scheint, als wollten A und C erst einmal sichergehen, dass diese Bemerkungen innerhalb der Gruppe als valide betrachtet werden.

Dieser Prozess ist dadurch gekennzeichnet, dass jeder seine persönlichen Beobachtungen innerhalb der Gruppe teilen kann. Dabei wird zuerst das gerade gespielte Set bewertet, bevor nachgeforscht wird, was genau an dem Set so interessant war. Der Prozess scheint demnach generell von einem immer spezifischer werdenden immanenten Nachfragen gekennzeichnet zu sein. Die erste Bemerkung zu „frozen" (Z. 27) macht B, indem er sich auf die Struktur des gerade Gespielten bezieht. Dies validiert A sofort (Z. 28). B ergänzt seine Proposition „frozen" durch den Kommentar „It sounded pretty busy" (Z. 29). Durch diese Parallele ermitteln die Musiker dann, *wie* es zu diesem Moment gekommen ist; C habe sehr viel „aufgetragen" („layered", Z. 31), aber als Reaktion auf A. In dem Austausch geht es darum herauszufinden, *wo* genau dieser Moment stattgefunden hat und ob jeder in der Gruppe diese Verortung wiedererkennt.

Nach dem zweiten Set werden die Probleme aufgezählt, die die Gruppe während des Spiels hatte. Es entsteht ein kleines Missverständnis, das aber sofort gelöst wird, die Gruppe probt noch einmal. Das Gespräch über das dritte Set bezieht sich auf dessen kontrollierten Ablauf und die Unzufriedenheit der Musiker damit. Die Gruppe versucht, sich im vierten Set auf den Frozen Moment zu konzentrieren.

Das grundlegende Thema dieser Passagen ist die Identifizierung der Frozen Moments. Die Gruppe bestätigt, dass es diesen Moment beziehungsweise diese Momente gebe, sie aber nicht wüssten, welche es seien. Dabei entsteht die Proposition „Coda[125] moment", die anhand von Elaborationen, Differenzierungen und Nachfragen weiterentwickelt wird und durch die eine Zwischenkonklusion[126] erreicht wird.

Es entwickelt sich aber auch eine Antithese in Bezug auf die Initiierung dieses Moments. Hier treffen zwei unterschiedliche Orientierungen aufeinander, die mit der Spielart der Gruppe zu tun haben: Wie viel Kontrolle seitens der Musiker benötigt das Set? Diese Antithese taucht im Diskurs immer wieder in unterschiedlichen Formen auf (s. Z. 175–184; 369–371), wird aber zum Schluss des ganzen Diskurses mithilfe einer Konklusion aufgelöst, die durch A erfolgt: (Z. 441) „We've identified frozen moments!" Alle Mitglieder stimmen erleichtert zu. Somit ist die Dauer dieses Moments ungefähr geregelt.

Während der Identifikation des Frozen Moments bleibt die Orientierung Amüsement Provokation. Diese Orientierung taucht im

125 „Coda" bezeichnet den ausklingenden Teil einer musikalischen Einheit, also einen Satzteil, der an Kompositionen angefügt ist (vgl. Riemann Musiklexikon).

126 Vgl. Begrifflichkeiten wie Elaboration, Differenzierung, Nachfrage und Zwischenkonklusion mit dem Begriffsinventar Przyborskis (2004: 68–76) in Kapitel 4.

Diskurs durchgehend auf: am Anfang (Z. 351), nach der Antithese (s. Z. 368–371) und zum Schluss dieser Passage (Z. 442). Sie stellt eine humorvolle Art und Weise dar, mit den Inhalten des Diskurses umzugehen. Außerdem provozieren sich die einzelnen Mitglieder auf unterhaltsame Weise gegenseitig. Der Orientierungsgehalt rund um den Frozen moment bleibt gleich: Amüsement Provokation.

Die Diskursbewegungen der Passage und des ganzen Probegesprächs lassen eine antithetische Organisation erkennen. Der Diskursverlauf während der Identifizierung der „frozen moments" ist von Differenzierungen geprägt; dadurch verweist er auf einen antithetischen Diskurs. Die Orientierungen der einzelnen Musiker sind zwar unterschiedlich, werden aber im Gespräch nicht vorrangig behandelt. Der Fokus liegt somit auf dem Ziel des gemeinsamen Musikmachens. An der Struktur des Diskurses lässt sich erkennen, dass B und C unterschiedliche Perspektiven haben, A das Gespräch meist anhand einer bewerteten Proposition initiiert, B, C und D diese Proposition elaborieren.

Dieses Ensemble hat bereits ein gemeinsames Vokabular, das die Mitglieder aktiv in den Musikgestaltungsprozess einbeziehen. Die Metapher Frozen Moment ist dem musikalischen Inhalt eines Moments gewidmet und der Bewertung des gespielten Sets entsprungen. Des Weiteren wird die Metapher durch A initiiert, um von C und B validiert und weiter elaboriert zu werden.

Die Diskursbewegung ist antithetisch, was den Austausch zwischen den Mitgliedern reicher gestaltet. Obwohl es eine Unstimmigkeit gibt, die B und C repräsentieren und die mit der Erhöhung beziehungsweise Verminderung der kontrollierten Strukturierung der Sets zu tun hat, scheint diese im Kontext der Gruppe bereichernd zu wirken, da es nicht zu Streit beziehungsweise offener Konfrontation kommt.

Dadurch dass für diese Arbeit das Begriffsinventar der Diskursorganisation von Przyborksi übernommen wurde, kommen in den einzelnen Analyseschritten oft Elemente der Konfrontation beziehungsweise des Widerspruches vor, die jedoch nicht den Analysefokus dieser Studie reflektieren. Nichtsdestotrotz sind diese Elemente im Rahmen dieser Studie brauchbar, da sie Aufschluss über die Haltung zwischen den Mitgliedern der Gruppe geben können.

Die antithetische Diskursbewegung, wie sie während des ganzen Probegesprächs stattfindet, ist von humorvoller Orientierung geprägt: Amüsement Provokation. Davon ist die individuelle Gruppenkommunikation des Ensembles charakterisiert. Auf der Ebene der sprachlichen Kreativität ist die Orientierung Amüsement Provkation interessant, weil die Humorkomponente (Witze und Wortspiele) eine größere Anzahl kommunikativer Anschlüsse ermöglicht. Der Sprachwissenschaftler Ronald Carter betrachtet Humor als einen wichtigen Bestandteil des Gestaltens interpersonaler Beziehungen (Carter 2010: 19–23).

Die Diskursbewegung während des Reflexionsprozesses zum kreativen Moment ist zwiegespalten, denn das Bewusstwerden des Moments und dessen Anerkennung passieren am Anfang der Probe (s. Z. 14–38), während die Definition erst zum Schluss stattfindet (s. Z. 389–441). Dabei ist die Phase des Bewusstwerdens durch das immanente Nachfragen aller Mitglieder geprägt (s. Z.: 14–34). Die Metapher Frozen Moment wird zunächst zusammen mit einer Struktur namens „Frozen" benutzt, bevor sie als eigenständiger Ausdruck von der Gruppe anerkannt wird (s. Z.: 35–38). Diese allgemeine Anerkennung zeichnet sich dadurch aus, dass der Begriff Frozen Moment nach seiner ersten Äußerung durch A immer wieder von B, C und D wiederholt wird. Die Sprachwissenschaftlerin Deborah Tannen macht darauf aufmerksam, dass das Wiederholen von

Sätzen, Ausdrücken, ja sogar von Metaphern im Sprachgebrauch dazu genutzt wird, zeitlich differenzierte Äußerungen innerhalb eines Gespräches miteinander zu verbinden (Tannen 2007: 60). Dies bedeutet, dass die sprachliche Wiederholung ein Kohäsionsinstrument[127] ist, das eine referenzielle und verbindende Funktion im Diskurs hat (ebd.).

Es scheint als würde die Wiederholung der anfänglichen Identifikation dieses Moments zu dienen. Dies wirkt sich zudem auf den konjunktiven Erfahrungsraum aus, denn dieser wird durch die allgemeine Anerkennung der Metapher gestärkt.

Obwohl die Identifikation schon durch die Anerkennung der Gruppe stattgefunden hat, scheint es erst später im Diskurs zu einer genaueren Definition des „frozen moment" zu kommen. Unterdessen entsteht der Eindruck, dass die thematische Diskursorientierung deutlicher auf der Interaktion der Musiker liegt. Der Frozen Moment wird gemeinsam durch das Erwägen unterschiedlicher Interaktionsmöglichkeiten definiert.

Es scheint, als würde die Metapher – das gemeinsame Erkennen und Benennen eines für die Gruppe signifikanten Moments – helfen, indem sie den konjunktiven Erfahrungsraum bestärkt, indem sich die Musiker auf die thematische Orientierung fokussieren. Dabei stellt sich die Frage, inwiefern dieser Mechanismus den kreativen Prozess der Gruppe in der Probe beeinflusst.[128]

127 Aus dem Englischen „repetition as a cohesive device in discourse" (Tannen 2007: 60).

128 Siehe Folgekapitel.

5.1.2 Fallbeschreibung Fall 2

Das Ensemble besteht aus dem Perkussionisten E und dem Saxophonisten und Klarinettisten F. Beide spielen in dieser Konstellation schon seit mehreren Jahren zusammen. Das Ensemble improvisiert frei, d. h. sie haben weder Noten noch eine strikte Struktur. Die Erfahrungsräume, die die beiden Musiker teilen, sind jedoch verschieden: Beide haben nicht das gleiche Alter, sind aber Teil des gleichen Milieus, obwohl sie eine unterschiedliche Herkunft haben. E ist Deutscher und F ist Amerikaner.

Die Probe findet in Es Wohnung statt, in einem Raum, den er als Studio/Arbeitszimmer bezeichnet. Die beiden Musiker sind während der teilnehmenden Beobachtung sehr offen und einladend. Nach einer kurzen Begrüßung nehmen beide ihre Position ein und bereiten ihre Instrumente vor. Das Stimmen der Instrumente dauert einige Minuten. Beide platzieren sich vis-à-vis voneinander: E steht hinter seinem Instrument, während F ihm gegenüber sitzt. Das Aufnahmegerät wird mittig platziert.

Die Probe fängt mit einem kurzen Test der Instrumente an, einem Soundcheck, der ungefähr 30 Sekunden dauert. Genau wie der Diskurs im Fall 1 ist auch der Diskurs dieser Probe überwiegend durch die Wechselwirkung zwischen der musikalischen und verbalen Interaktion gekennzeichnet. Hierbei ist jedoch wichtig zu betonen, dass ein direkter Blickkontakt zwischen den Musikern während des ganzen Diskurses besteht.

Der Diskurs beginnt mit der generellen Frage von F nach der Gestaltung der Probe: „What do you wanna do? Do you wanna try a shoot for the? (.) I (.) before we maybe hit the big forty minute thing. Maybe we should do some shorter stuff?“ (s. Z. 8–10). In diesem Zusammenhang ist es wichtig, den Arbeitsprozess des Ensembles zu beschreiben. Generell setzt sich die Gruppe einen Zeitrahmen, in dem es frei, also ohne vorher festgelegte Strukturen oder Ideen, improvisiert.

Dies erklärt, warum während der Probe einzelne Sets der Dauer nach als „Forty minute thing" (Z. 9) oder „Shorter stuff" (Z. 10) umschrieben werden. Hinzu kommt, dass der Inhalt der Sets als Material („Material", s. Z. 19) bezeichnet wird. Subkonnotationen sind zudem „Areas" (Z. 7) und „Stuff" (s. Z. 43; 51). Demnach richtet sich die Probe, was den musikalischen Inhalt angeht, nach der Dauer der Stücke: Es wird mit einem kürzeren Set angefangen, um danach zu dem längeren (40 Minuten) überzugehen. Die einzige Einschränkung ist somit die Dauer.

Nachdem geklärt wurde, dass das erste Set zehn Minuten dauern soll, der Inhalt aber frei bleibt, lässt sich anhand der Struktur des Diskurses erkennen, dass F mehr initiiert als E. Der Diskurs nach dem ersten Set ist bezüglich des musikalischen Inhalts kritisch angelegt. Dabei sind Fs Aussagen vorrangig, während E diese meistens nur ratifiziert, bis es auf Fs Vorschlag hin zu einer Übung kommt, die E validiert. Das erste Set wird auf zehn Minuten begrenzt, die Zeit mit einer Uhr gestoppt.

Das Gespräch, das dem ersten Set folgt, ist nicht positiv, da die Musiker entschieden hatten, vor dem ersten Set „variierter" (s. Z. 69–72) zu spielen, dies jedoch nicht taten. Im Zuge dessen zeichnet sich das grundlegende Thema der Probe ab: das Überwinden eines sich schon verfestigten (Zusammen-)Spielens. Obwohl beide dies einsehen, kommt es nach den ersten beiden Sets immer wieder zum Aufgreifen des Themas. Der Grund hierfür könnte sein, dass sich das Ensemble nicht auf ein gemeinsames Vokabular geeinigt hat, wie es in Fall 1 der Fall war. Denn obschon beide Musiker die Wir-Form übernehmen, was einen gemeinsamen Erfahrungsraum suggeriert, kommt es immer wieder zu Unsicherheiten und Differenzierungen bei der Umschreibung des Themas.

Der Inhalt der ersten Passage beruht auf Fs Meinung, dass das Set für ihn nicht variiert genug gewesen sei (Z. 84–85). Er versucht, E dies auf verschiedene Arten mitzuteilen, ist aber unsicher, ob der ihm folgt, da er keinen klaren Gesprächsbeitrag leistet. Dies ist für F Grund genug, E immer wieder darauf anzusprechen, da er diesen Störfaktor in der Probe ausdiskutieren und beseitigen möchte.

Das zweite Set fängt also mit einer Prämisse an: Beide Musiker sollen variierter spielen, indem sie sich in ein „unknown territory" (Z. 171) begeben. Während des Spielens fällt auf, dass beide zur gleichen Zeit die Transition von leise zu laut machen. Dabei schaut F öfters auf E, während dieser immer seine Augen geschlossen hat.

Der Diskurs nach dem zweiten Set fängt mit Es humorvoll-provozierender Aufforderung an, etwas zu dem gerade gespielten Set zu sagen: „Any thoughts about this? ((chuckles))" (Z. 182). E initiiert seine Proposition (Z. 182), indem er auch die Orientierung Heitere Provokation suggeriert. Dies bedeutet, dass E bereits weiß, dass ihre Prämisse, „variierter zu spielen", wieder nicht angewendet wurde, er aber F mittels Humor mitteilen möchte, dass er das weiß und dies nicht schlimm findet. F validiert diese Proposition, indem er sie im Modus der Exemplifizierung seiner persönlichen Erfahrung vom Set ergänzt (s. Z. 183–186:

„Beginning [...] serious contrast" und „I was [...] stable" – „You were moving around"). Hierzu ist festzuhalten, dass, obwohl F Es Proposition validiert, er dies ohne das Wiederholen der Orientierung tut. Das Beschreiben von Fs Erfahrung des zweiten Sets ist weder heiter noch humorvoll, sondern drückt eine gewisse Enttäuschung beziehungsweise Frustration aus.[129]

Es folgt die Passage, in der es darum geht, die Stellen ausfindig zu machen, die beide Musiker als nicht variiert genug empfinden. Nach einer Reihe beschreibender Propositionen und exmanenten Nachfragen kommt es zu Fs Initiierung der Metaphern „comfort zone“ (Z. 236) und „peace resort“ (Z. 240). Diese sind geprägt von Fs Angst, dass, obwohl sie gewisse Momente haben, in denen beide variiert spielen, sie dann doch für sich und nicht miteinander spielen. Des Weiteren scheinen diese Momente schnell von einer Art gemeinsamen Spielens abgelöst zu werden, das F als „comfort-zone“ bezeichnet; also ein sicheres Spielen, das beide gut eingeübt haben und durch das die Möglichkeit der Variation in ihrem Spiel verschwindet. E validiert dies, indem er über den Ausdruck „peace resort“ lacht. Dadurch dass E die Proposition von F mit einem Lachen (Z. 242) validiert, erkennt man, dass die Orientierung der heiteren Provokation, die den ganzen Diskurs begleitet, in diesem Moment noch einmal bestätigt wird. Diese Bestätigung lässt auch darauf schließen, dass die Metapher „peace resort“ mit all ihren Ergänzungen als Teil des konjunktiven Erfahrungsraums des Ensembles anerkannt wurde.

In der Passage „Copacabana“, die zur Analyse herausgefiltert wurde, erweitert F die Metapher „peace resort“ (s. Z. 240–253). Hier umschreiben die Ergänzungen zu der Metapher „peace resort“, z. B. „comfort zone“ und „beach“, den gleichen Gedanken: F unterstreicht dadurch seinen Vorschlag, nicht immer in die sichere

129 An dieser Stelle hat es den Anschein, als störte die wissenschaftliche Beobachtung das Ensemble bei dem Versuch, zu experimentieren. Jedoch lässt der weitere Diskursverlauf darauf schließen, dass diese Frustration eher der Interaktion und dem musikalischen Material entspringt.

„comfort zone“ (Z. 240–241) zu gehen, sondern auch ein wenig experimentieren zu wollen („Eventually we have to leave the beach“, Z. 246). Daraufhin greift E die Metapher vom „Verlassen des Strandes als sichere Zone“ auf (s. Z. 249–250:

„There is only one way to leave the beach (.) unless you take the boat, or you're a good swimmer“). Dies bedeutet, dass er den waghalsigeren Weg gehen möchte, indem er das Problem direkt konfrontiert und in das offene Meer hinausschwimmen will. Demnach validiert E Fs Proposition, variierter zu spielen, und zeigt sich einverstanden, zusammen mit F einen Ausweg zu finden. Derweil geht F jedoch auf die dritte Möglichkeit ein: den Strand zu Lande zu verlassen und nicht ins Meer hinauszuschwimmen (s. Z. 251–252). Wieder entsteht eine Differenz zwischen beiden, die jedoch F mit einer Referenz zu der Metapher (s. Z. 255–257: „Bad metaphor carried too far“) zu einer rituellen Konklusion führt. Hierauf folgt ein validierendes Lachen beider, was auf die Orientierung Heitere Provokation schließen lässt, durch die die rituelle Konklusion angeregt wurde.

Aufgrund dieser positiven Konklusion lässt sich behaupten, dass die Identifikation der problematischen Stellen in der Musik anhand der Metapher und deren Ergänzungen gelungen ist. Hinzu kommt, dass die Metapher nicht nur die Identifikation dieser Stellen unterstützt, sondern auch den problematischen Umgang mit ihnen dargestellt hat. Inhaltlich geht es darum, die „Komfortzone“[130] oder den „Strand“ (s. Z. 244–246) zu verlassen. Währenddessen entsteht im Diskurs eine Verbildlichung unterschiedlicher Möglichkeiten, den Strand zu verlassen (s. Z. 246–256). Jedoch erkennt man hier, dass die Metapher zu abstrakt bleibt, was die musikalische Interaktion der beiden angeht: Sie finden keine eindeutige Lösung.

130 Beziehungsweise Wohlfühlzone.

Der Linguist Allan Paivio unterstreicht die Verbindung zwischen der erwogenen Bildlichkeit verbaler Prozesse und der künstlerischen Kreativität, indem er sich auf die Transformation situativen Denkens im Individuum beruft (Paivio 1979: 531). Dabei hat es den Anschein, als reichte es im Kontext der bisher dokumentierten Ensembles nicht, Bildlichkeit in Form einer Metapher nur zu erwägen. Der Schritt des Erwägens scheint vom Schritt des wechselseitigen Erkennens begleitet zu sein, was eine gruppenintern anerkannte Relevanz gegenüber einer bestimmten Situation voraussetzt.

Nach einer kurzen Pause erzählt E seine Copacabana-Anekdote, indem er sehr bildlich das Schwimmen durch die Wellen beschreibt, das zudem ein Warten auf den richtigen Moment voraussetzt (s. Z. 257–291). Während seiner Erzählung kommt es zu einem ständigen, aktiven Nachfragens von F (s. Z. 264; 266; 269; 271; 274). Dieses Nachfragen ist dadurch charakterisiert, dass F das wiederholt, was E sagt und dieses als Nachfrage formuliert. Wie schon an vorheriger Stelle beschrieben,[131] ermöglichen Wiederholungen den Sprechern und Sprecherinnen, gemeinsam neue Wortbedeutungen zu erzeugen, die einen entscheidenden Einfluss auf die zwischenmenschliche Partizipation haben. Dabei sind diese Wiederholungen verdeckter Art, da sie sich in unterschwelligen Parallelismen widerspiegeln, die oft in Ausdrücken affektiver Konvergenz resultieren und somit Zeichen von Intimität und impliziten Gleichmaßes an Gefühlen sind (Carter 2010: 109).

Ferner elaboriert E weiter im Modus Beschreiben (s. Z. 267–290). Er erklärt auf sehr bildliche Art und Weise, wie er geschwommen ist. Dabei entsteht ein gemeinsames Verständnis von „Timing“ (s. Z. 282–292), das sich mithilfe der Metapher und den korrelativen

131 Siehe Kapitel 2, Carter (2010); Tannen (2007) und Fall 1 S.140.

Ergänzungen beider Musiker folgendermaßen veranschaulichen lässt: E validiert Fs Konzept vom „Timing“ (s. Z. 284–286) und fügt hinzu, dass man daran arbeiten könne. F greift dies auf (Z. 287: „Yeah yeah, I have to be like- (.) like ‚now!‘“), und E validiert dies (s. Z. 288: „And then really go for it“). Infolgedessen validiert und ergänzt F, *wie* man dies anhand des Timings erreicht (s. Z. 289: „Yeah. Just go under the wave“), was wiederum E validert (Z. 290; 292). Als Schlussergänzung sagt F: „ [I]f you don't go under the wave, you'll tumble“ (s. Z. 291). Es entsteht eine kurze Pause (Z. 293), woraufhin F den Vorschlag macht, weiterzuspielen (Z. 295), und E dies mit dem Satz kommentiert: „Let's tumble“ (s. Z. 296). Die beiden haben somit anhand der „Wellen-Metapher“ den Moment identifiziert, in dem beide die gewohnte Zone innerhalb ihrer Musik verlassen müssen, um mehr Variation hineinzubringen.

Während dieser Passage kommt es zu Differenzierungen und rituellen Zwischenkonklusionen. Das Miteinbeziehen der Copacabana-Anekdote zeigt das Problem, das beide seit dem ersten Set bemerken. Anschließend konstruieren sie die Metapher der Welle, um das Problem zuerst zu veranschaulichen und dann zu lösen: „Yeah (.) just go under the wave“ (s. Z. 287–290). E und F müssen also den richtigen Moment abwarten, um von dem üblichen Übergang zu einer bestimmten musikalische Dynamik zu kommen.

Die Orientierung bleibt vor, während und nach der Anekdote die gleiche: Heitere Provokation. Beide provozieren sich gegenseitig humorvoll. Auch in diesem Fall ist die Orientierung humorvoll, was wiederum die zwischenmenschliche Ebenen der Mitglieder stärkt (Carter 2010: 22) und auf eine vertraute und relationale (Keyton in Frey 1999) Kommunikation schließen lässt. Derweil erhöht das spielerische Element der Provokation die Anschlussmöglichkeiten der Kommunikation, indem es das Unerwartete offen miteinbezieht und betont, was für die kreative Weiterentwicklung der Gruppenkommunikation von Vorteil ist. Außerdem hört die Copacabana-Passage mit dem Satz „Let's tumble" auf, der zugleich auch die Diskursorientierung widerspiegelt.

Die Diskursbewegung der Passage und des ganzen Gesprächs besitzt eine antithetische Organisation. Es tauchen öfters Differenzierungen auf, die aber meistens anhand von Zwischenkonklusionen gelöst werden, zum Beispiel, als E mehrere Möglichkeiten vorschlägt, den Strand zu verlassen und beide plötzlich feststellen, dass sie unterschiedliche Wege unterstützen (s. Z. 246–253). Es gibt keine bedeutenden Orientierungsdifferenzen, da der konjunktive Erfahrungsraum durchgehend durch die ständige heitere Provokation bestehen bleibt.

Die Unstimmigkeiten scheinen auf der Ebene der unterschiedlichen Arten von Elaboration zu liegen, was ein Zeichnen dafür sein kann, dass es dem Ensemble an gemeinsamem Vokabular fehlt. Wie in Fall 1 scheinen die Unstimmigkeiten den Diskursinhalt zu bereichern, da die Reichweite der Orientierung durch die Differenzierung von Propositionen vergrößert wird. Es macht den Eindruck, als spielte das Element der verbalen Wiederholung eine wiederkehrende Rolle, besonders im Prozess der Identifikation und der Anerkennung signifikanter Momente anhand von Metaphern. Daher lässt sich behaupten, dass Metaphern immer dann benutzt werden, um einzelne, für die Gruppe signifikante Momente zu verbildlichen.

Es ist wichtig, dies im Zusammenhang mit dieser Studie anzuerkennen, da die Ebene der verbalen Kommunikation den ImprovisationsmusikerInnen ermöglicht, am Prozess ihrer Musik zu arbeiten. Es scheint zudem, als verstärkte sich durch das Benutzen von Metaphern die Verbindung zwischen konjunktivem Wissen und dem

Erfahrungsraum der Gruppe. Die Metapher der Welle zum Beispiel, die sich aus Es Anekdote herauskristallisiert, scheint im Gespräch die Funktion zu haben, nicht nur das Problem, sondern auch dessen Lösung vorzustellen und zu entwickeln. Es entsteht ein direktes Anknüpfen an die musikalischen Erfahrungen, die mit diesem Moment in Verbindung gebracht werden.

Das gemeinsame Gestalten der Wellen-Metapher dient in dieser Probe dazu, sich ein spezifisches Wissen zu diesem Moment anzueignen, damit dieser bearbeitet werden kann. Es fand kein kreatives Moment in der Musik selbst statt, jedoch entstand die Möglichkeit, dass sich durch die metaphorische Beschreibung des problematischen Moments ein potenziell kreatives Moment herauskristallisiert. Die Feldnotizen zeigen, dass die Stimmung im dritten Set während des Spielens viel konzentrierter war, da sich beide während der gesamten Spieldauer *nicht* anschauten. Hinzu kommt, dass sich das dritte Set viel episodischer, fast wie Sequenzen oder gar Wellen anhört.

Die Metapher verhilft dazu, den Erfahrungsraum von E und F anhand eines gemeinsam erschaffenen Vokabulars zu verbildlichen, um diesen anschließend zu bestätigen. Mit anderen Worten: Beide wollten variierter spielen, um aus diesem festgefahrenen Spiel herauszukommen. Jedoch sind sich beide nicht sicher, ob der andere dies versteht beziehungsweise will. Dies lässt sich besonders anhand von Fs Unsicherheit gegenüber E nachweisen, die sich nicht nur am Diskurs über den problematischen Moment zeigt, sondern auch in der verstärkten Unsicherheit, ob E ihm überhaupt folgt.

Die Metaphern „comfort zone",„beach resort" und „Strand" verhelfen beiden dazu, die Kontigenzebene auf das Material zu beschränken und nicht auf die interpersonale Ebene auszubreiten. Es entsteht eine zweite Ebene, auf die die verbale Kommunikationen einen Einfluss hat: nämlich nicht nur das Beschreiben der signifikanten Momente wie im Fall 1, sondern auch das Initiieren musikalischen Handelns. Nach diesem Set sind beide entspannter und die Stimmung lockert sich, sodass F und E fast gleichzeitig eine Pause einberufen.

Schließlich hat es den Anschein, als ob das Gestalten eines gemeinsamen Vokabulars dazu beitrug, die Problematik des festgefahrenen Zusammenspiels zu überwinden. Dies lässt darauf schließen, dass die verbale Kommunikation nicht nur einen Einfluss auf die Interaktion der Ensemblemitglieder besitzt, sondern auch auf kreative Entwicklungen in ihrem musikalischen Prozess.

5.1.3 Fallbeschreibung Fall 3

Das Ensemble besteht seit fünf Jahren. Die Mitglieder des Trios sind der australische Pianist N, der italienische Schlagzeuger O und der schwedische Elektroakustikmusiker P.

Die Probe findet in Ns Studio statt, das er mit einem anderen Musiker teilt, dessen Name am Anfang kurz erwähnt wird. Dadurch dass der Proberaum schmal und länglich ist, bestimmt er die Sitzordnung, was dazu führt, dass die Gruppe und die Forscherin ein Rechteck bilden. Es ist das erste Mal, dass das Trio in diesem Studio probt. P ist der Einzige, der sein Instrument (Laptop und Mischpult) mitbringen musste. Das Ensemble improvisiert frei, d. h. es gibt keinerlei vorkonzipierte Strukturen, nach denen es sich musikalisch richten muss. Die Proben werden aber meistens von P aufgenommen und in der nächsten Probe gehört und besprochen.

Vor der Probe ist bei N etwas vorgefallen, was dazu geführt hat, dass er am Anfang der Probe ziemlich nervös und die Stimmung etwas unruhig ist. Das Gespräch beginnt mit einer Reihe allgemeiner Kommentaren über die persönliche Befindlichkeit der Mitglieder.

Insgesamt ist der Diskurs dieses Falls von der Wechselwirkung zwischen der musikalischen und verbalen Interaktion geprägt. Gleich am Anfang der Probe initiiert N die Proposition „minimal stuff" (s. Z. 35–56;70-80), was O jedoch anhand einer Divergenz „contrasts" (s. Z. 89–93) ablehnt. Inhaltlich geht es darum, dass N das Minimalgenre im Rahmen des Ensembles testen möchte, wohingegen O sich anscheinend lieber mit dem Material des Ensembles selbst auseinandersetzen möchte, indem er vorschlägt, dieses zu kontrastieren (s. Z. 92– 93: „Instead of eh (.) saying ‚I play minimal' ‚I play fast, you play slow', so we hear each other"). N validiert Os Proposition, indem sie reformuliert (s. Z. 94–97:

„Why don't we try, like ehm (.) we all do our own thing"; „but we don't necessarily follow the other people but always have the other person in our ears?").

Ziemlich früh steht fest, dass es in der Gruppe sehr unterschiedliche thematische Orientierungen gibt – „minimal" und „contrasts" –, die zudem sehr stark und fast auf gegensätzliche Weise von N und O vertreten werden. Die Auseinandersetzung umgeht O dennoch anhand einer rituellen Zwischenkonklusion im Modus einer Synthese („Let's play a bit and try to think about this": Z.128). Da die Zwischenkonklusion in Form einer Synthese passiert, scheint sie an die thematischen Ausführungen von N anzuschließen („Or maybe maybe (.) what you said before about the contrast (.) trying **not** to be with someone but in contrast with them?", s. Z. 118–120, und „It's somehow fitting (2) So we are still together somehow (.) but **not** (2) we are trying to contrast each other a bit", s. Z. 125–126); dabei löst sie jedoch nicht die widersprüchlichen Orientierungsgehalte (Inhalt versus Interaktion) auf.

Die Diskursbewegungen zwischen N und O lassen auf eine Unstimmigkeit in der Rollenverteilung schließen. Beide initiieren am Anfang häufig Propositionen, wobei N, selbst wenn er nicht initiiert, elaboriert (s. Z. 96–103: „But we don't necessarily follow the other people but always have the other person in our ears?" und „so we do our own (.) or maybe we could just try for 15 minutes that we (.) our ideas we develop on our own and so like (.) sometimes when we are working together, sometimes like I am thinking", „oh, O is going somewhere and I am (.) wanna go with him"). Was nun die Divergenz betrifft, die sich in den Zeilen 89–93 bemerkbar macht, und die sich auf die scheinbar widersprüchlichen Orientierungsgehalte zurückführen lässt, wird sie durch das Spielen des ersten Sets umgangen, aber nicht geklärt.

Vor und nach dem ersten Set unterhält sich die Gruppe viel über das Thema des Materials: was gespielt werden soll beziehungsweise gespielt wurde. Hierbei kommt es nach dem ersten Set zu einer negativen Bewertung des gerade Gespielten und des Wiederaufgreifens der Proposition „minimal" durch N (s. Z. 207–234). Anschließend erklärt N, was er unter „minimal" versteht, und stellt dies anhand der musikalischen Interaktion zwischen Piano und Schlagzeug dar. Sein Argument rundet er mit dem Begriff „polarism" ab, der inhaltlich ein für die Musik interessantes Element mit einer spannenden Interaktion ist. Dies soll jedoch eine Synthese zu Os Proposition „contrasts" sein, was N kompromissbereit erscheinen lässt. N suggeriert, dass die Musik inhaltlich „minimal" ausgerichtet, während die Interaktion zwischen den Musikern „polarisierend" beziehungsweise „kontrastierend" sein soll.

Beide, P und O, validieren diese Proposition (Z. 226: „Yeah, true."). Im Zusammenhang mit der vorherigen Divergenz kommt es diesmal zu einer Konklusion („minimal" vs. „contrasts"). Die Konklusion ist in Form einer Synthese und wird von N folgendermaßen formuliert: „When we get there from all different places, it's like something we've all walking around and suddenly we make this kind of (.) we are meeting at the same place." (s. Z. 301–304) Thematisch bedeutet dies, dass sich die Mitglieder dazu entschließen, beide Propositionen, also „minimal stuff" und „contrasts", gleichzeitig zu testen.

Die Arbeitsprozesse der Gruppe wechseln zwischen Kooperation und Kollaboration. Dennoch scheint es vom Diskurs aus betrachtet in der Gruppe immer wieder zu der Konstellation „Zwei gegen Einen" zu kommen.

Das zweite Set wird als Übergang zum dritten Set gesehen, da P während des kurzen Gesprächs weiterspielt. Dem dritten Set folgt die zur Analyse ausgewählte Passage „scenes", die durch die Orientierung „Enthusiasmus" gekennzeichnet ist. Dieser Enthusiasmus wird von den Aussagen aller Gruppenmitglieder bestimmt und befasst sich mit der Beschreibung einzelner musikalischer Momente im Set.

Die Diskursbewegung während dieser Passage zeigt eine parallele Diskursorganisation. Es kommt zu zwei Propositionen: „signal" und „scenes". Beides sind Metaphern, die auf den Inhalt der Musik hindeuten. Erstere wird von N initiiert, größtenteils von ihm elaboriert und durch eine Konklusion beendet (s. Z. 552–570). Die zweite initiiert O, sie wird jedoch von P prominenter im Diskurs elaboriert und anschließend durch eine Konklusion im Modus einer Validierung der Orientierung abgeschlossen (s. Z. 571–605). In den Zeilen 574– 600 kommen meist nur O und P zu Wort. N scheint sich nicht aktiv beteiligen zu wollen.

Dies könnte ein Hinweis darauf sein, dass die Diskursorganisation des ganzen Probengesprächs divergenter Art[132] ist. Im Gespräch treten mehr exkludierende als inkludierende Modi auf. Dies bedeutet, dass das Orientierungsmuster nicht mit der Rahmenorientierung der Gruppe, wie sie in diesem Fall vorkommt, übereinstimmt. Allerdings heißt dies nicht, dass die Gruppe keine gemeinsamen Erfahrungen teilen kann. Laut Przyborski kommt es in einem Gespräch divergenter Art nicht zu einer offenen Konfrontation, zum Beispiel in Form von Streit, da die widersprechenden Orientierungsrahmen verdeckt sind (Przyborksy 2004: 252).

Nichtsdestotrotz muss darauf hingewiesen werden, dass die divergente Diskursorganisation einen Einfluss auf den konjunktiven Erfahrungsraum besitzt. Dies ist besonders an der parallelen Diskursorganisation während der ausgewählten Passage erkennbar. Denn der konjunktive Erfahrungsraum ist dadurch gekennzeichnet, dass in ihm individuelle als gemeinschaftliche Erfahrungen wahrgenommen werden. Der Identifikationsprozess, wie er durch Ns Metapher „signal“ generiert wird, beinhaltet Ns individuelle Beschreibung musikalischer Schritte (s. Z. 546–554: „So it becomes a distance but then becomes a harmony or something“; „there's a point where I can pick up some signal (.) but it wasn't coming from me it was coming from you but then I found the signal (.) I found the tone“) und dessen individuelles Einsetzen der Metapher „signal“ (s. Z. 558–562: „it would be cool if we could alter (.) In order to kind of like (.) if you've got your big sound“; „and I can be (.) it's like I can pull a sort of, pull a lot of strings in a way cause you got all the other strings as well“). Jedoch kommt es zu keiner allgemeinen Anerkennung

132 Merkmale einer divergenten Diskursorganisation: Es gibt eine scheinbare Einigung der Gruppe, so dass es zu einem Streit kommt, aber die unterschwelligen Spannungen sind vorhanden. (vgl. Przyborksi 2004: 252)

durch die anderen Mitglieder des Ensembles, da die Wiederholung im Rahmen einer gemeinsamen Orientierung fehlt.

Interessanterweise ist dies bei der Initiierung der Metapher „scenes“ seitens O nicht der Fall. Hier scheint sich der konjunktive Erfahrungsraum zwischen O und P besonders deutlich zu zeigen, da es nicht nur zu Imitationen von Geräuschen kommt (s. Z. 590–598), sondern auch zu Wiederholungen von Ausdrücken (s. Z. 585–607: „different narratives“, „good“, „rain“, „roof“). In dieser Passage wird die Metapher „scenes“ allgemein identifiziert (s. Z. 571–591), mittels Wiederholungen anerkannt und weiter ausgebaut (s. Z. 585–607). Am Ende dieses Abschnitts kommt es zu einer Konklusion im Modus der Validierung der Orientierung „Enthusiasmus“, indem P noch einmal die Proposition im Ausgangsformat der Bewertung („A really good one“) aufgreift und anschließend den Anfang der Konklusion formuliert: „We should ehm (.) have ehm (.) a section“ (Z. 605). Obwohl P den Gedanken nicht ganz ausformuliert, validieren N und O ihn sofort (s. Z. 606–607). Inhaltlich bedeutet dies, dass die „different narratives“ / „scenes“ als „sections“ im nächsten Set benutzt werden sollen.

Nun ist der konjunktive Erfahrungsraum der Gruppe wieder hergestellt. Es stellt sich jedoch die Frage, ob die Resonanz der Metapher „scenes“ eventuell auch mit der Akzeptanz der einzelnen Mitglieder innerhalb der Gruppe zu tun hat. Denn wie schon erwähnt wurde, zeigt dieser Gruppendiskurs oft Anzeichen einer „Zwei gegen Einen“-Konstellation.

Das metaphorische Bild „scenes“ wurde zuerst zur Identifikation eines spezifischen Moments benutzt, bevor entschieden wurde, diesen Moment als „sections“ beziehungsweise Abschnitte in der Musik wieder auftreten zu lassen. Hinsichtlich des Diskurses scheint es, als bündelte die Metapher einige interessante Elemente (u. a. „percussion", „rain on the roof") in einem Moment. Das gemeinsame Beschreiben dieser Momente wird durch die Bildlichkeit der Metapher unterstützt. Es entsteht somit eine bewusste Verbindung zwischen den einzelnen Elementen. Dies bedeutet, dass aus der figurativen Verbindung – der Metapher – eine Weiterentwicklung dieses Moments in der Musik entstehen kann. Bezüglich der Gruppenkommunikation während der Probe scheint es, als wollte das Ensemble auf ein gemeinsames Vokabular hinarbeiten.[133]

5.1.4 Fallbeschreibung Fall 4

Das Duo, das aus dem Tubaspieler M und dem Kontrabassisten L besteht, gibt es seit 2011. Das Duo improvisiert frei, aber auf einer „sustained-tone"-Basis. Das „H. Tuning Vine" ist eine Software, die M entwickelt hat, und mit der das Duo nun erstmals versucht, ein Stück zu konzipieren.

Die Probe findet während des einwöchigen Residencys / künstlerischen Aufenthaltsprogramms in Louvain statt, für das sich das Duo im Voraus und mit dem Ziel beworben hat, in dieser Zeit ein Stück zu konzipieren. Es ist das erste Mal, dass das Duo auf diese Weise arbeitet. Im Verlauf des Aufenthaltsprogramms experimentieren beide viel mit unterschiedlichen Arbeitsmethoden, z. B. selbstentwickelten Übungen, aber auch mit Zwischenformen von Improvisation und Komposition. Innerhalb dieser Woche beziehungsweise in den fünf Proben entstand zudem ein Notizbuch, in dem unterschiedliche Arten von Notizen vorkommen, von Notationen bis hin zu abstrakten Zeichnungen.

133 Vgl. Kapitel 6.

Die Analyse des Diskursverlaufes bezieht sich jedoch nur auf die Gesprächsentwicklung des zweiten Tages; daraus stammen auch die Stichprobe für die Formulierende und Reflektierende Interpretation. An diesem Punkt ihrer Proben haben beide schon einiges Material erarbeitet. Beide sitzen sich gegenüber, das Aufnahmegerät wird mittig platziert. Der Diskurs findet größtenteils in der Wechselwirkung zwischen musikalischer Interaktion und der anschließenden Konversation statt. Blickkontakt ist währendessen kaum vorhanden.

Die Probe beginnt mit einem Pitch Set, an dem beide experimentieren wollen (s. Z. 5–6). Das Set dauert etwas länger zehn Minuten. Nachdem beide aufgehört haben zu spielen, bemerkt M, dass er das ganze Set wiederholen wolle, da er Probleme mit der Vine habe (Z. 14–15). L ist damit einverstanden und will sofort anfangen zu spielen, als M ihn unterbricht und Bemerkungen hinzufügt, die mit Ls Spiel zu tun haben (s. Z. 25–26: „Oh, by the way, your F sharp above this note is very out of tune and beating quite strongly“).

M ist angespannt, er scheint leicht gereizt zu sein, was seine Interaktion mit der Vine angeht. L antwortet auf Ms Bemerkungen, indem er ihm die Gründe für seine Spielweise erklärt. Allerdings überträgt sich die Stimmung nicht auf ihn (s. Z. 27–28; 33: „At the end it was in tune but the thing is it's just (.) it's a high partial so it's more sensitive to fluctuations in the bow pressure“; „We just have to get used to it“). Daraufhin schwenkt Ms Stimmung in Verunsicherung um, sodass er auf die Stelle im Set hinweist, von der er glaubt, dass etwas schief gelaufen ist (s. Z. 44–45: „But you seemed to be worried about it before because you said I should play more with your bows.“) Es kommt zu einer kleinen Unstimmigkeit zwischen den beiden, da Ls Aussagen in Opposition zu Ms Äußerungen zu geraten scheinen (L: „That's cause you weren't paying attention“; M: „I was“; L:

„I got the feeling like it was far enough that you weren't trying to coordinate it at all"; M: „I was (.) I was trying to", s. Z. 46–55).

Inhaltlich bewegt sich der Fokus somit weg von dem musikalischen Inhalt des Sets hin zu der persönlichen Dynamik der Musiker. L macht die ausschlaggebende Bemerkung, die den Fokus des Gesprächs wieder auf den musikalischen Inhalt lenkt (56: „I mean part of the point in the beginning is that we're beating against each other"). Daraus folgt, dass sich die Stimmung schlagartig entspannt. L teilt M mit, was er sich unter dem Set vorstellt (s. Z. 61– 62: „And in the second bit where you are starting to play the harmonies (.) I would prefer not to get stuck on one chord for too long"; Z. 64: „I think the whole thing should generally move along"; Z. 67), was M immer wieder validiert; er verweist noch einmal auf die technischen Schwierigkeiten, die er bei dem Set hatte (s. Z. 68–76: „I was having various technical issues when the thing wasn't e=hm in first position it was very annoying actually because it only really seems to be reliable when this is in (.) maybe the supply of the batteries is too weak?").

Das zweite Set unterbrechen beide immer wieder, ohne dass sie aufhören zu spielen. Es fängt mit Ls Anweisung an, die M ausführt, ohne dass L es bemerkt (s. Z. 85–89: „L: Can you now move the whole thing up again? M: I am doing it. L: Oh"). Anschließend experimentieren L und M mit einzelnen Noten, um zu sehen, wer was wann ausführen soll (s. Z. 90–101). Im Verlauf dieses Experimentierens ist der Orientierungsgehalt heiter, indem sehr viel über den technischen Ablauf der Musik gesprochen wird (s. Z. 102–117: M fängt an zu lachen: „It's like we are making fun of an intonation piece (2) It's interesting because it now sounds really out of tune. Before it stored something quite charming. (M lacht noch immer, L lacht mit) L überrascht: Woah.").

Nach dem zweiten Set hören beide auf zu spielen und diskutieren über das, was gerade passiert ist. M initiiert eine Proposition im Modus einer Beschreibung und weist dabei auf einen Vergleich mit einem Spiegel oder einem Prisma hin (s. Z. 119–123: „It's interesting the other one sounded charming this sounds really out of tune (.) So one comma it sounds like going through a shimmering mirror"; „or prism or smth (.) and the other one sounds hopelessly out of tune. how I didn't find out exactly how much exactly this comma is"). L validiert dies und versucht, die gerade gespielte Sequenz noch einmal auf seinem Instrument zu spielen. M schließt sich ihm an und kommentiert das Ganze weiter (s. Z. 124–149). Der Orientierungsgehalt dabei bleibt stets heiter. Als beide mit Spielen aufhören, bemerkt M, dass die Musik noch stark einem Entwurf ähnele und zudem sehr harmlos wirke (s. Z. 154; 156: „M: it's a little bit harmless somehow."). L validiert dies (s. Z. 155; 157: „Yeah, it's true"). Die erste Diskurssitzung ist dadurch gekennzeichnet, dass beide zu einer Konklusion im Modus einer Validierung der Orientierung gekommen sind. Inhaltlich bedeutet dies, dass beide sich einig sind, wo genau sie in ihrem Prozess stehen: erst am Anfang, es ist der zweite Tag.

Der Diskurs in dieser Probe ist wie die Probegespräche zuvor deutlich von der starken Interaktion zwischen der musikalischen und der verbalen Kommunikationsebene geprägt. Der Arbeitsprozess dieses Ensembles bewegt sich zwischen Komposition und Improvisation. Am Anfang des Gesprächs steht eine klare Proposition von L, die M sofort validiert. Nach dem ersten Set kommt es allerdings zu technischen Schwierigkeiten, die eine Spannung entstehen lassen (s. Z. 14–74). Der weitere Verlauf des Diskurses zeigt jedoch, dass die Spannung sich auflockert, wenn die technischen Probleme gelöst werden und L den thematischen Fokus immer wieder auf die Musik bringt (s. Z. 27–28; 43; 56–57; 61–64: „And in the second bit where you are starting to play the harmonies (.) I would prefer not to get stuck on one chord for too long"; 67). Die Orientierung, die folgt, ist enthusiastisch und bezieht sich auf das weitere musikalische Experimentieren (s. Z. 85–135).

Nach der Mittagspause wird sofort mit einem Set angefangen. Beide haben die Instrumente gewechselt: M spielt jetzt die Tuba, während L die Vine benutzt. Beide haben dies vor der Pause zum Schluss der ersten Session entschieden (s. Z. 163–165). Dies hat auch einen Einfluss auf die Rollenverteilung im Gespräch: In der Session zuvor spielte L Kontrabass und bezog eine autoritäre Position im Diskurs, während M die Vine hatte und sich im Gespräch nach L richtete.

Es folgt die Passage „obvious", die zur Analyse benutzt wurde. Beide haben gerade ihr drittes Set gespielt, es wurde mit der Pythagoreischen Stimmung experimentiert, indem L diese ausklingen ließ (s. Z. 233–234: „So now I am just (.) Letting the single Pythagorean de-resonate and I'll play with the mixing board"). L initiiert folgende Proposition: „Are we on to something?" (Z. 275) Damit suggeriert er, dass sich etwas in diesem dritten Set getan hat. Die Proposition wird als Frage gestellt; dies lässt Raum zur Falsifikation, d. h., L will wissen, ob auch M glaubt, dass sich in diesem Set etwas getan hat. M geht in den Modus der Beschreibung über, um L zu erklären, was er an einem Set interessant findet (s. Z. 276–280: „Ehm. I know what I find more or less interesting. So if it were. What I'm kind of (.) what I find less interesting (.) I (.) I (.) I find the more hidden (.) the longer things remain hidden and not that obvious the more intriguing it is to listen to"). Dabei lässt er die Orientierung in den Bemerkungen über das Set außen vor, d. h., er geht nicht auf den heiteren Orientierungsgehalt ein, den L mit seiner Proposition suggerierte.

M fährt mit seiner Elaboration im Modus der kritischen Beschreibung weiter. Dies bedeutet, dass er die für ihn möglichen musikalischen Interaktionen beschreibt, die zu dem führen, was er mit „hidden“ und „not too obvious“ (s. Z. 279) meint. Jedoch ratifiziert dies nur L, ohne dass er dazu seinen Gesprächsbeitrag leistet / Input gibt. Plötzlich verschiebt sich das Thema (s. Z. 295: „But I actually do wonder if we should get the volume pedals“). Es wird nicht mehr über das gerade gespielte Set gesprochen, sondern über die Idee, „pedals“ in den Musikprozess einzubringen. Dabei unterbricht L M, er meint, man könne dies sofort tun (Z. 297:

„We can do that now“). Dies stellt eine Validierung von Ms Vorschlag seitens L dar. Es folgt Ms Aussage (s. Z. 305–310: „Definitely it's an interesting area (.) definitely I think it would be interesting for our duo. I think it's a very good development in terms of working with the vine that we have volume pedals“), die im Modus einer positiven Bewertung ihres Ensembles gemacht wird und sich aus einer Formulierung der Orientierung des Gesprächs erschließt. Inhaltlich bedeutet dies, dass M davon ausgeht, die „pedals“ stellten für die Musiker eine direkte Interaktion mit dem Vine dar; dies sei eine positive Entwicklung für das Ensemble (Z. 308–310). Währenddessen validiert L Ms Aussagen (s. Z. 303; 306; 311) und schließt mit der Validierung „sounds good“ den Teil des Gesprächs ab (Z. 317).

Die Diskursbewegung in dieser Passage verläuft parallel, da sich die Orientierung anhand gemeinsamer Erfahrungen darstellen lässt. Die Metapher „obvious“ wird von M initiiert, aber von L nicht elaboriert. Inhaltlich hat dies damit zu tun, dass M sich schon mit dem gespielten Material beschäftigt hat, während L sich noch mit der technischen Seite des Sets auseinandersetzt. Genau wie bei der parallelen Diskursorganisation der Probe[134] zuvor bleibt der erste Versuch, eine Metapher („obvious“) einzusetzen, erfolglos, denn es fehlt

134 Siehe Fall 3.

an der allgemeinen Anerkennung (s. Z.: 277–291). Dies ist eventuell dadurch bedingt, dass M zuerst das gerade gespielte Set bewertet, bevor er seine persönliche Erfahrung musikalischer Schritte mit L teilt. Der Gesprächskontext ist somit von Anfang an anders gesetzt.

L begann das Gespräch, indem er sich positiv über das Set äußerte, und M scheint dies zu negieren. Allerdings ist dies nur der erste Eindruck. Im Verlauf des ganzen Gesprächs verfolgt L offen und klar die thematische Orientierung des Experimentierens mit den Instrumenten. Dies wird durch die gemeinsame Orientierung Enthusiasmus verstärkt. Obschon M dies auch tut, scheint er sich parallel hierzu auch mit der Orientierung des Experimentierens mit dem musikalischen Material zu beschäftigen. Infolgedessen zeigt die Diskursbewegung des ganzen Gesprächs eine antithetische Diskursorganisation auf. Das Gespräch zeigt, wie schon bemerkt wurde, parallele und antithetische Strukturen auf, d. h., es kommt auch zu Verneinung und Widerstreit. Diese scheinbar unterschiedlichen Strukturen schließen sich aber nicht gegenseitig aus, denn die gemeinsamen Orientierungen und der Erfahrungsraum der Gruppe bleiben intakt.

Inbesondere die Passage „pedals" erlaubt es, genau dies zu veranschaulichen. M iniziiert in diesem Abschnitt die Idee der „pedals", indem er gleichzeitig die gemeinsame Orientierung des Experimentierens mit den Instrumenten unterstreicht. Durch diese Verschiebung des Themas gestaltet sich wieder ein konjunktiver Erfahrungsraum. Dieser ist nicht nur dadurch geprägt, dass er ein aktives Nachfragen Ls herbeiführt, sondern auch Einblicke in das ästhetische Verständnis des Ensembles gewährt: „Definitely I think it would be interesting for our duo. I think it s a very good development in terms of working with the vine that we have volume pedals (.) because that means it doesn't. we have some sort of direct interaction with the vine“ (Z. 307–313). Die Idee der Lautstärkepedale wird auch im bildlichen Sinne in den gemeinsamen Erfahrungsraum der Gruppe implementiert. Die Pedale sind somit nicht nur eine Erweiterung der Instrumente, sondern stellen eine Vertiefung der Interaktion zwischen beiden Musikern dar. Ferner wird die Idee allgemein anerkannt. Dies lässt sich an der Wiederholungen von Worten (s. Z. 303–316) und dem gelegentlichen Vervollständigen von Sätzen erkennen (ebd.).

Obwohl es in diesem Probediskurs nicht zu einem kreativen Moment kommt, gibt es Anzeichen dafür, dass das Ensemble an einem gemeinsamen Vokabular arbeitet. Hierbei spielen nicht nur Ms Bemerkungen „obvious“ und „hidden“ eine inhaltliche Rolle, sondern auch der Versuch, die Lautstärkepedale in die Interaktion der Musiker zu integrieren. Die Idee der „pedals“ wird zur Metapher, die das Ensemble direkter und stärker verbindet. Infolgedessen dient die Metapher nicht nur der Beschreibung musikalischer Momente („obvious“), sondern ermöglicht auch die bewusste Integration von Musikinstrumenten in die musikalische Interaktion des Ensembles („pedals“).

5.1.5 Fallbeschreibung Fall 5

Das Ensemble ist ein Trio, das aus den Musikern G (Kontrabass), H (Klarinette) und I (Schlagzeuger) besteht. Das Trio spielt in dieser Konstellation das erste Mal zusammen, dabei ist G der Bandleader.[135] Dies wurde vor dem Konzert entschieden und ist von extremer Wichtigkeit, was die Rollenverteilung im Diskurs betrifft. Obwohl die Rolle des Bandleaders von Anfang an klar verteilt war, zeigt auf dieser Ebene die Bewegung des Diskurses Unstimmigkeiten.

135 Eine Jazzband hat normalerweise einen Bandleader. Dies stellt eine Tradition aus dem Jazz dar. (vgl. Berliner 1994: 289).

So ist G die Person, die meistens Propositionen initiiert, darunter auch die der anderen: Zum Beispiel fordert er an einigen Stellen die anderen dazu auf, ihre Vorstellungen zu äußern.

Alle Musiker kennen sich gut, denn sie spielen auch gemeinsam in einem größeren Orchester, das Teil der Echtzeitmusikszene ist. Ferner ist darauf hinzuweisen, dass beide, G und I, Australier sind und daher aus der gleichen Musikszene stammen. H hingegen ist Deutscher, kennt die beiden anderen aber schon seit mehr als zehn Jahren. Die Mitglieder des Ensembles entstammen unterschiedlichen Milieus, sind aber Teil der Echtzeitmusikszene.

Die Probe findet vier Stunden vor dem Konzert statt. Der Ort der Probe ist zugleich auch der Konzertsaal. Dies ist zudem die Gelegenheit für die Musiker, die Akustik im Raum zu testen und sich entsprechend im Raum zu positionieren. Sie formen ein Dreieck, in dem das Aufnahmegerät zentral platziert wird. Die teilnehmende Beobachtung beginnt mit einem kurzen Vorstellungsgespräch.

Der Diskursverlauf zeichnet sich durch die Wechselwirkung zwischen Blickkontakten, musikalischen Interaktionen und verbalen Konversationsphasen aus. Im Vergleich zu den anderen Fällen ist dies, besonders vom Tempo der Konversation her, der schnellste und dynamischste Diskurs.

Das Trio improvisiert frei; auf welche Art und Weise, wird erst im Diskurs erläutert. Der Ausgangskontext des Ensembles, wie ih G, der Bandleader, formuliert, lautet: „We can do anything we want" (s. Z. 8). Es folgen Passagen, in denen Propositionen zum Inhalt der Sets initiiert werden. Dabei ist es vorwiegend G, der Elaborationen im Modus von Beschreibungen ergänzt. Während der Initiierung der Proposition „we can do anything we want" elaboriert G im Modus einer Beschreibung und unterbreitet einige inhaltliche Vorschläge. Infolgedessen ergänzt H mit einer Elaboration, die den Orientierungsrahmen der Gruppe formuliert (s. Z. 10–11: „See how we go“). G validiert Hs Aussage, fährt aber in seinen Elaborationen diesmal im Modus der argumentativen Exemplifizierung fort (Z. 12–21), in denen er indirekt versucht, inhaltliche Vorschläge zu geben, was den Umgang mit dem gespielten Materials während des Auftritts angeht (s. Z. 12– 21: „There is just improvising (.) which is awesome (.) But there are things we could do during (.) that wanna happen if we did improvise (.) For example like, we make a decision to play one fifteen minute piece that is just absolutely minimal or is absolutely brutally singular or whatever“). Es folgen Ratifizierungen seitens H und I, die von der immanenten Nachfrage Gs abgelöst werden.

Obwohl es den Anschein hat, als klärte sich der Orientierungsgehalt, provozierte G mit seiner Elaboration (Z. 12–21) Fragen bei den restlichen Mitgliedern, die auf das Nichtverstehen seiner Aussagen schließen lassen. Inhaltlich bedeutet dies, dass G sich zeitlich begrenzen möchte, was die Länge der Sets angeht, und sogar zu einem gewissen Grad deren Inhalt bestimmen möchte, wenngleich er an vorheriger Stelle sagte, das Ensemble könne frei improvisieren. Dies sind jedoch nur indirekte Vorschläge, die G zudem immer wieder infrage stellt. Hinzu kommt, dass er die Wir-Form benutzt, obschon er derjenige ist, der zu der Ausgangsproposition („we can do anything we want“) Alternativen findet. Er konstruiert eine paradoxale Lage, in der er als Bandleader zwar Vorschläge für das zukünftige Material macht, diese aber durch seine ständige Infragestellung sogleich wieder relativiert.

Gs exmanente Nachfrage (Z. 23: „You know what I mean?“) provoziert Hs Aufforderung (Z. 26: „Do you have precise ideas or some suggestions?"), klarere Beispiele zu geben. Dies nimmt G an, indem er mit einer Elaboration im Modus Beschreibung weiterfährt, die zudem zu einer musikalischen Exemplifizierung einzelner Elaborationen führt: „long term harmonics", „repetitive rhythms" und „repetitive fragments" (s. Z. 27–49). Die beiden anderen Mitglieder ratifizieren zwischenzeitlich Gs Elaborationen (Z. 40; 44; 46; 48; 50). Es folgt eine direkte Nachfrage an H durch G, die im Modus einer Aufforderung gestellt ist (Z. 51–52:

„And you could do the same actually, right? but just really go, and start playing").

H validiert die Aufforderung, sodass G sofort mit einer weiteren Elaboration im Modus einer Begründung weitermacht (Z. 54–57). Dies zeigt, dass G bemerkt hat, dass I und H seinen Aussagen nicht ganz gefolgt sind und er seine Propositionen inhaltlich begründen muss. I validiert Gs Proposition im Modus der Bekräftigung, indem er diese bewertet (Z. 56; 58) und dabei noch eine Ergänzung hinzufügt, die seine musikalische Vorstellung darstellt (Z. 59–64). Der Orientierungsgehalt der Ausgangsproposition (Z. 8: „we can do anything we want") wird erst durch das Einbringen der anderen beiden Mitglieder geformt. Allerdings birgt die Orientierung von Anfang an ein Paradox, und zwar, dass das Ensemble einerseits einen Bandleader besitzt, dieser sich aber andererseits konstant selbst infrage stellt, indem er nach den inhaltlichen Materialvorschlägen der anderen Mitglieder fragt. Demnach können die übrigen Mitglieder zwar Vorschläge machen, aber G ist derjenige, der bestimmt, welche Vorschläge valide sind und welche nicht. Dies spiegelt sich zusätzlich in dem Diskurs wieder.

Während seiner Elaboration bringt G eines seiner bekannten Argumente mit ein (Z. 65–77: „rhythmic piece"). Unterdessen ratifizieren die beiden anderen Musiker, H und I, Gs Aussagen (Z. 73; 74; 78).

Der Diskursverlauf dieser Passage ist geprägt von einer Exemplifizierung, um die Reglung der „repetitive fragments“ (s. Z. 40–75, z. B.: „There's a rhythmic piece that's really … we play a version of time with a rotating structure. That's the material we play, no matter where it end up going.“) anhand der Gruppendynamik zu verdeutlichen und zu klären. Da G der Leader ist, versucht er dies anhand musikalischer Inhalte zu exemplifizieren. Allerdings gelingt ihm dies nicht, da von den anderen Spieler nur vage Aussagen beziehungsweise Ratifizierungen kommen.

G stellt wieder eine exmanente Nachfrage, die er wieder direkt an I richtet (s. Z. 79–80: „What would you suggest in this case?“). Woraufhin I seine Proposition „a series of duos“ (s. Z. 81–90) initiiert und vorschlägt, Duos als Elemente in einzelne Sets einzubauen. Es folgt wieder eine exmanente Nachfrage seitens G, die sogar als geringfügige Kritik angesehen werden könnte (s. Z. 91: „But based on (.) really“). I antwortet mit einer Elaboration (Z. 92) „responding“, d. h., die Musiker sollen während der Duos aufeinander reagieren. G versucht an dieser Stelle, seine Frage selbst zu beantworten (Z. 93). Er bemerkt dies jedoch und validiert Is Vorschlag, indem er sagt: „Ok, you're doing“ (ebd.). Währenddessen unterstreicht I noch einmal seine Vorstellung von der Interaktion der Duos, indem er definiert, was er unter „responding“ versteht. (s. Z. 94–95; 97: „Really, really responding, like waiting till you can go in“). G unterbricht dies mit seiner Validierung (Z. 96); es entsteht eine Denkpause bei den Musikern (s. Z. 98).

Die Orientierungen sind gespalten, es bilden sich unterschiedliche Erfahrungsräume. Vom Diskurs ausgehend scheint es, als begrenzten sich die Arbeitsprozesse auf eine Hierarchie, denn es gibt nur manchmal Zeichen einer Kollaboration.[136]

136 Anzeichen von Kollaboration in verbalen Prozessen durch den Versuch der Mitglieder, ergänzende Äußerungen zu gestalten. Beispiele: „really responding“ (s.

Die ausgewählte Passage „building a picture", genau wie die ganze Bewegung des Diskurses, deutet auf eine divergente Diskursorganisation hin. Im Diskursverlauf dieses Abschnitts kommt es zu einer Konklusion im Modus einer Synthese.[137] Hierbei bleibt die Rahmeninkongruenz aber verdeckt, da der Diskurs immer wieder rituelle Zwischenkonklusionen (s. Z. 119–120; 145) aufzeigt, die die Form einer Synthese annehmen und somit den Sachbestand zwar validieren, jedoch nicht die Orientierungen der einzelnen Mitglieder widerspiegeln.

In Bezug auf die Metaphern und die Bildlichkeit der Sprache fällt in dieser Probe auf, dass alle Mitglieder des Ensembles ihre eigene Art der Bildlichkeit haben. Im Besonderen geht es um die Spieldynamiken der Gruppe, die zum musikalischen Material führen. So tritt im Diskurs eine außergewöhnlich präsente Verhandlung der Rollen auf, indem die einzelnen Vorstellungen der Spieldynamiken immer anhand individueller Beschreibungen dargestellt werden. Letztlich wird dies auch mithilfe der Strukturanalyse des Gesprächs sichtbar. So spricht zum Beispiel I von „series of duos" (Z. 90) oder H benutzt einen Ausdruck „bring it with a stick" (Z. 119–120). Nichtsdestotrotz werden diese nicht zum Erstellen eines gemeinsamen Vokabulars benutzt. Dies geschieht erst dann, als G von „building a picture" (Z. 135–136) in Bezug auf die materiellen Beziehungen im Set spricht. Erst dann wird von H und I nicht nur validiert, sondern auch elaboriert.

Die Metapher „building a picture", die G initiierte, wird nur dann als Gruppenvokabular angenommen, wenn H und I dies zulassen,

Z. 92–100), „we hold" (s. Z. 105–110).

137 Laut Przyborski erfolgt eine Konklusion im Modus einer Synthese dann, wenn antithetische Orientierungskomponenten anhand einer Produktionsregel, die die eigentliche Orientierung verkörpert, aufgehoben werden (Przyborski 2004: 75).

indem sie die Aussage validieren und elaborieren, was dem Transkript zufolge auch der Fall war. Im Gegensatz zu allen anderen Versuchen, sei es von G, H oder I, wird diese Metapher von der Gruppe akzeptiert.

Ferner ist die Diskursorientierung der ganzen Probe zögerlich, was die thematischen Orientierungen zum Vorschein bringt. Es scheint, als bestünde eine Verbindung zwischen der allgemeinen Anerkennung von Metaphern und der thematischen Orientierung. Dies scheint besonders in der Passage „building a picture“ der Fall zu sein, da der Anfang des Gesprächs einige Metaphern aufweist, die von der Gruppe nicht allgemein anerkannt werden (z. B.: „exits“). Der Austausch um die Metapher „exits“ zeigt, dass sich die Orientierung seitens I klar und deutlich mit den Spieldynamiken beschäftigt, während G noch immer versucht, der Orientierung des musikalischen Inhalts nachzugehen. Dadurch entstehen auch immer wieder Divergenzen zwischen I und G.

Erst mit der Initiierung der Proposition „material relationships“ entwickelt sich die Idee der „building a picture“-Metapher. Sie ist es, die beide thematischen Orientierungen zusammenfasst und verbildlicht, und die auch akzeptiert wird. Im Rahmen der Gruppenkommunikation und deren Einfluss auf den kreativen Prozess scheint es, als würde die „building a picture“-Metapher im Kontext dieses Ensembles als Initiierung eines kreativen Moments benutzt werden, da das inhaltliche Beschreiben dieser Idee ziemlich offen bleibt. Das gemeinsame Verständnis dieser Metapher „building a picture“ beinhaltet Hs Elaboration „material change“ (s. Z. 138–139) und Gs Ergänzung „material that relates“ (s. Z. 140–141).

Neben der Entwicklung einiger sprachlicher Wiederholungen zwischen den einzelnen Mitgliedern (s. Z. 127–149), die die Anerkennung dieser Metapher innerhalb der Gruppe bestätigen, bleiben das Beschreiben der Idee und deren Inhalt offen. Somit scheint es, als läge die Funktion der Metapher im Kontext dieser Probe nicht nur in der Verhandlung unterschiedlicher thematischer Orientierungen in der Gruppe, sondern auch in der Ausarbeitung des Materials. Obschon der Diskurs eine starke Verhandlung der internen Rollenverteilung der Gruppenmitglieder widerspiegelt, scheint die Formulierung der Metapher dies zu unterbinden, indem sich darauf geeinigt wird, dass die Gruppe etwas Gemeinsames erschafft. Dies bedeutet, dass das Material gemeinsam erarbeitet und nicht alleinig vom Bandleader bestimmt wird. Dies zeigt sich auch in dem undeutlichen Sinnesgehalt der Metapher. Der Sinnesgehalt soll offen genug sein, um einerseits die thematischen Orientierungen der unterschiedlichen Mitglieder unterzubringen und andererseits genug Freiraum für deren Improvisation lassen. Die Metapher deutet also auf einen konjunktiven Erfahrungsraum hin, der von der Vision der geschaffenen Metapher unterstützt wird, sich aber noch nicht vollständig gebildet hat, da das musikalische Material noch fehlt.

5.1.6 Fallbeschreibung Fall 6

Das Ensemble besteht aus dem australischen Kontrabassisten J und dem deutschen Posaunisten K. Normalerweise ist noch ein Schlagzeuger dabei, dieser hat sich aber wegen Krankheit abgemeldet. Das Ensemble spielt seit mehreren Jahren zusammen und hat schon drei Alben zusammen aufgenommen und veröffentlicht. Das Ensemble improvisiert frei, d. h., es gibt keine festgelegten Strukturen oder Ideen, nach denen es probt beziehungsweise spielt.

Die Probe findet in Js Studio statt. Beide Musiker positionieren sich zuerst vis-à- vis voneinander, ändern dies allerdings im Verlauf der

Probe, indem sie sich nebeneinander setzen. Bevor die teilnehmende Beobachtung beginnt, findet ein längeres Gespräch mit den Musikern statt, das unter anderem durch das einleitende Vorstellungsgespräch ausgelöst wurde. Diese Gespräch erklärten die Musiker für privat; demnach ist es nicht Teil der Untersuchung. Der Diskursverlauf während der teilnehmenden Beobachtung ist ein Wechselspiel zwischen Blickkontakten und verbaler Konversation. Die Ebene der musikalischen Interaktion fehlt, da dies so mit den Musikern vereinbart wurde.

Die ausgewählte Passage soll den Teil hervorheben, an dem K eine Anekdote erzählt, die für den Kontext des Diskurses wichtig ist, und der sich in der Anekdote widerspiegelt. Das erste Oberthema sind die „knick-knacks", also die musikalischen Vorbereitungen. Das Gespräch beginnt mit einer exmanenten Nachfrage seitens J (s. Z. 1–2: „How is it for you when we play? (.) like in (.) I am not using any preparations (.) I am using less and less anyway"). J will so herausfinden, ob K mit den Dynamiken in ihrem Zusammenspiel zufrieden ist. Es ist die optimale Gelegenheit, dies zu fragen, da das dritte Mitglied des Ensembles nicht da ist. Es zeigt sich, dass beide schon lange nicht mehr über ihr Zusammenspiel gesprochen haben. Die Ergänzung der „preparations" soll zudem auch als Versuch gelten, das Zusammenspiel nicht zu bewerten, es z. B. als gut oder schlecht zu beschreiben, sondern herauszufinden, aufgrund welcher Vorstellungen beide spielen. Es entsteht ein Moment der Unsicherheit, den J sofort mit einer Nachfrage (s. Z. 3–4) bezüglich des Aufnahmegerätes überspielt.

Daraufhin validiert K diese Nachfrage, indem er die Ausgangsfragestellung noch einmal unterstreichend wiederholt; er ergänzt die Aufforderung, J solle zuerst auf die Frage antworten (Z. 5). J validiert dies sofort mit einem bestimmten „I love it!" (Z. 6). Er betont demnach, dass er es liebt, ohne Vorbereitungen mit K Musik zu machen. Gleichzeitig will er mit seiner übertriebenen Wortwahl auch zeigen, dass die Aufnahmesituation in dieser Probe in Ordnung ist. K validiert dies in einem ruhigeren Tonfall, indem er die genaue Wortwahl Js wiederholt (Z. 7: „Yeah. I love it too.").

Der nächste Gesprächsabschnitt zeigt eine offenere Reflektion des Themas „knick-knacks" seitens K. Er ergänzt (s. Z. 11–12: „Because I also realize that (.) I want (.) I am trying to avoid it"), dass er diese Vorbereitungen bei dem Spielen auch versucht zu ignorieren. Es folgt eine Validierung durch J (Z. 13). K erweitert seine Ergänzung (Z. 14: „When I think it's good but (2) yeah."), indem er behauptet, er benutze die „knick-knacks" nur, wenn „es sich gut anfühlt". J validiert dies (s. Z. 15–17: „Yeah. I feel quite, like I have my knick-knacks on the table."; 19), indem er die Ergänzung aufgreift und in seiner Wortwahl noch einmal erklärt. Dabei fangen beide an zu lachen (s. Z. 16–20)

Im Zuge dessen entsteht eine Erweiterung der Proposition „knick-knacks" zur Proposition „to be in the sound" (s. Z. 21–35) durch J. Der Diskursverlauf dieser Passage macht demnach eine Transposition des Themas sichtbar: J macht einen Übergang von der Proposition „knick-knacks" zu einem neuen Thema, nimmt aber dabei die Orientierung in ihrem Grundgehalt mit. Inhaltlich bedeutet dies, dass man Vorbereitungen („knick-knacks") nur bis zu einem gewissen Punkt braucht, was die Wiederholung eines schon angesprochenen Aspektes ist.

Allerdings geht J einen Schritt weiter und behauptet, dass es darum gehe, „im Klang zu sein" (s. Z. 22–23: „I don't feel any desire at all to not just be in der sound"). Hierfür wählt J den Modus der Exemplifizierung und präsentiert anhand von Beispielen musikalischer

Schritte seinen persönlichen Umgang mit den Vorbereitungen (s. Z. 22–24). Dabei bemerkt er, dass der Umgang mit den Vorbereitungen sehr viel damit zu tun habe, mit wem man gerade spiele (s. Z. 24– 25: „This is the (.) sound that I am playing with, and it has this many ooprtunities, so why would I (2) in the case of maybe it's the case the way you're playing as well."). Jedoch scheint J sich sehr unsicher zu sein, denn es folgt ein „you know" als exmanente Nachfrage und ein „ehm" (Z. 26).

Der nächste Abschnitt beginnt mit Js exmanenter Unsicherheit, die aber durch Ks Validierung der Proposition „to be in the sound" entkräftet wird. K bestätigt die Proposition im Modus einer Ergänzung, indem er behauptet, dass der Rückgriff auf vorbereitetes Material auch bei der gerade gespielten Musik Sinn ergeben solle (s. Z. 40–43: „Not he question is just: why am i doing this? Why am i using material, which I mean can make sense, of course"). Der Abschnitt könnte wieder als offene Reflektion seitens K charakterisiert werden, indem er die Ergänzung als offene Frage in den Raum stellt: „Do we need it? Does it change anything?" (Z. 44). Es scheint aber eine rhetorische Frage zu sein, da er sie sofort für sich beantwortet (ebd.). J validiert diese Ergänzung der Proposition „to be in the sound" mit der gleichen Antwort wie K: „It does" (Z. 46) und ergänzt im Modus einer Exemplifizierung (s. Z. 46–51).

Indes greift K die Proposition „to be in the sound" wieder im Modus einer Erzählung auf, indem er die Anekdote von John Edwards und John Butcher zum Besten gibt (s. Z. 60–73). Während K erzählt, ist eine aktive Nachfrage seitens J zu erkennen. Es entsteht ein kurzes Durcheinander, da beide Musiker John heißen (s. Z. 67–70). Inhaltlich versucht K darzustellen, dass es Edwards egal gewesen sei, welches Material Butcher gespielt habe, er habe einfach nur gespielt, „so dass es passt". Die Passage „knick-knacks" wird anhand einer Konklusion im Modus einer Validierung der Orientierung abgeschlossen.

Im Kontext dieses Abschnitts bedeutet dies, dass J Ks letzten Satz validierend wiederholt: „It doesn't make any difference" (Z. 74), und K daraufhin seine Geschichte mit dem Satz „So and then I thought (.) hm (.) yeah! he is right!" (Z. 75) beendet. Dieser Satz verdeutlicht Ks Grundgedanken noch einmal, er validiert damit die Erzählung im Rahmen des Themas beziehungsweise der Proposition und unterstreicht ihre Relevanz. J und K validieren den Inhalt der Anekdote als richtig für ihren Kontext.

Die Bewegung des ganzen Diskurses beruht auf einer antithetischen Organisation. Hierbei ist die Diskursbewegung des Themas „knick-knacks", das in der gleichnamigen Passage diskutiert wird, der Diskursstruktur der Passage „London vs. Berlin" ähnlich. Beide werden durch eine Nachfrage Js initiiert und durchgehend durch Ks Elaborationen validiert. Es ist an dieser Stelle dennoch wichtig, zu vermerken, dass die Proposition „knick-knacks" nicht nur die Identifikation einer Gemeinsamkeit der Musiker ist, sondern auch das gemeinsame Gestalten einer Metapher. „Knick-knacks" wird als Metapher zu dem Thema „preparations" gegeben, das die Nachfrage Js unterstreicht, wie es für K ist, wenn die beiden zusammen Musik machen. Im Rahmen dieses thematischen Kontexts legen beide auf metaphorischer Ebene dar, wie sie mit ihren musikalischen Vorbereitungen umgehen (s. Z. 11–20).

Die parallele Diskursorganisation der ausgewählten Passage ergibt sich daraus, dass beide Passagen zwar unterschiedliche Themen beziehungsweise Darstellungen der Erfahrungsräume besitzen, dies aber nur den Anschein hat, da die Orientierung in beiden Szenarien gleich bleibt: die Situation einer heiteren beziehungsweise entspannten Befragung. Dabei sind die Rollen ziemlich klar verteilt: J ist der Interviewer/Befrager und K ist der Befragte. Die thematische Orientierung dreht sich währenddessen um die Frage, was es heißt, „to be in the sound“. Dies ist besonders interessant, da der Gruppe in dieser Probe ein Mitglied fehlt. Die Situation des heiteren Befragens könnte in diesem Kontext eine Verhandlung der Gruppengrenzen bedeuten, die im Rahmen des gemeinsamen Probens wichtig ist. Thematisch geht es in diesem Gespräch nämlich unter anderem um den persönlichen Umgang mit Vorbereitungen und was es bedeutet, „im Sound zu sein“.

In Bezug auf die Metapher und deren Bildlichkeit bedeutet dies, dass die Metapher „knick-knacks“ im Kontext dieses Themas K nicht reicht. Es kommt somit anhand seiner Anekdote zu einer Erweiterung der Bildlichkeit „to be in the sound“. Der Diskurs um diese Anekdote scheint viel interaktiver zu sein, da J oft exmanente Nachfragen stellt, und dies immer wieder im Rahmen der gemeinsamen Orientierung „heitere Befragung“.

Im Rahmen dieser Studie ist es wichtig, zu betonen, dass das signifikante Moment[138] dieses Falls sich mit der gemeinsamen musikalischen Interaktion beider Musiker befasst. Es handelt sich in der Probesituation nur um einen Wiederausgleich des Erfahrungsraums des Ensembles, da ein Mitglied fehlt. Der thematische Schwerpunkt des Diskurses verbleibt somit stets auf dem Ausarbeiten der Interaktion zwischen beiden Musikern. Angesichts dieser Tatsache kam es während des Diskurses noch zu keinem kreativen Moment.

Dies spiegelt sich auch in der Metapher wieder. Die Identifikations- und die Anerkennungsphase werden durch stetiges Erfragen

138 Siehe Kapitel 4, S. 126–127.

persönlicher Präferenzen („How is it for you when we play") und durch ergänzende Beschreibungen in Form von Erzählungen persönlicher Erfahrungen charakterisiert. Dies beinhaltet nicht nur eine Verhandlung der Gruppengrenzen, sondern auch ein Aushandeln des konjunktiven Erfahrungsraums. Der konjunktive Erfahrungsraum dieses Ensembles scheint thematisch aus den musikalischen Erfahrungen der einzelnen Mitglieder zu bestehen. Daher rührt auch Js Frage zu Anfang des Diskurses nach Ks Umgang mit seinen Vorbereitungen.

Obwohl dies ein Initiieren des kreativen Moments nicht ausschließt, scheint es doch, als läge der kreative Fokus bei diesem Ensemble auf der Interaktion als auf der abstrakten Konzeption des Materials.

5.2 Vergleichende Einzelfallanalyse

Die vergleichende Einzelfallanalyse der Daten bezieht sich auf das Begriffsinventar Przyborskis, indem die Fälle anhand der herausgefilterten Diskursorganisationen unterteilt und miteinander verglichen werden. Die Diskursbewegungen sind im Rahmen der Forschungsfrage wichtig, da diese Einblicke in die kreativen Arbeitsprozesse der Gruppe bieten können. Des Weiteren geben die Diskursbewegungen Aufschluss über die Haltung der Gruppenmitglieder zueinander. Dies sind Faktoren, die für das Erforschen der Gruppenkommunikation in einem kreativen Umfeld wichtig sind.

Die Analyseschritte ergaben bisher, dass die Fälle unterschiedliche Diskursorganisationen aufzeigen. Dabei können mehrere Diskursbewegungen in einem Gespräch vorkommen. Ferner ergab sich, dass in den einzelnen Fällen Metaphern auf unterschiedliche Arten genutzt werden: die Ebene der Beschreibung der Momente und der

Initiierung sowie die Verhandlung der Interaktion. Hierbei gilt es noch festzustellen, ob dies in Bezug zu dem kreativen Prozess der Ensembles steht.

Im darauffolgenden Analyseschritt soll nun erforscht werden, ob es zwischen den einzelnen Diskursorganisationen und den Metaphernebenen eine Beziehung gibt. Dies soll darüber informieren, ob es eine Diskursorganisation gibt, die besonders kreativitätsfördernd ist.

Durch die bisherigen Analyseschritte der dokumentarischen Methode bleiben noch folgende Fragen offen: Gibt es eine gemeinsame Abfolge an Gesprächsschritten, was die Metaphernpassage der einzelnen Proben angeht? Gilt dies insbesondere für die Phase der Definition während der Metaphernpassagen? Entsteht hier eine Verbindung zwischen Diskursorientierung und Diskursorganisation? Wenn dem so ist, inwiefern ist dieses Verhältnis für den konjunktiven Erfahrungsraum der Gruppen relevant?

Das Beantworten dieser Fragen ist wichtig im Kontext der Fragestellung dieser Studie, denn es geht unter anderem darum, die Funktion der Metaphern im kreativen Prozess der Gruppen ausfindig zu machen. Es ist an dieser Stelle noch einmal notwendig, auf das Theoriegebilde hinzuweisen, das im vorherigen Kapitel dargestellt wurde, in dem das Konzept der dialogischen Prozesse beleuchtet wurde. Hier ging es darum, den Dialog als eine Art teilnehmendes Denken zu charakterisieren. Da es dieser Studie jedoch nicht möglich ist, den Dialog, wie ihn David Bohm konzipierte, in seiner ganzen Form zu übernehmen,[139] müssen die Probengespräche vorerst auf einzelne Merkmale des Konzepts hin analysiert werden.

139 Der bohmsche Dialog beruht auf einer von Bohm konzipierten Haltung, die verinnerlicht und individuell ist. Das Konzept beinhaltet Regeln für die Gruppe und

Der Dialog ist generell durch ein Nachfragen innerhalb der Gruppe gekennzeichnet. Dieses Nachfragen dient dazu, die einzelnen Meinungen der Mitglieder gemeinsam in und mit der Gruppe zu hinterfragen (Bohm 2004a: 10). Dies ermöglicht es, eine Distanz zwischen Meinung und Person herzustellen, indem man nicht nur schaut, was die Meinung ausmacht, sondern auch, was sie bei den einzelnen Gruppenmitgliedern auslöst. Der verbale Akt des Hinterfragens beherbergt eine Art Reflektion, der das gemeinsame Gestalten von Bedeutungen innerhalb einer Gruppe vorausgeht. Dies ist eines der Ziele, das sich der bohmsche Dialog setzt: das gemeinsame Gestalten neuer Gedanken.[140]

Die durch das Hinterfragen erzeugte Reflektion soll dazu führen, individuelle Denkprozesse innerhalb der Gruppe verbal bewusst zu machen. Dadurch entstehen Rückkopplungen, die für die kreative Weiterentwicklung der Gruppe wichtig sind. Es geht nicht darum, sich als Gruppenmitglieder mit den Vorstellungen einer Gruppe zu identifizieren, sondern darum, dass die Gruppe gemeinsam Vorstellungen und Wissensformen konstruiert und dies zum Teil auch bewusst tut.

Wie werden diese Rückkopplungseffekte bei den dokumentierten Fällen sichtbar? Hier kann zwischen exmanenter und immanenter Nachfrage unterschieden werden. Was jedoch die Reflektion, wie sie oben dargelegt wurde, angeht, so soll deren verbale Gestik individuelle Denkprozesse beleuchten. Hierbei muss ergänzt werden, dass die Studienteilnehmer den Prozess ihrer Kommunikation nicht bewusst beobachten und mitteilen, wie es der bohmschen Dialog vorgibt. Allerdings liegt das Augenmerk dieser Studie auch nicht

deren kommunikative Interaktion. Somit geht der Dialog nach Bohm weit über eine gewöhnliche Gesprächsform hinaus (vgl. Bohm 2004 a; Isaacs 2011).

140 Vgl. hierzu Bohms Konzept „participatory thought" (2004a.: 99; 77–78).

darauf, zu fragen, ob die Gruppen den bohmschen Dialog eins zu eins vertritt, sondern ob es Anzeichen dialogischer Prozesse innerhalb der Gruppenkommunikation dieser Gruppen gibt, die Kreativität erzeugen.

Auffallend ist dennoch, dass es in den Fällen und speziell in den ausgewählten Passagen, immer wieder zu Beschreibungssituationen kommt. Das Beschreiben eines für die Gruppe signifikanten Moments beinhaltet nicht nur die Fähigkeit der expliziten Beobachtung, sondern auch der Rekonstruktion. Im gemeinsamen Schildern dieser Momente greifen die Mitglieder auf ihre persönlichen Beobachtungen im Modus von Beschreibungen zurück. Es findet somit eine Rekonstruktion einzelner signifikanter Momente via Metaphern statt.

Die Merkmale dialogischer Prozesse innerhalb eines Gesprächs können auf ein immanentes oder exmanentes Nachfragen einerseits und andererseits auf beschreibende Gesprächsbeiträge zurückgeführt werden. Im Rahmen dieser Forschung wird nun versucht, die dialogischen Prozesse anhand der genannten Kriterien innerhalb der ausgewählten Passagen zu identifizieren.

Für die vergleichende Fallanalyse wird sich mit dem potenziellen Erkennen dialogischer Gesprächsmerkmale befasst. So soll folgende Frage beantwortet werden: Spielen dialogische Prozesse in der Identifikation und Definition von Metaphern eine Rolle? Dies ist wichtig im Rahmen der Fragestellung, da untersucht wird, ob dialogische Prozesse innerhalb der Gruppenkommunikation einen Einfluss auf die Diskursorganisation und -orientierung sowie das Benutzen rhetorischer Figuren haben und dadurch die Kreativität der Ensembles fördern. Wie bereits in Kapitel 3 dargelegt wurde, spielt der Dialog eine ausschlaggebende Rolle bei der Förderung von

Gruppenkreativität.[141] Trotzdem bleibt unklar, auf welche Art und Weise der Dialog Kreativität fördern kann, speziell auf der Ebene der Gruppenkommunikation.

Die Daten wurden anhand der unten aufgeführten Diskursorganisationen eingeteilt und vergleichend analysiert. Im Zuge dessen wurde unter anderem zwischen zwei Analyseebenen unterschieden: die der gemeinsamen Diskursorganisationen und die der gleichen Gebrauchsweise der Metapher. Es folgt zuerst die Beschreibung und Unterteilung der Fälle in das Kategoriesystem der Diskursorganisationen; erst in der Zusammenfassung wird die zweite Analyseebene, die der kongruenten Anwendung der Metapher, durchgeführt.

5.2.1 Die antithetische Diskursorganisation

Beschreibung der Diskursorganisation

Die Probengespräche, die sich dem Muster der antithetischen Diskursorganisation unterordnen, zeichnen sich durch eine antithetische Diskursorganisation während der Metaphernpassagen aus. Przyborski beschreibt diese Organisation folgendermaßen:

„Der antithetische Modus der Diskursorganisation zählt, [...] zu den inkludierenden Modi, d. h., auch hier kommen gemeinsame, homologe Orientierungen zum Ausdruck. Die gemeinsamen Orientierungen werden aber nicht durch eine immer wiederkehrende Strukturidentität innerhalb der einzelnen Diskursbewegungen entfaltet, [...] sondern durch Widerstreit und Verneinung, ein oft konkurrierendes Gegeneinander, dessen gemeinsame Orientierungsgrundlage sich

141 Siehe Kapitel 3, Burow (1999; 2015), S. 75–77; Bohm (2004a), S. 77–78.

für den Interpreten/die Interpretin oft erst in der Synthese der widersprechenden Positionen als einander ergänzende Komponente einer Orientierung, eines Habitus erschließt." (Przyborski 2004: 168)

Tabelle 1, Vergleich der Einzelfälle 1 und 2

Antithetische Diskursorganisation	Fall 1	Fall 2
Metapher	„frozen moment"	„Welle"
Metaphernphasen	• Identifikation durch Nachfragen und zugrundeliegende Orientierung • Definition durch Nachfragen und Orientierung	• Identifikation durch Orientierung • Definition durch Nachfragen, Beobachten und zugrundeliegende Orientierung
Orientierung	Amüsement Provokation	Heitere Provokation
Thematische Orientierung	Inhalt/Material	Interaktion
Diskursorganisation im ganzen Gespräch	antithetische	antithetische

Bei der Identifikation der Metapher „frozen moment" in Fall 1 (s. Z. 14–39) kommen weder exmanente noch immanente Nachfragen auf. Die Metapher wird anhand Cs Proposition „frozen thing" (Z. 34) eingeführt, jedoch erst durch As Ergänzung „frozen moment" (Z. 36) aufgegriffen und durch Bs Wiederholung im Modus der Orientierung Amüsement Provokation (Z. 37) akzeptiert, die durch das

Lachen aller Mitglieder (s. Z. 38–39) unterstützt wird. Währenddessen unterliegt diese Orientierung dem Thema der inhaltlichen Bearbeitung der Musik.

Die in der Passage „frozen moment“ (s. Z. 351–441) angegebene Definition dieser Metapher ist, besonders im ersten Teil, sehr von Nachfragen geprägt.

Die Passage fängt mit As Initiierung einer Proposition im Modus einer Bewertung an, die wieder durch die Orientierung Amüsement Provokation gekennzeichnet ist (s. Z. 351–352). Diese Proposition löst eine Abfolge von Beobachtungen aller Mitglieder aus, die immer wieder durch exmanente Nachfragen angefeuert werden (s. Z. 353–380), bis es zum Erkennen der Problematik kommt, was den „frozen moment“ bisher ausgemacht hat (s. Z. 370–380). A und C elaborieren daraufhin, welche Konsequenzen dies inhaltlich für das Set könnte (s. Z. 381–389). Dies führt zu As Proposition, die sich des Sinnesgehalts der Metapher bedient: „what if we really freeze it?“ (Z. 390), was eine Debatte im Modus der Orientierung Amüsement Provokation über die Dauer und Initiierung des Moments auslöst und für die Gruppe in dessen gelungener Definition mündet (s. Z. 438–439). Dabei liegt der thematische Fokus der Orientierung auf der Spielinteraktion der Musiker.

Ferner unterstützt die Metapher die Beschreibung eines für die Gruppe signifikanten Moments: ein Moment, das dem improvisierenden Handeln innerhalb der Gruppe entsprungen ist und somit als inhärent kreativ bezeichnet werden kann. Unterdessen verhilft das so entstandene bewusste Verständnis um den „frozen moment“ dabei weiter, mit diesem Element zu arbeiten.

In dem Fall 2 findet die Anerkennung des für die Gruppe signifikanten

Moments anhand von Fs Proposition „peace resort“ (Z. 240) im Modus der Orientierung Heitere Provokation statt. Die Assoziation zwischen der musikalischen Stelle mit dieser Metapher wird durch E validiert, indem er die Metapher nicht nur wiederholt, sondern dies auch im Modus der Orientierung tut (Z. 242). Allerdings finden hier weniger Nachfragen statt.

Die Phase der Definition, die durch die Copacabana-Anekdote gekennzeichnet ist (s. Z. 257–292), ist hingegen viel dynamischer, was das Wechselspiel zwischen exmanenten Nachfragen und elaborativen Beobachtungen angeht. Dies gilt insbesondere für den ersten Teil der Anekdote (s. Z. 257–278). Denn hier scheint sich anhand von Fs exmanenten Nachfragen und Es diesbezüglichen Elaborationen ein gemeinsames Bild der Problematik des Moments zeichnen zu lassen, das durch Fs Proposition „Timing“ (s. Z. 282–283) von beiden validiert wird. Es folgen eine Reihe korrelativer Beobachtungen, die sich des Sinngehalts der Metapher bedienen (s. Z. 284–291) und die in der Konklusion im Modus einer Validierung der Orientierung Heitere Provokation endet: „Let’s tumble“ (Z. 296).

Im Vergleich zeigte sich vorerst, dass sich die Identifizierung eines für die Gruppe signifikanten Moments zunächst durch die allgemeine Akzeptanz einer passenden Metapher in der Gruppenkommunikation bemerkbar macht. Im Zuge dessen hat es den Anschein, als würde eine allgemeine Akzeptanz dieser Metapher nur stattfinden, wenn sie im Modus der Orientierung vorkommt. Was nun die Phase der Definition des Moments angeht, so kommt es anfangs zu einer Beobachtungsrunde, in der generell beschrieben wird, was der Moment individuell in der Gruppe darstellt. Hierbei spielen die exmanenten Nachfragen der Gruppenmitglieder eine Rolle, weil diese die Beobachtungen auf eine inhärente Problematik in dem Moment konzentrieren wollen. Bis zu diesem Zeitpunkt wurden

Identifikation und Definition auf einer abstrakten Ebene gestaltet. Dies hat zur Folge, dass die Problematik weiter im Rahmen der von der Metapher vorgegebenen Wortgruppe erwogen wird: „frozen moment" – „really freeze it" und „peace resort" – „leave the beach" – „swimming" – „right timing to go under the wave". Der Sinngehalt des Moments und dessen Handhabung beruhen auf der Bildlichkeit der Metapher.

Es ist zu vermerken, dass die antithetische Diskursorganisation bei beiden Fällen sowohl im ganzen Gespräch als auch in den ausgewählten Passagen erkennbar ist. Obschon es generell in beiden Fällen um die verbale Konzeption einzelner Momente und um den Umgang der Gruppen mit diesen Momenten geht, gibt es doch einen Unterschied. Im Fall 1 dient die gemeinsame Beschreibung des „frozen moment" der Integration des Moments in das bewusste Material der Gruppe, während die Beschreibung der Wellenmetapher im Fall 2 dem Lösen des Problems, „variierter zu spielen", dient. Interessanterweise beruht der Sinngehalt der Metapher bei dem Beschreiben der Momente auf derselben Wortgruppe. Dabei sind die Prozesse der Nachfrage und der beobachtenden Beschreibungen wichtig, da sie die Form des Sinngehalts durch ihre Dynamik mitentwickeln.

5.2.2 Die parallele Diskursorganisation

Beschreibung der Diskursorganisation

„In diesem Modus der Diskursorganisation artikulieren sich also gemeinsame Orientierungen auf der Basis gemeinsamer, im Sinne homologer, Erfahrungen. Kennzeichnend für diesen Modus ist, dass eine Aneinanderreihung von Darstellungen, die für eine/n fremde/n

Beobachter/in auf den ersten Blick manchmal wenig miteinander zu tun haben, es für die Beteiligten jedoch um die gleiche Sache geht. In der Interpretation erschließt sich dann dieselbe Orientierung in allen aufeinander folgenden Diskursbewegungen." (Przyborski 2004: 96–97)

Tabelle 2, Vergleich der Einzelfälle 3, 4, 6

Parallele Diskurs-organisation	Fall 3	Fall 4	Fall 6
Metapher	„signal" und „scenes"	„obvious" und „pedals"	„knick-knacks" und „to be in the sound"
Metaphern-Phasen	• Identifikation durch Beobachtungen, Nachfragen und zugrundeliegende Orientierung • Definition durch Wiederholung und Orientierung	• Identifikation durch Beobachtungen und zugrundeliegende Orientierung • Definition durch Nachfragen, Beobachtungen und Orientierung	• Identifikation durch Beobachtungen und Nachfragen Definition durch Beobachtungen und Nachfragen
Orientierung	Enthusiasmus	Enthusiasmus	Heitere Befragung
Thematische Orientierung	Inhalt/Material	Inhalt/Material und Interaktion	Interaktion
Diskursorganisation im ganzen Gespräch	divergent	antithetisch	antithetisch

Angesichts der Tatsache, dass das Ergebnis der dokumentarischen Analyse des Probegespräches in Fall 3 überwiegend divergenter Art ist, weist die Metaphernpassage nichtsdestotrotz eine parallele Diskursorganisation auf. Darüber hinaus treten die Phasen der Identifikation und der Definition der Metapher „scene" nicht in unterschiedlichen Gesprächsabschnitten auf, sondern folgen einander sequentiell.

Wie bereits die Begriffsbestimmung der Unterteilung voraussetzt, kommt es in der Metaphernpassage zu zwei Metaphernpropositionen; nur eine nimmt die Gruppe allgemein an. Die Metapher „signal", die N initiierte, durchläuft zwar die Phase der Identifikation, wodurch eine Assoziation zwischen der Metapher „signal" und einem musikalischen Moment erfolgt, allerdings fehlt die allgemeine Anerkennung dieser Verbindung durch die Rückmeldung der Gruppe. Die Assoziation zwischen der Metapher „signal" und dem musikalischen Moment entsteht ausschließlich durch Ns Initiierung und weitere Erläuterungen. Ps und Os Äußerungen sind währenddessen beschränkt auf knappe Validierungen in Form von „yeah" und Ratifizierungen (s. Z. 555; 560; 563; 565; 566; 569; 570).

Die Metaphernpassage „scene" dagegen zeichnet sich durch ergänzende Beobachtungen von P und O aus (s. Z. 573–600). Beide generieren die Assoziation durch die Beschreibung der Metapher „scene" mit dem gemeinten musikalischen Moment. Es gibt in diesem Abschnitt nur eine exmanente Nachfrage, die N stellt, und die dessen einzigen Beitrag in dieser Assoziation markiert (Z. 589). Auffallend ist jedoch, dass die Beobachtungen am Anfang im Modus der Orientierung Enthusiasmus gemacht und durch das wiederholte Imitieren von Geräuschen in den ergänzenden Beobachtungen Ps und Os verstärkt werden (s. Z. 590–598). Die Beobachtungen im Modus der

Orientierung betonen die allgemeine Anerkennung der Metapher „scene" in der Identifikationsphase. Im Rahmen der Definitionsphase der Metapher ist die Imitation von Geräuschen ein wichtiges Merkmal; es unterstreicht die Assoziation mit dem musikalischen Moment. Die Konklusion der Passage wird im Modus einer Validierung der Orientierung Enthusiasmus getroffen (s. Z. 599–607).

Des Weiteren ist es wichtig, zu vermerken, dass es in dieser Probe zu einem kreativen Moment anhand des improvisierenden Handelns der Gruppe kam, und dieser Moment anhand der Metapher „scene" verbildlicht wurde. Die Metapher wurde zum Beschreiben dieses Moments genutzt.

Auch in Fall 4 kommt es in der Metaphernpassage zu einer parallelen Diskursorganisation. Dieses Mal ist die Diskursorganisation des ganzen Probegesprächs jedoch antithetischer Natur. Dies bedeutet unter anderem, dass es im Gegensatz zu Fall 3 keine tiefgreifenden Rahmeninkongruenzen in dem Ensemble gibt. Ein Grund hierfür könnte der offene Umgang mit den individuellen thematischen Orientierungen im Ensemble sein: L teilt M immer wieder mit, dass sich seiner Meinung nach beide noch in der Experimentierphase befinden (s. Z. 67; 154; 376–377). Dabei werden diese thematischen Orientierungen im Modus der generellen Orientierung Enthusiasmus vorgenommen.

Die Passage „obvious" ist sich dadurch charakterisiert, dass die Metapher „obvious", die der thematischen Orientierung des Experimentierens mit dem musikalischen Inhalt unterliegt und seitens M initiiert wird, von L nicht angenommen wird. Dies ändert sich jedoch schlagartig mit Ms Proposition der „pedals". Er initiiert sie im Modus der Orientierung Enthusiasmus und löst eine Reihe exmanenter Nachfragen seitens L aus (s. Z. 297; 303; 306; 311; 314).

Dieses Nachfragen provoziert bei M ein assoziatives Elaborieren der Idee „pedals", indem sie mit der Weiterentwicklung des Ensembles zusammengebracht wird.

Infolgedessen kommt es in diesem Abschnitt nicht zu der Identifikation und Definition einer für den musikalischen Inhalt relevanten Metapher (siehe „obvious"). Allerdings gleicht die Abfolge der Äußerungen um die Idee „pedals" den durch die vorherigen Proben herausgefilterten Identifikations- und Definitionsphasen der Metaphernpassagen. Die Proposition „pedals" wird im Modus der Orientierung Enthusiasmus gemacht, was zu der allgemeinen Anerkennung der Idee durch L führt. Er initiiert eine Reihe exmanenter Nachfragen, was die Definition der Idee im Rahmen des Ensembles durch ergänzende Beobachtungen Ms ankurbelt. Währenddessen wird die Idee der „pedals" in eine Metapher umgewandelt und dient der Initiierung zukünftigen Materials.

Auch die Metaphernpassage in Fall 6 birgt eine parallele Diskursorganisation. Dabei konstituiert die „knick-knacks"-Passage den ersten Teil des Diskurses. Hier wird die Metapher „knick-knacks" benutzt, um auf die Rolle der Vorbereitungen bei dem gemeinsamen Spielen der beiden Musiker aufmerksam zu machen. Die Metapher wird von J und K identifiziert und anerkannt. Hierbei kommt es jedoch nur zu einer exmanenten Nachfrage seitens K (Z. 5) im Modus der Orientierung

Heitere Befragung. Der Rest der Identifikations- und Definitionsphase der Metapher „knick-knacks" beruht auf den ergänzenden Beobachtungen beider Musiker. Die Metapher wird sofort in das gemeinsame Vokabular des Ensembles integriert, da die gemeinsame Definition der Metapher auf der gleichen Wortgruppe wie die Metapher selbst gründet (s. Z. 12–19).

Der zweite Teil dieses Abschnitts unterliegt der thematischen Orientierung „to be in the sound". Hierbei wurde die Orientierung Heitere Befragung übernommen. Es folgt Ks John-Butcher-Anekdote, in der er beschreibt, was es für ihn bedeutet, „im Klang zu sein". Diese Passage ist durch eine Reihe exmanenter Nachfragen seitens J und ergänzenden Beschreibungen von K gekennzeichnet (s. Z. 53–73). Die Orientierung Heitere Befragung bleibt während der ganzen Zeit bestehen. Die Anekdote verkörpert im Kontext dieses Falls eine Klärung des Themas „Vorbereitung". Im Zuge dessen ermitteln die beiden Musiker, wie der Umgang mit ihren musikalischen Vorbereitungen das gemeinsame Spielen beeinflusst. Denn die Konklusion nach der Anekdote ist die gleiche, die sie während des gemeinsamen Gestaltens der Metapher „knick-knacks" erreicht haben.

Hier muss allerdings noch einmal darauf hingewiesen werden, dass es auch in diesem Fall nicht zu einem kreativen Moment in der Musik gekommen ist. Die „knick-knack"-Metapher dient vorerst der Ausarbeitung gruppendynamischer Interaktionen innerhalb des Ensembles.

Die Unterteilung der parallelen Diskursorganisation zeigte, dass es eine korrelative Beziehung zwischen vorgeschlagener Metapher und Orientierung geben muss, damit es zu deren allgemeinen Anerkennung in der Gruppe kommt. Die dabei behilflichen Prozesse sind die des Nachfragens und der ergänzenden Beschreibungen im Definitionsverlauf des metaphorischen Sinngehalts.

Darüber hinaus beeinflusst die Metapher nicht nur die gemeinsam von der Gruppe gestaltete Bedeutung, sondern lenkt zudem den theoretischen Umgang mit den assoziierten musikalischen Momenten: Fall 1; „frozen moment" – „really freeze it", Fall 2; „peace resort" –

„best way to leave the beach" – „right timing", Fall 3; „scenes" – „sections", Fall 4; „pedals" – „direct connection", Fall 6; „knickknacks on the table" – „necessarily don't want to use them" – „to be in the sound" – „it doesn't make a difference".

Es zeigte sich zudem, dass es, obwohl die Diskursorganisation der Passage die gleiche ist, Unterschiede gibt, was den Gebrauch der Metapher im individuellen kreativen Prozess der Ensembles angeht. Demnach dient die Metapher „scene" in Fall 3 der Beschreibung eines für die Gruppe signifikanten Moments, während die „pedals"-Metapher in Fall 4 neues Material initiiert, und die Metapher in Fall 6 sich mit der Ausarbeitung interner Gruppenvorgänge auseinandersetzt.

5.2.3 Die divergente Diskursorganisation

Beschreibung der Diskursorganisation

„Der divergente Modus der Diskursorganisation findet sich in Gesprächen beziehungsweise Gesprächsabschnitten, in welchen die Teilnehmer/innen über keine geteilten Erfahrungen verfügen. [...] Im Anschluss daran werden dann aber einander widersprechende Orientierungesrahmen aufgeworfen. Das heißt, beim divergenten Modus bleiben die Rahmeninkongruenzen eher verdeckt." (Przyborski 2004: 252)

Tabelle 3, Divergente Diskursorganisation Fall 5

Divergente Diskursorganisation	**Fall 5**
Metaphern	„building a picture"
Metaphernphasen	• keine Identifikation • keine klare Definition
Orientierung	verschiedene
Thematische Orientierung	Inhalt/Material gleichzeitig Interaktion
Diskursorganisation im ganzen Gespräch	divergent

Die Diskursorganisation in Fall 5 ist durchgehend on divergenter Natur. Die Gruppe schafft es nicht, ein gemeinsames Vokabular zu entwickeln, um mit ihren unterschiedlichen Orientierungen zurechtzukommen. Obwohl die Passage „building a picture" darauf hindeutet, dass sie die Metapher anerkennt (s. Z. 137–149) und es auch teilweise zu ergänzenden Beschreibungen kommt, fehlt es doch an einer gemeinsamen Orientierung. Die Metapher „building a picture" scheint zunächst allgemein von der Gruppe anerkannt zu werden, weil der Sinngehalt weitschweifig genug ist, um die zwei Hauptthemen des Diskurses unterzubringen: einerseits das Gespräch über die Spieldynamiken und andererseits den Diskurs über das Material. Beide Thematiken sind durchgehend im ganzen Probegespräch anhand unterschiedlicher Metaphern wie „exits" oder „material realtionships" erkennbar. Allerdings wurden diese von der Gruppe nie allgemein anerkannt.

Dies könnte auch dadurch bedingt sein, dass die Gruppe in dieser Konstellation noch nie gespielt hat. Die meisten Studien (u. a. Sawyer 2007 und Figueroa- Dreher 2012), die sich mit der Kreativität von Kollektivimprovisationen beschäftigen, untersuchen Jazzkonstellationen, die darauf beruhen, dass sie nur zusammenkommen, um zu musizieren, und nicht, um sich darüber auszutauschen. Diese Haltung wird besonders im Jazz, Free Jazz und in der improvisierten Musik von Musikern und Musikerinnen häufig eingenommen und gilt in manchen Fällen sogar als unausgesprochene Regel[142] Angesichts dessen wird in diesen Studien Kreativität im Bereich der gemeinsamen oder individuellen physischen und musikalischen Interaktionen der MusikerInnen erforscht.[143] In Fall 5 stellt dies jedoch ein Problem dar, denn obschon die Gruppe zusammenkommt, um gemeinsam zu musizieren, haben die Musiker vorher einen Bandleader gewählt. Der Diskurs reflektiert dieses Problem, indem das Benutzen der Metapher auf eine klare Ausarbeitung gruppeninterner Interaktion hinweist.

Dieser Diskursmodus unterscheidet sich von den anderen dadurch, dass das Anerkennen einer Metapher auch als Synthese fungieren kann, um die unterschiedlichen Rahmeninkongruenzen in dem Moment aufzuheben. In dieser Anerkennung gibt es dennoch weder eine klare Identifikation noch eine klare Definition, da es zu keinerlei Nachfragen kommt. Auch die ergänzenden Beobachtungen beziehungsweise Beschreibungen sind nur personifizierte Wiederholungen der einzelnen thematischen Orientierungen, die schon vorher im Diskurs aufgetaucht sind. Der Diskurs ließ darauf schließen, dass bis dahin weder eine gegenseitige Diskursorientierung

142 Nichtsdestotrotz werden die Schwierigkeiten, die mit der Leaderposition innerhalb der Gruppen auftauchen und in den Diskursen reflektiert werden, häufig nicht erwähnt.

143 Vgl. Burows Merkmale der Gruppenkreativität in Kapitel 3.

noch ein gemeinsamer Erfahrungsraum zustande gekommen war. Folglich handelt es sich um einen divergenten Diskurs.

5.3 Zusammenfassung des Kapitels und Hypothesenbildung

In diesem Kapitel wurden zwei Analyseebenen in den Vordergrund gerückt: die Rolle der Metapher innerhalb einer gemeinsamen Diskursorganisation und ihre Rolle unabhängig von der Diskursorganisation.

Die Analyse der Fälle lässt darauf schließen, dass die Diskursorganisation den Probengesprächen einen situativen Rahmen bietet, ohne dass dieser ausschlaggebend für den Gebrauch der Metaphern ist. Folglich ist er für den Einfluss der Gruppenkommunikation auf den kreativen Prozess überaus wichtig.

Fall	Diskurs-organisation	Metapher	Orientierung	Thematische Orientierung	Funktion der Metapher	Kreatives Moment
1	**antithetisch**	„frozen moment"	Amüsement Provokation	Inhalt/Material	Beschreibung	ja
2		„Welle"	Heitere Provokation	Interaktion	Initiierung	nein
3	**parallel**	„scenes"	Enthusiasmus	Inhalt/Material	Beschreibung	ja
4		„pedals"	Enthusiasmus	Interaktion	Initiierung	nein
6		„to be in the sound"	Heitere Befragung	Interaktion	Ausarbeiten der Rollenverteilung	nein
5	**divergent**	„building a picture"	verschiedene	Inhalt/Material und Interaktion	Ausarbeiten der gruppeninternen Interaktion/Synthese	nein

Tabelle 4, Zusammenfassung und Vergleich aller Fälle

Die erste Analyseebene ergab, dass der konjunktive Erfahrungsraum, der sich an den gemeinsamen Orientierungen der Gruppe erkennen lässt, im Kontext des kreativen Prozesses einer Gruppe wichtig ist, da er anhand der sozialen Zusammenhänge innerhalb der Gruppe zustande kommt. Dieser Erfahrungsraum ist die Basis, auf der sich ein Ensemble weiterentwickeln kann. Welchen Einfluss er im kreativen Prozess einer Gruppe ausübt, wird im nächsten Kapitel behandelt.

Die Strukturanalyse zeigte weiterhin, dass es anscheinend nicht zu einem gemeinsamen Gestalten von Metaphern kommt, wenn diese nicht allgemein von der Gruppe anerkannt werden. Diese Anerkennung beruht zunächst darauf, dass sie im Modus der gemeinsamen Orientierung[144] passieren soll. In dieser Studie wird das Gestalten einer Metapher nicht als Ausdruck einer bestimmten Musikszene oder eines spezifischen Musikgenres betrachtet.[145] Stattdessen wird sich in dieser Forschungsarbeit mit dem verbalen Akt der Metapher, deren Genese und deren Rolle im kreativ-kollaborativen Prozess der einzelnen Gruppen befasst. Es wurde festgestellt, dass die Metaphernpassagen in zwei Phasen eingeteilt werden können: die der Identifikation und die der Definition.

Die Phase der Identifikation einer Metapher schließt das sprachliche Muster der Wiederholung mit ein. Ungeachtet dessen kommt es im Laufe eines Diskurses öfter zu Wiederholungen von Wörtern beziehungsweise Ausdrücken. Wie der Linguist Carter (s. Kapitel 1) behauptet, sind Wiederholungen mehr als bloß wörtliche und phonetische Echos, denn sie führen zu kreativen Konvergenzen.[146]

144 Die Orientierung eines Gesprächs soll zeigen, ob die Gesprächssituation in der gleichen Weise wahrgenommen wird (Przyborski 2004: 51).

145 Vgl. Monson (1996) und Jazz-Ausdrücke, Kapitel 2 S. 43.

146 Vgl. Carter (2010: 100) und s. Kapitel 3, S. 39–41.

Carter meint jedoch damit nicht unbedingt Metaphern, sondern geht davon aus, dass sprachliche Wiederholungen die Basis für kreative Redewendungen bilden.[147] Ferner ist Carter, genau wie die von ihm zitierte Sprachwissenschaftlerin Tannen, der Meinung, dass Wiederholungen persönliche Bindungen zwischen Sprecherinnen und Sprechern verstärkten.[148]

Im Kontext dieser Studie stellte sich heraus, dass die Wiederholung zur Identifikation einer Metapher beiträgt, wenn diese zugleich auch die Diskursorientierung vertritt. Diskursorientierungen sind wichtig für das gemeinsame Erschaffen des konjunktiven Erfahrungsraums einer Gruppe. Es scheint, als wäre dies die Bedingung, damit eine Begrifflichkeit im Rahmen einer Gruppe akzeptiert wird.

Diese Forschung schließt in erster Linie an Carters Theorieansätze an, da Wiederholungen eine Basis zur Identifikation von Metaphern bilden, die selbst kreative Beschreibungen eines Moments sind. Des Weiteren geht diese Studie auch mit den Überlegungen von Carter und Tannen konform, indem sie die Annahme bestätigt, dass Wiederholungen die zwischenmenschlichen Beziehungen zwischen den Sprechern und Sprecherinnen verstärkt, indem diese in der Bildung eines konjunktiven Erfahrungsraums einer Gruppe eine wichtige Rolle spielen. Darüber hinaus stellt die vorliegende Studie auch eine Erweiterung der Theorieansätze Carters und Tannens dar, denn Metaphern und Wiederholungen wurden in Bezug aufeinander untersucht und ihr gemeinsames Potenzial im Kontext der Gruppenkreativität erforscht.

Die Definitionsphase einer Metapher zeichnet sich dadurch aus, dass der gemeinsam gestaltete „Sinn“ einer Metapher nicht nur

147 Carter (2010: 100).
148 Carter (2010: 50).

Einblicke in den individuellen kreativen Prozess von Gruppen gibt, sondern auch in deren ästhetisches Verständnis. In Fall 2 zum Beispiel kristallisiert sich die Metapher der Welle aus Es Anekdote heraus und erhält im Kontext des Gesprächs die Funktion, nicht nur das Problem, sondern auch dessen Lösung zu verbildlichen und zu entwickeln. Infolgedessen entsteht ein direktes Anknüpfen an die musikalischen Erfahrungen der Gruppe, die mit diesem Moment in Verbindung gebracht werden, und ein Bewusstsein dafür, wie mit diesen Momenten im Rahmen der weiteren musikalischen Gestaltung umgegangen werden soll.

In diesem Sinne geht das Ergebnis dieser Studie über das der *Symbolic Convergence Therory* heraus, die besagt, dass eine Gruppe sich durch Fantasien beziehungsweise gemeinsam konstruierte Geschichten eine soziale Realität erschafft.[149] In Fall 2 wird die Anekdote von E in einem bestimmten Moment eingesetzt, indem sie als Hilfsmittel benutzt wird, um eine problematische Situation des Ensembles zu überwinden. In Bezug darauf besagt Ortonys Theorie, dass Metaphern durch selektives Benutzen von Wortgruppen Einlass in die persönliche Erfahrungswelt gewähren können[150] Dies passiert sowohl in Fall 2 als auch in den Fällen 3, 4 und 5, in denen Worte beziehungsweise Wortgruppen nicht nur Einblicke in die persönlichen Erfahrungswelten der MusikerInnen geben, sondern darüber hinaus auch die Richtung für das gemeinsame Gestalten von Sinngehalten der Metaphern angeben.

Dies scheint in der Tat auch Teil des künstlerisch-musikalischen Kontexts improvisierter Musik zu sein, da es in Interviewsituationen öfter dazu kommt, dass MusikerInnen ihren Bezug zur Musik

149 Vgl. Kapitel 2, S. 24–26.
150 Vgl. Kapitel 2, S. 42.

bildhaft umschreiben.[151] Dabei sind die Beschreibungen, wie sie in dieser Studie vorkommen, keine beliebigen, sondern treten einerseits im Kontext einer bestimmten Situation auf und stellen andererseits die Möglichkeit zu einer weiteren Transformation der Gruppe zur Verfügung. Diese beiden Schritte gehen über die Theorie der Metapher hinaus, die besagt, dass in einem Gruppenkontext Metaphern dazu dienen, eine Kohäsion zu erreichen.[152] Die Definitionsphase einer Metapher kann sich auf die Erzählung persönlicher Erfahrungen in Form von Anekdoten berufen, um das kreative Potenzial der Gruppe in einer bestimmten Situation zu erweitern.

Ferner ist der Diskursverlauf in der Definitionsphase der Metaphern sehr dynamisch und interaktiv. Während dieser Phase lassen sich bei dem gemeinsamen Gestalten von Metaphern Merkmale dialogischer Prozesse feststellen: einerseits ein examenentes Nachfragen und andererseits ergänzende Beobachtungen beziehungsweise Beschreibungen, die das Gestalten von etwas Gemeinsamem voraussetzen. Diese Prozesse fokussieren sich auf die thematische Orientierung, indem sie zum einen eine Assoziation zwischen dem musikalischen Moment und der Metapher erzeugen und zum anderen einen theoretischen Umgang mit diesem musikalischen Moment anhand der Bildlichkeit dieser Assoziation ermöglichen.

Es wurde gezeigt, dass dialogische Prozesse tatsächlich eine Rolle in der Identifikations- und in der Definitionsphase von Metaphern spielen. In diesem Zusammenhang wurde bereits in Kapitel 3 auf deren Funktion in Bezug auf neue Verstehensprozesse und soziale Innovationen aufmerksam gemacht.[153] Dennoch wurden dialogische

151 Vgl. Kapitel 3, S. 43–44.

152 Siehe die Studie von Owen, William Foster (1985): Metaphor Analysis of Cohesiveness in Small Groups.

153 Vgl. Bohm (2004a), Kapitel 3, S. 61–62.

Prozesse bisher noch nicht in Bezug auf Metaphern und deren Beziehung zu kreativen Prozessen bei improvisierter Musik erforscht. Das teilnehmende Denken, wie es durch dialogische Prozesse generiert wird, soll neue Ebenen von Zusammenhängen ermöglichen. Wie dies jedoch gelingt, wurde bisher noch nicht untersucht. Infolgedessen kann mit Bezug auf diese Studie behauptet werden, dass die Gruppenkommunikation, wie sie im Kontext improvisierenden Handelns von Gruppen auftaucht, Ansätze teilnehmenden Denkens aufzeigt, in denen Ebenen neuer Zusammenhänge mittels dialogischer Prozesse und gemeinsamen Gestaltens von Sinnesinhalten (z. B. Metaphern) bewusst gemacht werden.

Die zweite Analyseebene ergab, dass es, unabhängig von der Diskursorganisation, zu einem gemeinsamen Gestalten von Metaphern kommt. Dabei ist es wichtig, anzuerkennen, dass die Metaphern es erleichtern, einen für die Gruppe signifikanten Moment zu erkennen und zu benennen, indem sie nicht nur den konjunktiven Erfahrungsraum bestärken, sondern auch die thematische Orientierung konkretisieren.

Was die thematische Orientierung angeht, so waren Fall 1 und 3 die einzigen, bei denen es zu einem kreativen Moment gekommen ist und sich die Gruppe besonders auf das gemeinsame sprachliche Ausarbeiten dieses Moments konzentriert hat. Außerdem liegt die thematische Orientierung dieser Gruppengespräche meist auch auf dem Inhalt des gespielten Materials.

Bei den anderen Gruppen fußt die thematische Orientierung auf der Interaktion, was die Funktion der Metapher spaltet: zum einen in die Initiierung eines zukünftigen Moments und zum anderen in die Regulierung gruppeninterner Verhältnisse innerhalb der Gruppen. Bei den Gruppen, die die Initiierung reflektieren, gibt es keine besonderen Ereignisse. Im Gegensatz dazu finden sich die Gruppen der Fälle 5 und 6 in ungewohnten Situationen wieder, die ein Ausarbeiten der musikalischen Interaktion voraussetzt.[154] Inbesondere Fall 5 scheint mit der Studie von Seddon übereinzustimmen, in der behauptet wird, dass die verbale Kommunikation, ob kooperativ oder kollaborativ, die koesive Performanz der Jazzensembles beeinflusst, nicht aber die Kreativität ihrer Interaktion beziehungsweise ihres Handelns.[155] Dies könnte allerdings mit dem musikalischen Kontext zu tun haben, denn genau wie in der Gruppe bei Seddons Experiment war auch in Fall 5 eine Leaderposition vorhanden. Letztere entstammt einer Jazztradition und drängt der Gruppe von Anfang an eine bestimmte Rollenverteilung auf.

Im Übrigen ist darauf hinzuweisen, dass die Gruppe in Fall 6 in dieser Konstellation vorher noch nie zusammen gespielt hat. Es gibt daraufhin sowohl interne als auch externe Unterschiede zwischen diesem Fall und den anderen Fällen. Abgesehen davon sind alle MusikerInnen Teil der gleichen Echtzeitmusikszene.

Es kristallisierten sich drei unterschiedliche Arten der Metaphernbenutzung heraus: die beschreibende Funktion, die der Initiierung und die der Ausarbeitung gruppeninterner Interaktionen. Interessanterweise stellte sich heraus, dass die Diskursorganisation generell keinen direkten Einfluss auf die Funktion der Metapher innerhalb der einzelnen Fallgespräche aufzeigt. Was nun die Untersuchung der Kommunikation improvisierender Ensembles angeht, so wurde diese zentrale Erkenntnis bisher noch von keinem Theorieansatz repräsentiert.

---

154 Bei Fall 5 ist es das erste Mal, dass das Ensemble in dieser Konstellation zusammen spielt und auftritt; in Fall 6 fehlt ein Ensemblemitglied.

155 Vgl. Seddon (2005); Kapitel 2, S.47–49.

Im Fall 1 und Fall 3, setzten beide ihre Metaphern als Beschreibung eines für sie signifikanten Moments ein und bezogen sie demnach bewusst in ihr Material ein. Das Benutzen der Metapher bei Fall 2 und 4 unterliegt der potenziellen Initiierung eines kreativen Moments bei dem gemeinsamen Spielen der Musiker. Bei den Fällen 5 und 6 wurde die Metapher als Versuch eingesetzt, die gruppeninterne Interaktion auszuarbeiten oder zu verbessern.

In der Linguistik und den Sprachwissenschaften setzt man voraus, dass Metaphern das Erkennen eines metasprachlichen Bewusstseins ermöglichen können.[156] Auch schafft deren Bildlichkeit eine Assoziation zwischen einer konkreten Erfahrung und der Metapher selbst.[157] Aufgrund dessen beeinflusst die Assoziation das Reaktionspotenzial der Handlung beziehungsweise des Handlungshabitus.[158] Nichtsdestotrotz wurden diese Theorieansätze bisher noch nicht im Kontext improvisierender Ensembles erwogen. Im Zusammenhang mit dieser Studie kann behauptet werden, dass die Metaphern, die in den einzelnen Fällen gebildet wurden, das musikalische Reaktionspotenzial der unterschiedlichen Ensembles beeinflussen können. Hierbei werden nicht nur kreative Momente mithilfe verbaler Beschreibungen verbildlicht, wie im Fall 1 und 3, und weiterentwickelt. Vielmehr verhilft das Umschreiben einer Situation anhand von Metaphern den Ensembles dazu, die Situation zu erfassen (z. B. Fall 5), sich damit auseinanderzusetzen (wie in Fall 6) und eventuell neue kreative Momente zu initiieren (Fall 2 und 4).

Im nächsten Kapitel wird erläutert, inwiefern dies für den kreativen Prozess der Gruppe relevant ist.

156 Vgl. Carter (2010); Kapitel 2, S. 39–41.
157 Vgl. Paivio (1979); Kapitel 2, S. 42–43.
158 Ebd.

6. Schlussfolgerung

6.1 Ableitung der Konsequenzen

In diesem Kapitel werden die Resultate aus der oben erläuterten Analyse mit der Forschungsfrage in Beziehung gesetzt: Welchen Einfluss hat die Gruppenkommunikation auf den kreativen Prozess improvisierender Ensembles? Im Zuge dessen wird besonders die Rolle der Metapher mitsamt ihrer Identifikations- und Definitionsphase berücksichtigt. Denn die Ergebnisse der Analyse ergaben, dass die Metapher Hauptcharakteristik der Gruppenkommunikation ist, wie sie bei improvisierenden Ensembles auftritt. Im weiteren Verlauf wird nun versucht, die aus der Analyse gewonnenen Resultate mit den Theorieansätzen zu vergleichen und zu vereinen. Es gilt hierbei, herauszufinden, auf welche Weise Gruppenkommunikation, insbesondere aber die Metapher, einen Einfluss auf den kreativen Prozess der Ensembles hat, und ob dieser Einfluss allgemein auch für Gruppen in anderen künstlerischen Kontexten weiterentwickelt und gegebenenfalls auf sie übertragen werden kann.

6.1.1 Die Gruppe und ihr kreativer Prozess

Im Rahmen dieser Studie werden Ensembles als Gruppen wahrgenommen. Das Gruppenmodell, das den improvisierenden Ensembles mitsamt ihrer Kommunikationsart und Tätigkeit am nächsten kommt, ist das Bona-Fide-Gruppenmodell. Letzteres beschreibt ein dynamisches System, dessen Grenzen ständig negoziiert, umdefiniert und durch die Interaktion einzelner Mitglieder verändert werden können.[159] Das Modell veranschaulicht zudem, dass die

159 Vgl. Die Definition vom Bona-Fide-Modell in Kapitel 2 S.27-28.

Kommunikation einer Gruppe von ihrem Kontext genauso beeinflusst werden kann wie durch die Situation, in der sie entsteht. Die Gruppenkommunikation gibt demnach nicht nur Aufschluss über die Interaktion und gruppendynamische Prozesse, sondern auch über die jeweilige Situation und deren Kontext. Dies ist von besonderer Wichtigkeit für die Kreativität, da sie ein wesentlicher Faktor ist, was den Kontext, die Situation und die Sprache der Gruppenkommunikation angeht. Die Forschungsarbeit bedient sich des Bona-Fide-Gruppenmodells, um die Untersuchung der Ensembles in Bezug auf deren Gruppenkommunikation zu erlauben. Das Bona-Fide- Gruppenmodell wurde als Untersuchungsmöglichkeit von Gruppeninteraktion und -verhalten um das Erforschen des kreativen Gruppenprozesses erweitert.

Eine Annahme, die in dieser Arbeit vertreten wird, ist, dass das kreative Potenzial einzelner Gruppen von ihrem künstlerischen Umfeld abhängig ist. Dies wurde bereits in Kapitel 3 an mehreren Stellen ausgeführt.[160] Angesichts dessen prägt der Kontext der musikalischen Improvisation das Gruppenformat der unterschiedlichen Gruppen. Markante Beispiele hierfür sind: Fall 5 und die Leaderrolle; die Free Jazz Anekdote in Fall 6, die der Gruppe Klarheit über ihr weiteres Spielen geben soll. Die Situationsabhängigkeit der Gruppenkommunikation lässt sich unterdessen anhand einzelner verbaler Darlegungen im Verlaufe der Probesituation(en) erkennen. Dies veranschaulicht besonders Fall 4, wenn M L seine Schwierigkeiten mit dem Instrument mitteilt, und beide versuchen, eine Lösung zu entwickeln.[161]

Darüber hinaus ist einer der Hauptausgangspunkte dieser Studie, dass die Kreativität der Gruppen als Prozess dargeboten wird, an dem die ganze Gruppe beteiligt ist. Hierauf verwies der Psychologe

160 siehe Kapitel 3 z. B. John-Steiner (2006).
161 siehe Kapitel 5 Fall 4, die Idee „pedals“.

Keith Sawyer (Kapitel 3), der betont, dass Kreativität in Gruppen durch die Interaktion der einzelnen Gruppenmitglieder zustande kommt. Ferner vertritt diese Forschungsarbeit die Annahme des Pädagogen Olaf A. Burow, indem die Kreativität als soziales Phänomen behandelt wird, das durch die Zusammenarbeit in Gruppen gefördert werden kann. Allerdings beinhaltet der Begriff der Zusammenarbeit in Relation mit Kreativität eine Reihe weiterer Faktoren, die durch die Forschungen von Vera John-Steiner und Sylvia Rojas-Drummond erfasst wurden. Die Zusammenarbeit beinhaltet nicht nur die physische Interaktion der Gruppenmitglieder, sondern auch deren Beziehungs-, Lern- und Arbeitsprozesse. Diese können allesamt nicht nur durch die Gruppenkommunikation repräsentiert werden, sondern auch ihrerseits beeinflusst werden.

Der kreative Prozess, wie er in dieser Studie dokumentiert wurde, zeichnet sich weiterhin durch seine Situationsabhängigkeit aus, die sich innerhalb der einzelnen Fälle erkennen lässt. Im Verlauf dessen generiert die Gruppe ein kreatives Moment. Diese Momente tauchen in allen Fällen auf und wurden im Rahmen dieser Forschung als „signifikante Momente“ umschrieben, da sie Zeitpunkte markieren, die für die einzelnen Ensembles als bedeutsam gelten.

Die Kontextabhängigkeit der Gruppenkommunikation lässt sich durch den geschichtlichen Rahmen der Musikszene erklären, während die Situationsabhängigkeit der Gruppenkommunikation durch die Individualität[162] der Fälle beziehungsweise der Gruppen gegeben ist. Des Weiteren ist die Gruppenkommunikation der einzelnen Ensembles aber auch einzigartig, da nur diese spezifische Muster und Metaphern entwerfen, die den individuellen Gruppen eigen sind.

162 Wie zum Beispiel deren Rahmenbedingungen, außergewöhnliche Vorkommnisse, usw..

6.1.2 Die Charakteristiken der Gruppenkommunikation im kreativen Kontext

Die Gruppenkommunikation, wie sie in dieser Studie vorkommt, führt dazu, dass sich ein konjunktiver Erfahrungsraum bildet, der darüber entscheidet, auf welche Art miteinander kommuniziert wird (Bohnsack 2014: 22). Parallel hierzu eignet sich die Gruppe ein konjunktives Wissen an, sodass ein Rückkopplungseffekt zwischen diesem Wissen und dem Erfahrungsraum entsteht (vgl. Bohnsack 2014: 62–65). Die Analyse der Daten bewies, dass dieser Erfahrungsraum, der sich anhand der Diskursbewegungen der einzelnen Gespräche aufzeichnen lässt, in den Fällen 1, 2, 3 und 4 durchgehend bestehen bleibt. Im Unterschied zu den restlichen Fällen spielen und diskutieren die Ensembles hier abwechselnd.

Der konjunktive Erfahrungsraum wird durch praktische Erfahrungen unterstützt. Dies lässt darauf schließen, dass es zum Erhalt des konjunktiven Erfahrungsraums innerhalb eines kreativen Kontexts zu einem Miteinbeziehen gemeinsamer praktischer Erfahrungen kommen muss. In Bezug auf diese Studie bedeutet dies, dass sich der konjunktive Erfahrungsraum innerhalb einer Gruppe nur dann aufrechterhalten lässt, wenn eine Wechselwirkung zwischen der Gruppentätigkeit und der Gruppenkommunikation stattfindet. Des Weiteren muss es der Gruppe gelingen, diesen Erfahrungsraum anhand von Rückkopplungen immer wieder neu auszuhandeln, da er sich durch die Tätigkeit, das Wissen um die Tätigkeit und die Kommunikation weiterentwickelt.

Die Gruppenkommunikation, wie sie in den Fallanalysen dieser Studie untersucht wurde, umfasst Reflektionsprozesse, die besonders bei der Gestaltung von Metaphern zur Geltung kommen. Unterdessen muss noch einmal darauf hingewiesen werden, dass alle

Ensembles in ihren individuellen Probesituationen frei improvisiert haben. Als Folge dessen kommt es zu signifikanten, mitunter sogar als unvorhergesehen beschriebenen Momenten in der Musik. Diese Momente beruhen auf dem kollektiv-improvisierten Handeln der Gruppen.

Indem die einzelnen Gruppen die selektiven Momente thematisieren, beschäftigen sie sich aktiv mit ihrer Tätigkeit und generieren mittels der Kommunikation gleichermaßen ein Wissen über diesen Moment und über ihre kollektive Handlung. Einstweilen haben sich die unterschiedlichen Ensembles eine Kommunikation angeeignet, die den Moment und überdies ihr Handeln komplementierend beschreibt. Die Analysen ergaben, dass hierbei dialogische Prozesse eingesetzt werden. Letztere ermöglichen eine Reflektion, die die individuellen Denkprozesse der Mitglieder innerhalb der Gruppe offenlegt, damit diese innerhalb der gemeinsamen Vorstellungen und Wissensformen weiter konstruiert werden können.

Des Weiteren beruhen die Metaphern auf den Selbstbeobachtungen der Ensemblemitglieder. Innerhalb der Analyse dieser Studie tauchen diese selbstreferenziellen Beobachtungen immer wieder in Form exemplarischer Beschreibungen auf und stoßen dabei auf ein Nachfragen der restlichen Gruppenmitglieder. Dies lässt darauf schließen, dass inadäquate Beobachtungen ignoriert werden, während adäquate beziehungsweise sinnvolle Beobachtungen weiterhin in der Kommunikation auf Anschlüsse treffen. Die selbstreferenziellen Beobachtungen repräsentieren und beschäftigen sich hauptsächlich mit der Musik. Hierdurch werden gruppenabhängige Kriterien entworfen, die sich mit der improvisatorischen Tätigkeit befassen. Das Gestalten einer Metapher beziehungsweise das gemeinsame Gestalten neuer Sinnesinhalte ist nur ein Beispiel, wie dies funktionieren kann.

Das Entwerfen eines gemeinsamen Sinnesinhalts mithilfe einer Metapher reflektiert und prägt gleichzeitig das situative Wissen der Gruppe um ein signifikantes Moment. Es handelt sich in diesem Fall um einen Mechanismus, der der inhärenten Kreativität der Sprache unterliegt. Die kollektiv-kreative Sinngestaltung der Gruppen richtet sich ebenfalls nach deren kreativem Prozess. Dieser Prozess beruht außerdem auf kommunikativen Rückkopplungen, die das durch die signifikanten Momente hervorgehobene situative Verständnis der einzelnen Gruppen unterstützen. Währenddessen bildet sich ein dynamisch-ästhetisches Wissen um die einzelnen Gruppen und ihre Musik. Es ist dieses gemeinsam konzipierte Wissen, das sich immer wieder durch die emergente Musik und die anschließende Kommunikation weiterentwickelt. Folglich ist die Musik eines Ensembles genauso einzigartig wie ihr gemeinsam entwickeltes Wissen und ihre Kommunikation.

Im Allgemeinen lassen die Analysen darauf schließen, dass das gemeinsame Gestalten von Metaphern zwei Phasen beinhaltet: die der Identifikation und die der Definition. Die erste Phase ist dadurch bestimmt, dass eine Metapher erst im Rahmen einer Gruppe akzeptiert wird, wenn sie die Diskursorientierung vertritt. Die zweite Phase, in der es um die gemeinsame Sinngebung der Metapher geht, spiegelt nicht nur das musikalisch-ästhetische Verständnis der Gruppe wider, sondern beschreibt den Zeitpunkt, in dem das musikalische Handeln in der Sprache reflektiert wird. Daraus ergibt sich eine direkte Verknüpfung zwischen der musikalischen Erfahrung und der Metapher. Das gemeinsame Entwerfen der Metapher lässt somit eine Verbindung entstehen, die den signifikanten Moment im Rahmen der Gruppe vervollständigt, mit anderen Worten, greifbar macht. Dies ist ein wesentlicher Schritt für die Definition von Neuem beziehungsweise eines schöpferischen Aktes, da dieser bis dahin in seiner Vollständigkeit noch nicht geklärt wurde.

Ferner lassen sich während dieser zwei Phasen der Metapherngestaltung Merkmale dialogischer Prozesse wiedererkennen: ein exmanentes Nachfragen und die ergänzenden Beobachtungen beziehungsweise Beschreibungen. Die dialogischen Prozesse sind wichtig für die Weiterentwicklung der einzelnen Gruppen, da sie sowohl deren Zusammenarbeit als auch deren Tätigkeit beeinflussen. Dies ist einerseits dadurch bedingt, dass dialogische Prozesse das Gestalten von Metaphern durch teilnehmendes Denken fördern und somit das improvisierende Handeln der Ensembles direkt beeinflussen. Andererseits provozieren dialogische Prozesse eine Reflektion der Gruppenzusammenarbeit, die durch den variierten Gebrauch der Metaphern verbildlicht werden kann. Durch diese Reflektion werden Arbeits- und Lernprozesse innerhalb der Gruppe mithilfe von Nachfragen reflektiert und gegebenenfalls modifiziert. Der dialogische Prozess der Beschreibung erlaubt es der Gruppe, ihre Tätigkeit in Bezug zu ihrer Situation zu rekonstruieren. Durch diese beiden dialogischen Prozesse erweitern die Gruppen ihr kollektives Wissen und beeinflussen demnach kontinuierlich ihre Musik und ihren kreativen Prozess.

Des Weiteren lässt sich die Funktion einer Metapher durch den situativen Kontext der Gruppe in Zusammenhang mit der thematischen Orientierung innerhalb der Gespräche erschließen. Während der Analyse präsentierten sich drei Anwendungsebenen: die Ausarbeitung eines Moments, die zukünftige Initiierung eines Moments und die Regulierung gruppeninterner Rollenverteilung. Der Gebrauch einer Metapher ist situations- und kontextbedingt. Dies kommt größtenteils daher, dass Metaphern kontextabhängig sind (Carter 2010; Ortony 1975). Im Falle dieser Studie bezieht sich dieser Kontext auf die unterschiedlichen Ensembles beziehungsweise Gruppen. Denn damit eine Metapher als sinnvoll angesehen wird, muss sie einige der Bedingungen ihres Emergenzkontextes (z. B. improvisierendes Ensemble) widerspiegeln können.

Wie die Falldiskurse überdies gezeigt haben, werden Metaphern in unterschiedlichen Situationen andersartig gebraucht. In den Fällen 1 und 3 wird die Metapher zur Beschreibung eines selektierten Moments benutzt, wohingegen sie in den Fällen 2 und 4 für die Initiierung zukünftiger Momente angewendet wird und in den Fällen 5 und 6 der Ausarbeitung interner Dynamiken zugutekommt. Interessant dabei ist, dass auf jeder dieser Ebenen die Wortgruppe der Metapher, die ein Bild darstellt, auch dazu benutzt wird, das Verständnis um den musikalischen Moment herum zu konzipieren.[163] Das Bild, das dadurch zustande kommt, wird dem situativen Kontext der Gruppe angepasst, und daraus entwickelt sich die Funktion der Metapher. Insofern ist die Metapher nicht nur eine Reflektion der Situation der Gruppen, sondern auch ein Teil deren kreativen Prozesses. Durch ihre Funktion wird der Metapher eine Position im kreativen Prozess der individuellen Gruppen zugeteilt.

Unabhängig von dem Gebrauch der Metaphern beeinflusst die Assoziation zwischen den verbalen Bildern und dem musikalischen Moment das kollektive Handlungspotenzial der einzelnen Ensembles. Indem eine Verbindung zwischen einer Metapher und einer kollektiv-improvisierten Handlung entsteht, steigt das Kreativitätspotenzial der Gruppentätigkeit. Dies trägt unter anderem dazu bei, dass die Interdependenz[164] der Gruppen bestärkt wird: Einerseits wird durch die gemeinsame Anwendung und Konzipierung von Metaphern die Identifikation zwischen den Mitgliedern und der

163 Fall 1:„frozen moment" – „really freeze it". Fall 2: „Strand verlassen" – „Ins Meer hinaus schwimmen" – „Welle" – „richtiger Zeitpunkt abwarten" – „unter die Welle tauchen". Fall 3: „different narratives" – „scenes" – „rainy streets" – „Hinterhof" – „sections". Fall 4: „pedals" – „more intune" – „direct connection". Fall 5: „knick-knacks" – „cards on the table" – „to be in the sound". Fall 6: „rythmic pieces" – „series of duos/trios" – „building a picture".

164 Vgl. Kapitel 2 S.14, Lewin (1963).

Gruppe gefördert. Andererseits erleichtert dies die Durchführung der Gruppenaufgabe, nämlich gemeinsam Musik machen.

Gleichzeitig ergab die Untersuchung der dokumentierten Fälle, dass es eine spezielle Beziehung zwischen der Interaktion und der Gruppenkommunikation eines Ensembles gibt. Diese Beziehung ist dadurch gekennzeichnet, dass die Gruppen eine Form der Kommunikation wählen, deren thematischer Fokus vorwiegend auf dem musikalischen Gegenstand liegt. Dieses Resultat unterscheidet sich besonders vom Rest des gruppendynamischen Forschungskontexts, da hier die Gruppenkommunikation als vorrangig für das Regeln und Leiten gruppendynamischer Prozesse angesehen wird.[165]

Die Gruppenkommunikation improvisierender Ensembles ist zudem relationaler Natur, da durch die Analyse des Datenmaterials unterschiedliche Merkmale der relationalen Gruppenkommunikation,[166] wie sie Keyton festlegte, identifiziert werden konnten. Die Mitglieder der Gruppen sind meist miteinander befreundet, was auf die Qualität der Beziehungen innerhalb der Ensembles deuten lässt. Laut John-Steiners Theorie ist die Art der Beziehung innerhalb einer Kollaboration wichtig, denn sie bestimmt die kreative Zusammenarbeit. Während der Analyse des Datenmaterials wurde deshalb auch auf die Diskursorganisation der Gespräche geschaut. Hierbei muss jedoch noch einmal darauf hingewiesen werden, dass die Qualität der Beziehungen innerhalb von Gruppen und besonders innerhalb improvisierender Ensembles auch durch den Kontext improvisierter Musik geprägt ist.[167] Dies bedeutet nicht, dass die Qualität von Beziehungen aus John- Steiners Theorie verschieden von der ist, wie sie in improvisierenden Ensembles vorkommt, sondern

165 Vgl. Kapitel 2.
166 Vgl. Kapitel 2 S.31, Keyton (1999).
167 Vgl. Kapitel 2 S.43-44.

nur, dass die Zusammenarbeit innerhalb von Gruppen bereits eine eigentümliche Kombination aus professionellen, freundschaftlichen und familiären Beziehungen darstellt.

Die einzelnen Falldiskurse sind derweil von unterschiedlichen Diskursbewegungen geprägt, die sich anhand der verbalen Kommunikation kennzeichnen lassen. Die Analyse der Falldiskurse ergab, dass die einzelnen Diskursbewegungen der Ensembles nur über die Haltung der einzelnen Musiker gegenüber der Musik und der Gruppe informieren. Dies ist in Fall 6 besonders markant, da die Gruppe dadurch gekennzeichnet ist, dass eines ihrer Mitglieder fehlt und die beiden anwesenden Musiker ihre Haltung zueinander und gegenüber der Musik ausarbeiten müssen. Dabei hatten die Diskursbewegungen aber nur einen geringfügigen Effekt auf die kreative Zusammenarbeit der Ensembles. Fall 3 zeigte, dass sogar bei einer divergenten Diskursorganisation, die schließlich auf unterschwellige Konflikte deuten lässt, das Ensemble trotzdem kollaborativ sowohl an der Metapher als auch am musikalischen Material weiterarbeitet. Diese Studie kann nicht klar auf die Frage antworten, welche der Diskursorganisationen verstärkt die Kreativität von Gruppen fördert und welche weniger.

Nichtsdestotrotz stellt diese Analyse das Konzept vom negativen „Gruppenklima“ infrage, das ein Hindernis zur Gruppenkreativität darstellen soll.[168] Wie die Untersuchungsergebnisse der dokumentierten Fälle zeigten, versuchen alle Gruppen eine Kommunikation zu entwickeln, die sich mit dem musikalischen Gegenstand befasst und interpersonelle Konflikte nicht thematisiert. Dies ist sogar der Fall bei Ensembles, die das erste Mal in einer gewissen Konstellation zusammenarbeiten.[169]

168 Vgl. Kapitel 3 S.73-75, Paulus (2003).
169 siehe Fall 5.

Das Aneignen eines der Gruppe eigenen Vokabulars lässt sich durch die Gestaltung von Metaphern am besten exemplifizieren. Metaphern schaffen in dem Sinne nicht nur eine Beziehung zwischen zwei oder mehreren Einzelbedeutungen, sondern können auch interpersonale Verbindungen stärken. Dies lässt sich an der Identifikationsphase der Metapher erkennen, in der die Akzeptanz einer Metapher innerhalb einer Gruppe nur in Zusammenhang mit der gemeinsam ausgearbeiteten Orientierung stattfinden kann. Insbesondere die Fälle mit einer parallelen Diskursorganisation demonstrieren dies auf markante Weise, da hier aus zwei vorgeschlagenen Metaphern nur eine erfolgreich in den Diskurs integriert wird. Das Hauptkriterium hierbei ist, dass ihr Mitteilen auch die gemeinsame Orientierung widerspiegeln muss. Obschon die Diskursorganisationen an sich wenig Einfluss auf den kreativen Prozess der Gruppen haben, so verweisen sie dennoch auf die jeweiligen konjunktiven Erfahrungsräume der Gruppen. Diese Forschungsarbeit postuliert, dass Gruppen mit einem fundierteren Erfahrungsraum auf längere Sicht ihren kreativen Prozess weiter unterstützen können. In diesem Zusammenhang ist der konjunktive Erfahrungsraum für die Kreativität von Gruppe wichtig, die länger zusammenarbeiten wollen. Denn, wie schon in Kapitel 4 erwähnt wurde, besteht der konjunktive Erfahrungsraum einer Gruppe aus deren selbst konstruiertem Wissen, das an die kollektive Tätigkeit gebunden ist. Dies ist wichtig im Rahmen des kreativen Prozesses einer Gruppe, da er die Basis ist, auf der sich die Gruppen weiterentwickeln können.

In Bezug auf die Kommunikation im Rahmen der Kreativitätsforschung wurde diese bereits als Merkmal für kreative Gruppen identifiziert.[170] Auch in den Studien, die Paulus vorlegte, wurden einzelne Eigenschaften kreativer Gruppen in Experimenten

170 Vgl. Burow (1999; 2015) Kapitel 3 S.57-63.

erforscht.[171] Dabei wurde jedoch nicht weiter untersucht, inwiefern die Kommunikationsorientierungen, die diese Attribute innerhalb der Gruppen auslösen, einen Einfluss auf die Kreativität der Gruppen haben. Der Fokus der Forschungen lag somit größtenteils auf der Beziehung zwischen den Merkmalen und deren gruppendynamischem Einfluss auf die Tätigkeit der Gruppen.

Die Gruppenkommunikation, wie sie in dieser Studie stattfand, unterlag keinen spezifisch für diese Forschung ausgesuchten Merkmalen, sondern ist Teil der einzelnen Gruppen. Indes wird sie als affektive Kommunikation charakterisiert, die eine Bildlichkeit in Form einer Metapher ermöglicht. Im Verlauf dessen wird die Interaktion offen in der Gruppe reflektiert und gemeinsam entwickelt.

Die unterschiedlichen Fälle belegten, dass Gruppenkommunikation nicht nur dazu dient, ein für die Gruppen eigenes Vokabular zu schaffen, sondern auch Arbeits- und Lernprozesse in die Wege leiten soll, die die kreative Tätigkeit der Ensembles unterstützen und sogar fördern. Es ist darauf zu verweisen, dass diese Prozesse sowohl der Qualität der Beziehungen entstammen,[172] als auch dem geschichtlichen Kontext improvisierter Musik und der spezifischen Situation der Gruppen und deren persönlichem Kontext. Demnach beeinflussen die Ensembles mittels ihrer Gruppenkommunikation ihren kreativen Prozess und steuern somit ihre improvisierende Gruppenhandlung. Die Studie geht davon aus, dass die verbale Gruppenkommunikation im Kontext improvisierter Musik nicht nur die hierarchischen, kooperativen und/oder kollaborativen Arbeitsprozesse der Gruppen widerspiegelt, sondern Aufschluss über deren Interaktion und sogar Musik gibt.

171 Vgl. Paulus (2003) Kapitel 3 S.73-75: Studien über Vielfalt, Konsens, Motivation.
172 Vgl. John-Steiner (2006), Kapitel 3 S.63-68.

6.2 Zusammenfassung und Ausblick

Das Ziel dieser Studie war es, die Gruppenkommunikation, wie sie in improvisierenden Ensembles stattfindet, zu untersuchen, um ihren Einfluss auf den kreativen Prozess des Ensembles zu bestimmen. Insofern ging es in dieser Forschung nicht nur darum, Ensembles als Gruppen zu sehen, sondern auch um die Identifizierung gemeinsamer Merkmale in deren Gruppenkommunikation. Hierbei wurde das Konzept der Kreativität als soziales Phänomen behandelt, das mitunter durch die Zusammenarbeit der einzelnen Gruppenmitglieder hervortritt. Im Verlauf dessen wurde der kreative Prozess, wie er in Gruppen stattfindet, anhand drei leitender Theorieansätze evoziert: den kreativitätsfördernden Merkmalen, speziell aber der Charakteristik der Konversation beziehungsweise des Dialogs von Burow; den kreativen Arbeits- und Lernprozessen von John-Steiner und Drummond-Rojas.

Im Zuge dessen ging es in dieser Studie darum, die Gruppenkommunikation als Teil des kreativen Zustandes improvisierender Ensembles darzustellen und ihr eigenes kreatives Potenzial in diesem Kontext zu beleuchten.

Demnach wurde die Gruppenkommunikation nach den Kriterien der qualitativen Sozialforschung mittels einer vergleichenden Einzelfallanalyse untersucht. Zudem wurde die dokumentarische Methode als Analyseverfahren hinzugezogen, um die dokumentierten Diskurse genauer inspizieren zu können. Dies erlaubte es, die persönlichen beziehungsweise interpersonalen Ebenen der Diskurse herauszukristallisieren, um deren Effekt auf den kreativen Prozess der individuellen Gruppen zu determinieren. Eine vergleichende Einzelfallanalyse hätte somit nicht genügt, um der Forschungsfrage dieser Arbeit nachzugehen. Die formulierenden und die reflektierenden

Analyseschritte der dokumentarischen Methode brachten sowohl die thematisch-inhaltlichen Aspekte der Falldiskurse als auch die Sprachmuster um diese herum hervor. Im Rahmen der Einzelfallanalyse bedeutet dies, dass letztere in Kombination mit Einzelteilen der dokumentarischen Methode gebracht werden kann. Ob dies jedoch auch in Untersuchungen, die auf Gruppendiskussionen beruhen, möglich ist, bleibt unklar.

Es wurden sowohl Themen (z. B. Interaktion) als auch deren Kontext (z. B. die Diskursorientierung bei dem Ansprechen der Themen) zum Vorschein gebracht. Dies erlaubte es, die Hauptcharakteristik der Metapher nicht nur in einem diskursiven Kontext zu untersuchen, sondern auch deren Gebrauch festzulegen. Wobei erwähnt werden muss, dass das Kriterium der Objektivität dieser Methode durch eine zweite oder dritte Rekonstruktion der einzelnen Interpretationsschritte hätte verstärkt werden können.

Die Untersuchungen ließen auf folgende Ergebnisse schließen:

Der gemeinsame Schaffensprozess eines Ensembles beziehungsweise einer Gruppe beruht sowohl auf dessen kollektiv-improvisiertem Handeln, den Arbeitsprozessen und den gruppeninternen Auseinandersetzungen als auch auf der Entwicklung einer gemeinsamen Art der verbalen Kommunikation. Die Gruppenkommunikation, wie sie im kreativen Kontext improvisierender Ensembles auftaucht, ist durch ihre interaktive Beziehung zwischen einer von den Ensembles selbst entwickelten Kommunikation und ihrer improvisierenden Tätigkeit gekennzeichnet. Derweil ist die Gruppenkommunikation auf linguistischer Ebene durch humorvolle Äußerungen, verbale Wiederholungen, rhythmische Sprachmuster und gemeinsam gestaltete rhetorische Figuren geprägt, was auf eine affektive beziehungsweise relationale Art der Kommunikation hindeutet.

Indes ist das gemeinsame Gestalten von Metaphern die Hauptcharakteristik der Gruppenkommunikation im kreativen Zustand. Diese wird durch die dialogischen Prozesse unterstützt, die als selbstreferenzielle Beobachtungen die Gruppenkommunikation formen und ein gruppenindividuelles Wissen entstehen lassen. Die Metapher hat zudem das Potenzial, eine Beziehung zwischen den musikalischen Erfahrungen und den selbstreferenziellen Beobachtungen zu erzeugen. Als Folge dessen wird eine Bildlichkeit geschaffen, die rekonstruierte Erinnerungen in Form abstrakter Begriffe mit konkreten, situationsspezifischen Kollektiverfahrungen zusammenbringt und miteinander verbindet. Dies ist dadurch bedingt, dass Metaphern nicht nur eine Beziehung zwischen zwei oder mehreren Einzelbedeutungen von Wörtern schaffen, sondern ihre Emergenz situationsabhängig ist.

Die Metapher, wie sie in der vorliegenden Studie vorkommt, wurde auf dreierlei Weise im Rahmen des kreativen Prozesses der Gruppen benutzt: erstens, um ein kreatives Moment zu beschreiben; zweitens, um ein potenzielles, zukünftiges Moment zu initiieren; drittens, um interpersonale Dynamiken auszuarbeiten. Dabei setzt das Beschreiben kreativer Momente voraus, dass diese sowohl vom Handeln der Gruppen abgeleitet, als auch durch deren Reflektion ausgearbeitet werden. Das Initiieren zukünftiger Momente anhand der Metapher bereichert die einzelnen Arbeitsprozesse, besonders indem festgefahrene Strukturen nicht einfach angenommen, sondern reflektiert werden, um eventuelle Anliegen zu hinterfragen oder sogar zu modifizieren. Der Gebrauch der Metapher als Mittel zur Ausarbeitung interpersonaler Dynamiken in der Gruppe verhilft dieser, ihren gruppendynamischen Rhythmus wiederzufinden. Das kreative Potenzial einer Gruppe beziehungsweise eines Ensembles manifestiert sich demnach durch ihre Tätigkeit und durch die Gruppenkommunikation in Form von Metaphern.

Die Gruppenkommunikation soll als integrativer Teil des kreativen Prozesses verortet werden. Diese Annahme geht über die Theorien von Ronald Carter und Deborah Tannen hinaus, indem das kreative Potenzial der Metapher und der verbalen Wiederholungen nicht nur in Beziehung zueinander gesetzt werden, sondern deren kreatives Potenzial auf Gruppen auch übertragen und erweitert wird.

Außerdem wird die Metapher als Hauptcharakteristik der Gruppenkommunikation improvisierender Ensembles gesehen, indem sie abstrakte Begrifflichkeiten mit konkreten Erfahrungen vereinigt und somit das kreative Potenzial der Gruppen erweitert. Auch diese Annahme geht über die Theorie Anthony Ortonys hinaus, indem die Metapher nicht nur Einblicke in die persönlichen Erfahrungswelten der Musiker ermöglicht, sondern auch in das ästhetische Verständnis der Gruppe.[173] Des Weiteren sind die unterschiedlichen Arbeitsprozesse und die individuellen Diskursbewegungen Faktoren im kreativen Prozess improvisierender Gruppen.

Sie spiegeln sich zudem in der individuellen Gruppenkommunikation der Ensembles wider.

Weil angenommen wird, dass das Gestalten der Metapher Reflektionsprozesse in Form dialogischer Prozesse zulässt, wird in dieser Studie außerdem über das Kommunikationsmerkmal der Gruppenkreativität von Keith Sawyer und die Kommunikationsmodi von Frederick Seddon hinausgegangen.

Es bleiben jedoch einige Fragen offen, die ein weiteres Erforschen der Gruppenkommunikation im kreativen Zustand von Gruppen erfordert: Wie gestalten sich Metaphern in Bezug auf das Phasenmodell

173 Vgl. Kapitel 2 S.41-42, Lakoff & Johnson (2014).

von Gruppen?[174] Eine Gruppe durchläuft in der Zeit ihres Bestehens unterschiedliche Phasen, die von Bruce Tuckman identifiziert wurden. Es wäre zum Beispiel interessant, zu untersuchen, inwiefern diese Phasen mit den Phasen des kreativen Prozesses nach Graham Wallas übereinstimmen und ob das Gestalten von Metaphern auf eine Phase besonders zurückzuführen ist. Die spannendste Frage zur weiteren Forschung ist jedoch, ob die vorherigen Hypothesen auch auf andere Gruppen in künstlerischen Kontexten übertragen werden können. Dies bedeutete allerdings, dass sich die Forschungen im gruppendynamischen Forschungskontext bewegten, was eine Untersuchung des Gruppenverhaltens und nicht der Gruppenkommunikation voraussetzt. Andererseits führte dies eventuell dazu, dass das Gruppenverhalten und die Kommunikation in wechselseitiger Beziehung zueinander untersucht würden.

Ein weiterer Punkt, der für diese Forschungsarbeit gerne untersucht worden wäre, aber durch die Mitgliederzahl der Gruppen nicht bearbeitet werden konnte, ist, wie Gruppenkommunikation in größeren Ensembles vonstatten geht, und ob die Charakteristika in Bezug zur Kreativität gleich bleiben. Dem angeschlossen wäre es auch interessant zu erforschen, welchen Einfluss das Bewusstmachen kommunikativer Prozesse auf den kreativen Zustand der Gruppen hat. Was passierte, wenn Gruppen bewusst einen Dialog nach Bohm durchführen?

Das Erforschen der Gruppenkommunikation improvisierender Ensembles erlaubt es, Einblicke in deren kreativen Prozess zu bekommen und weitere Aspekte der kreativen Zusammenarbeit in Gruppen zu beleuchten. Insofern sind die Ergebnisse dieser Studie überall dort relevant, wo es darum geht, nachhaltige Formen von

174 Vgl. Bruce Tuckman (1965; 1977).

Zusammenarbeit und die Kreativität von Gruppen zu fördern. Es können zum Beispiel gewisse Kreativitätstechniken ergänzt werden, indem die Metaphernbildung innerhalb der Gruppenkommunikation unterstützt wird. Oder es könnte sich ganz der verbalen Kommunikation innerhalb von Gruppen zugewandt werden, indem unterschiedliche Kommunikationsformen zur Unterstützung und Komplementierung der kreativen Tätigkeit vorgeschlagen werden. Dies wäre sowohl im Organisationsals auch im Erziehungsbereich im Rahmen von Gruppenarbeiten anwendbar.

Es scheint, als wäre die Gruppenkommunikation improvisierender Ensembles ein weites Feld, auf dem geforscht und praktiziert werden könnte.

Abbildungsverzeichnis

Tabellenverzeichnis

Literaturverzeichnis

Ayan, Steve (2014): Das Handwerk des Denkens. Gehirn und Geist. Vol. 3/2014. Heidelberg: Spektrum. S. 34–41.

Anger, Hans (1966): Kleingruppenforschung heute. Lüschen, G. (Hrsg.) (1966) Kleingruppenforschung und Gruppe im Sport. Sonderheft 10 der Kölner Zeitschrift für Soziologie und Sozialpsychologie. Köln/Opladen: Westdeutscher Verlag. S. 15–43.

Amabile, Teresa M. (1996): Creativity in Context. Oxford, USA: Westview Press.

Arnold, Roslyn (2004): Empathetic Intelligence. Relating, Educating, Transforming. Sydney: University of New South Wales Press.

Aschauer, Erika (1970): Führung. Stuttgart: Enke.

Bailey, Derek (1980/1987): Improvisation. Kunst ohne Werk. Frankfurt: Wolke.

Bailey, Derek (1992): Improvisation. Its Nature and Practice in Music. USA: Da Capo Press.

Bales, Robert F. (1980): Personality and Interpersonal Behavior. New York: Holt.

Beebe, Steven A. & Masterson, John T. (Hrsg.) (1997): Communication in Small Groups. Principles and Practices. 5. Ausgabe. New York: Longman.

Beins, Burkhard; Kesten, Christian; Nauck, Gisela & Neumann, Andrea (Hrsg.) (2011): Echtzeitmusik Berlin. Selbstbestimmung einer Szene. Hofheim: Wolke.

Benesch, Michael (2011): Psychologie des Dialogs. Wien: Facultas WUV Verlag.

Benne, Kenneth D. & Sheats, Paul (1948): Functional Roles of Group Members. Journal of Social Issues, 4 (2). S. 41–49.

Berliner, Paul (1994): Thinking in Jazz. The Infinite Art of Improvisation. London: University of Chicago Press.

Bohm, David (1996a/2004a): On Dialogue. London and New York: Routledge. Bohm, David (1996b/2004b): On Creativity. London and New York: Routledge.

Bohnsack, Ralf (1993): Rekonstruktive Sozialforschung. Einführung in Methodologie und Praxis Qualitativer Forschung. 2. Auflage. Opladen: Leske & Budrich.

Bohnsack, Ralf; Netwig-Geseman, Iris & Nohl, Arnd-Michael (Hrsg.) (2001): Die dokumentarische Methode und ihre Forschungspraxis. Grundlagen qualitativer Sozialforschung. Opladen: Leske & Budrich.

Bohnsack, Ralf (2014): Rekonstruktive Sozialforschung. Einführung in qualitative Methoden. 9. Auflage. Opladen & Toronto: Verlag Barbara Budrich.

Bormann, Ernest G. (1985): Symbolic Convergence Theory. A Communication Formulation. Journal of Communication. Oxford, U.K.: Oxford University Press. Autum. S. 128–138.

Bormann, Ernest G.; Crayan, John F. & Shields, Donald C. (1994): In Defense of Symbolic Convergence Theory. A Look at the Theory and its Criticism after two Decades. Communication Theory. Vol. 4. November. Washington, U.S.A.: International Communication Association. S. 259–294.

Bornemann, Stefan (2011): Kooperation und Kollaboration. Das Kreative Feld als Weg zu innovativer Teamarbeit. Dissertation Universität Kassel. Wiesbaden: Springer VS.

Bortz, Jürgen & Döring, Nicola (1995/2006): Forschungsmethoden und Evaluation für Human- und Sozialwissenschaftler. Wiesbaden: Springer.

Bradford, Lee P.; Gibb, Jack R. & Benn, Kenneth D. (Hrsg.) (1964): T-Group theory and laboratory method. New York: John Wiley.

Burkart, Roland (1995): Kommunikationswissenschaften. Grundlagen und Problemfelder. Umrisse einer Interdisziplinären Sozialwissenschaft. 2. Auflage. Wien: Böhlau Verlag.

Burow, Olaf Axel (1999): Die Individualisierungsfalle. Kreativität gibt es im Plural. Stuttgart: Klett-Cotta.

Burow, Olaf Axel (2015): Team-Flow. Gemeinsam wachsen im Kreativen Feld. Weinheim & Basel: Beltz.

Carter, Ronald (2004/2010): Language and Creativity. The Art of Common Talk. London and New York: Routledge.

Cattell, B. Raymond (1951): New Concepts for Measuring Leadership in Terms of Group Synality. Human Relations. 4. S. 161–184.

Cattell, B. Raymond (1948): Concepts and Methods in the Measurement of Group Syntality. Psychological Review. Vol 55(1). January. S. 48–63.

Cartwright, Dorwin & Zander, Alvin (Hrsg.) (1960/1968): Group Dynamics. Research and Theory. New York: Harper Row.

Carr, Clay (1994): The Competitive Power of Constant Creativity. New York: Amacom.

Cooley, Charles Horton (1910): Social Organization. A study of the larger mind. New York: Scribner.

Couldry, Nick (1993): Freedom & Reason. Nick Couldry in conversation with saxophonist John Butcher. Turning the Musical Table. Improvisation in Britain 1965–1990. Rubberneck 19. S. 4–46.

Crosbie, Paul V. (Hrsg.) (1975): Interaction in Small Groups. New York: Macmillan.

Csíkszentmihályi, Mihály (1997): Kreativität. Wie Sie das Unmögliche schaffen und Ihre Grenzen überwinden. Stuttgart: Klett-Cotta.

Däumling, Alf M. (1968/1970): Sensitivity Training. In: König, Oliver (Hrsg.) (2001): Gruppendynamik. Geschichte, Theorien, Methoden, Anwendungen, Ausbildung. 5. Aufl. München; Wien: Profil. S. 18–39.

Däumling, Alf M.; Fengler, Jörg; Nellessen, Lothar & Svensson, Axel (1974): Angewandte Gruppendynamik. Selbsterfahrung – Forschungsergebnisse – Trainingsmodelle. Stuttgart: Klett-Cotta.

Dewey, John (1910): How We Think. New York/Chicago: D.C. Heath & Co.

Dewey, John (1916/1993): Demokratie und Erziehung. Eine Einleitung in die philosophische Pädagogik. Übersetzt von Erich Hylla. Weinheim und Basel: Beltz.

Dewey, John (1962/1988): Kunst als Erfahrung. Frankfurt am Main: Suhrkamp. Duden (2015): 8. Auflage. Berlin: Bibliographisches Institut.

Durkheim, Emile (1895): Les Règles de la Méthode Sociologique. Paris: Félix Alcan.

Fengler, Jörg (1981): Grenzen der Gruppendynamik. In: Bachmann, C. H. (Hrsg.): Kritik der Gruppendynamik. Frankfurt am Main: Fischer. S. 118–156.

Festinger, Leon; Schachter, Stanley & Back, Kurt (1950): The spatial ecology of group formation. In: Festinger, Leon; Schachter, Stanley & Back, Kurt (Hrsg.) (1950): Social Pressure in Informal Groups. New York: Harper & Brothers.

Figueroa-Dreher, Silvana K. (2010): Abstimmungsprozesse im Free Jazz. Ein Modell des Ordnens. In: Böhle, Fritz & Weihrich, Margit (Hrsg.) (2010): Die Körperlichkeit sozialen Handelns. Soziale Ordnung jenseits von Normen und Institutionen. Bielefeld: Transcript.

Figueroa-Dreher, Silvana K. (2012): Wann und weshalb ist Improvisation kreativ? In: Göttlich, Udo; Kurt, Ronald (Hrsg.) (2012): Kreativität und Improvisation. Soziologische Positionen. Wiesbaden: Springer VS.

Fischlin, Daniel & Heble, Ajay (Hrsg.) (2004): The Other Side of Nowhere. Jazz, Improvisation, and Communities in Dialogue. USA: Wesleyan University Press.

Flick, Uwe (2000): Qualitative Forschung. Theorie, Methoden, Anwendung in Psychologie und Sozialwissenschaften. 5. Auflage. Rowohlt.

Flick, Uwe; Kardorff, Ernst von; Steinke, Ines (Hrsg.) (2005): Qualitative Forschung. Ein Handbuch. 10. Auflage. Rowohlt.

Flick, Uwe (2007a): Managing Quality in Qualitative Research. London: Sage.

Flick, Uwe (2007b): Qualitative Sozialforschung. Eine Einführung. Hamburg: Rowohlt.

Forgas, Joseph P. (1985/1995): Soziale Interaktion und Kommunikation. Eine Einführung in die Sozialpsychologie. 3. Auflage. Weinheim: Beltz.

Forsyth, Donelson (2005/2006): Group Dynamics. 5. Ausgabe. UK: Thomson Wadsworth.

Frey, E. Lawrence (Hrsg.) (1994): Group Communication in Context. Studies of Natural Groups. New Jersey: Lawrence Erlbaum Associates.

Frey, E. Lawrence; Gouran, Dennis & Poole, Marshall Scott (Hrsg.) (1999): The Handbook of Groupcommunication Theory and Research. 2nd edition. London: Sage.

Frey, E. Lawrence (Hrsg.) (2003): Group Communication in Context. Studies of Bona Fide Groups. London: Lawrence Erlbaum Associates.

Fuchs-Heinritz, Werner; Klimke, Daniela; Lautmann, Rüdiger; Rammstedt, Otthein; Stäheli, Urs; Weischer, Christoph & Wienold, Hanns (Hrsg.) (2011): Lexikon zur Soziologie. 5. Überarbeitete Auflage. Wiesbaden: VS Springer.

Galenson, David W. (2008): Old Masters and Young Geniuses. The Two Life Cycles of Artistic Creativity. Princeton and Oxford: Princeton University Press.

Galin, David (1974): Implications for psychiatry of left and right cerebral specializations. A neurophysiological context for unconscious processes. Archives of General Psychiatry. Vol. 31. S. 572–583.

Giere, Walter (1970): Gruppendynamik. Ein Spiel ohne Folgen. Gruppendynamik. S. 282–302.

Glaser, Hollis (1996): Structure and struggle in egalitarian groups. Dimensions of power relations. Small Group Research. Issue: 27. S. 551–571.

Gouran, Dennis S. (1999): Communication in Groups. The Emergence and Evolution of a Field of Study. In: Frey, Lawrence E. u. a. (Hrsg.) (1999): The Handbook of Groupcommunication Theory and Research. 2nd edition. London: Sage. S. 3– 36.

Göttlich, Udo & Kurt, Ronald (Hrsg.) (2012): Kreativität und Improvisation. Soziologische Positionen. Wiesbaden: Springer VS.

Graumann, Carl Friedrich (1972): Interaktion und Kommunikation. In: Graumann, C. F. (Hrsg.) (1972): Handbuch der Psychologie. 7. Band: Sozialpsychologie. Göttingen: Hogrefe.

Graumann, Carl-Friedrich (Hrsg.) (1982): Kurt Lewin. Werkausgabe. Band 4. Feldtheorie. Stuttgart: Klett-Cotta.

Greene, Robert J. (1986): Applying the Creative Process to Circles. Quality Circles Journal. 9. S. 25–30.

Hallam, Elisabeth & Ingold, Tim (Hrsg.) (2007): Creativity and Cultural Improvisation. Oxford: Berg Publications.

Hare, Alexander P. (1962): Handbook of Small Group Research. Glencoe, Illinois: The Free Press.

Hartkemeyer, Martina, Johannes und Tobias (2015): Dialogische Intelligenz. Aus dem Käfig des Gedachten in den Kosmos des gemeinsamen Denkens. Frankfurt am Main: CPI Books.

Hartley, Eugen L. & Hartley, Ruth E. (1955): Die Grundlagen der Sozialpsychologie. Berlin: Rembrandt.

Hartmann, Frank (2008): Medien und Kommunikation. Wien: Facultas.

Von Hentig, Hartmut (2000): Kreativität. Hohe Erwartungen an einen schwachen Begriff. Basel: Beltz.

Heble, Ajay (2000): Landing on the Wrong Note. Jazz, Dissonance and Critical Practice. London and New York: Routledge.

Hennings, Richard (1998): Interview with Eddie Prévost by Richard Hennings. No Sound is Innocent. Issue 7/Summer. Avant Magazine.

Hinsz, Verlin B. (1990): Cognitive and consensus processes in group recognition memory performance. In: Journal of Personality and Social Psychology. Vol. 59. S. 705–718.

Hirokawa, Randy Y. (1980): A Comparative Analysis of Communication Patterns Within Effective and Ineffective Decision-Making Groups. Communication Monographs. Issue 47. S. 312–321.

Hirokawa, Randy Y. & Poole, Marshall Scott (Hrsg.) (1996): Communication and Group Decision Making. 2. Ausgabe. London: Sage.

Hoffmann-Riem, Christa (1980): Die Sozialforschung einer Interpretativen Soziologie. Der Datengewinn. In: Kölner Zeitschrift für Soziologie und Sozialpsychologie. Jg. 32. S. 339–372.

Hogg, Michael A. (1992): The Social Psychology of Group Cohesiveness. New York: New York University Press.

Hollander, Edward P. (1958): Conformity, Status, and Idiosyncrasy Credit. Psychological Review. 65(2) S. 117–127.

Hoppe, Klaus (1977): Brains and Psychoanalysis. Psychoanalytical Quarterly. 46. S. 220–224.

Isaacs, William (2011): Dialog als Kunst Gemeinsam zu Denken. Die Neue Kommunikationskultur in Organisationen. 2. Auflage. EU: EHP – Verlag Andreas Kohlhage.

Isaksen, Scott G. & Murdock, Mary C. (1993). The Emergence of a Discipline. Issues and Approaches to the Study of Creativity. In: Isaksen, Scott G.; Roger L. Firestein, & Donald J. Treffinger (Hrsg.) (1993) Understanding and Recognizing Creativity. The Emergence of a Discipline. Norwood, NJ: Ablex. S. 13–47.

Jackson, Susan E.; Brett, Joan F.; Sessa, Varlerie I. & Cooper, Dawn M. (Hrsg.) (1991): Some Differences Make a Difference. Individuel dissimilarity and Group Heterogeneity as Correlates of Recruitment, Promotions, and Turnover. Journal of Applied Psychology. Issue 76. S. 675–689.

Jehn, Karen A.; Chadwick, Clint & Thatcher, Sherry M. (Hrsg.) (1997): To Agree or Not to Agree. The Effects of Value Congruence, Individuel Demographic Dissimilarity, and Conflict on Workgroup Outcomes. International Journal of Conflict Management. Issue 8. S. 287–305.

Joas, Hans (1992/1996): Die Kreativität des Handelns. Frankfurt am Main: Suhrkamp.

John-Steiner, Vera (2000/2006): Creative Collaboration. New York: Oxford University Press.

John-Steiner, Vera & Moran, Seana (2004): How Collaboration in Creative Work Impacts Identity and Motivation. In: Miell, Dorothy; Littleton, Karen (Hrsg.) (2004): Collaborative Creativity. Contemporary Perspectives. London: Free Association Books.

Johnson, Alma (1943): An Experimental Study of the Analysis and Measurement of Reflective Thinking. Speech Monographs. 10. S. 83–98.

Jones, Edward & Gerard, Harold (1967): Foundations of Socialpsychology. New York: Wiley.

Jost, Ekkehard (1972/2002): Free Jazz. Stilistische Untersuchungen zum Jazz der 1960er Jahre. Hofheim: Wolke.

Karau, Steve J. & Williams, Kipling D. (1993): Social Loafing. A Meta-Analytic Review and Theoretical Inegration. In: Journal od Personality and Social Psychology. Vol. 65. No. 4. American Psychological Association. S. 681–706.

Klopotek, Felix (2002/2004): How They Do It. Free Jazz, Improvisation und Niemandsmusik. 2. Auflage. Mainz: Ventil.

Kelle, Udo & Kluge, Susann (1999): Vom Einzellfall zum Typus. Fallvergleich und Fallkontrasting in der qualitativen Sozialforschung. Opladen: Leske & Budrich.

Kern, Horst J. (1997): Einzelfallforschung. Eine Einführung für Studierende und Praktiker. Weinheim: Beltz.

Keyton, Joann (1999): Relational Communication in Groups. In Frey, E. Lawrence (Hrsg.) (1999): The Handbook of Groupcommunication Theory and Research. 2nd edition. London: Sage.

König, Oliver (Hrsg.) (2001): Gruppendynamik. Geschichte, Theorien, Methoden, Anwendungen, Ausbildung. 5. Aufl. München; Wien: Profil.

Königwieser, Roswita & Pelikan, Jürgen (1990): Anders – gleich-beides zugleich. Unterschiede und Gemeinsamkeiten in Gruppendynamik und Systemansatz. In: König, Oliver (Hrsg.) (2001): Gruppendynamik. Geschichte, Theorien, Methoden, Anwendungen, Ausbildung. 5. Aufl. München; Wien: Profil. S. 95– 126.

Krause, Hans Ulrich & Rätz-Heinisch, Regina (Hrsg.) (2009): Soziale Arbeit im Dialog gestalten. Grundlagen und Methodische Zugänge einer Dialogischen Sozialen Arbeit. Opladen & Farmington Hills: Barbara Budrich.

Kreps, Gary L. (1995): Using Focus Group Discussions to Promote Organizational Reflexivity: Two Applied Communication Field Studies. In: Lawrence R. Frey (Hrsg.) (1995): Innovations in Group Facilitation. Applications in Natural Settings. Cresshill, NJ: Hampton. S. 177–199.

Kruse, Jan, Biesel, Kay & Schmieder, Christian (2011): Metaphernanalyse. Ein rekonstruktiver Ansatz. Wiesbaden: Springer VS.

Kurt, Roland & Näumann, Klaus (Hrsg.) (2008): Menschliches Handeln als Improvisation. Sozial- und musikwissenschaftliche Perspektiven. Bielefeld: Transcript.

Lakoff, George & Johnson, Mark (2014): Leben in Metaphern. Konstruktion und Gebrauch von Sprachbildern. 8. Auflage. Heidelberg: Carl-Auer-Systeme.

Lamnek, Siegfried (2010): Qualitative Sozialforschung. 5. Auflage. Basel: Beltz.

Lewin, Kurt (1963): Feldtheorie in den Sozialwissenschaften. Feldtheorie in den Sozialwissenschaften. Ausgewählte theoretische Schriften Broschiert. Bern & Stuttgart: Verlag Hans Huber.

Levine, John M. & Hogg, Michael A. (Hrsg.) (2010): Encyclopedia of Group Processes & Intergroup Relations. London: Sage.

Mannheim, Karl (1980): Strukturen des Denkens. Frankfurt am Main: Suhrkamp.

Martindale, Colin (2009): Biological Bases of Creativity. In: Sternberg, Robert J. (Hrsg.) (1999/2009): Handbook of Creativity. 12. Edition. New York: Cambridge University Press.

Mayring, Philipp (2002): Einführung in die Qualitative Sozialforschung. Eine Anleitung zum qualitativen Denken. 5. Auflage. Basel: Beltz.

Mayring, Philipp (2010): Qualitative Inhaltsanalyse. Grundlagen und Techniken. 11. Auflage. Basel: Beltz.

Mc David, John W. & Harary, Herbert (1968): Social Psychology. Indidviduals, Groups, Societies. New York: Harper & Row.

Mead, George H. (1934/2013): Geist, Identität und Gesellschaft. Frankfurt am Main: Suhrkamp.

Meyer, Martin F. (Hrsg.) (2006): Philosophische Positionen von Sokrates bis Habermas. Darmstadt: WBG.

Miell, Dorothy & Littleton, Karen (Hrsg.) (2004): Collaborative Creativity. Contemporary Perspectives. London: Free Association Books.

Miles, Matthew B. & Hubermas, Michael (1994): Qualitative Data Analysis. An Expanded Sourcebook. 2. Edition. London: Sage Publications.

Miliken, Frances J.; Bartel, Caroline A. & Kutzberg, Terri R. (2003): Diversity and Creativity in Work Groups. A Dynamic Perspective of the Affective and Cognitive Processes That Link Diversity and Performance. In: Paulus, Paul & Nijstad, Bernard A. (Hrsg.) (2003): Group Creativity. Innovation Through Collaboration. New York: Oxford University Press.

Monson, Ingrid (1996): Saying Something. Jazz Improvisation and Interaction. London & Chicago: The University of Chicago Press.

Mühlen, Reinhard (1976): Langzeitwirkung gruppendynamischer Trainings. Eine Untersuchung über Veränderungen des Selbstkonzepts und die Generalisierbarkeit einzelner Trainingserfahrungen. Gruppenpsychotherapie, Gruppendynamik 12. S. 84–99.

Nemeth, Charlan Jeanne & Nemeth, Brandan (2003): Better than Individuals? The Potential Benefits of Dissent and Diversity for Group Creativity. In: Paulus, Paul; Nijstad, Bernard A. (Hrsg.) (2003): Group Creativity. Innovation Through Collaboration. New York: Oxford University Press.

Newcomb, Theodore M. (1959): Sozialpsychologie. Meisenheim: Hain.

Noll, Dietrich J. (1977): Zur Improvisation im deutschen Freejazz. Untersuchungen zur Ästhetik frei improvisierter Klangflächen. Band 11. Hamburg: Verlag der Musikalienhandlung Karl Dieter Wagner.

o. V. (2014): Melodische Unterhaltung. Die Gehirne gemeinsam improvisierender Musiker arbeiten wie bei einem Gespräch. Gehirn und Geist. 5/2014. Heidelberg: Spektrum. 14.

Oliveros, Pauline (2005): Deep Listening. A Composer's Sound Practice. USA: Deep Listening Publications.

Ortony, Andrew (1975): Why Metaphors Are Necessary and Not Just Nice. In: Educational Theory. Vol. 25 (1). January 1975. S. 45–53.

Owen, William Foster (1985): Metaphor Analysis of Cohesiveness in Small Groups. In: Small Group Behavior. Vol. 16. Number 3. August Edition. London: Sage Publications Inc. S. 415–424.

Paivio, Allan (1979): Imagery and Verbal Processes. New Jersey: Laurence Erlbaum Ass. Inc. Pub.

Paulus, Paul & Nijstad, Bernard A. (Hrsg.) (2003): Group Creativity. Innovation Through Collaboration. New York: Oxford University Press.

Petermann, Franz (1996): Einzelfallanalyse. 3. Auflage. München: R. Oldenbourg.

Peters, John Durham (2000): Speaking into the Air. A History of the Idea of Communication. Chicago and London: The University of Chicago Press.

Peterson, Lloyd (2006): Music and the Creative Spirit. Innovators in Jazz, Improvisation and the Avantgarde. Oxford: The Scarecrow Press.

Poole, Marshall Scott; Seibold, David R. & McPhee, Robert D. (1996): The Structuration of Group Decisions. In: Hirokawa, Randy Y. & Poole, Marshall S. (Hrsg.) (1996): Communication and Group Decision-Making. Beverly Hills, CA: Sage.

Pope, Rob (2005/2010): Creativity. Theory, History, Practice. New York: Routledge.

Popitz, Heinrich (1997): Wege der Kreativität. Tübingen: Mohr Siebeck.

Przyborski, Aglaja (2004): Gesprächanalyse und dokumentarische Methode. Qualitative Auswertung von Gesprächen, Gruppendiskussionen und anderen Diskursen. Wiesbaden: Springer.

Putnam, Linda L. & Stohl, Cynthia (1990): Bona Fide Groups. A Reconceptualization of Groups in Context. Communication Studies. Issue 41. S. 243–65.

Putnam, Linda L. & Cynthia, Stohl (1996): Bona Fide Groups. An Alternative Perspective for Communication and Small Group Decision Making. In: Hirokawa, Randy Y. & Poole, Marshall Scott (Hrsg.) (1996): Communication and Group Decision Making. 2. Ausgabe. London: Sage.

Putnam, Linda L. & Stohl, Cynthia (2003): Communication in Bona Fide Groups. A Retrospective and Prospective Account. In: Frey, E. Lawrence (Hrsg.) (2003): Group Communication in Context. Studies of Bona Fide Groups. London: Lawrence Erlbaum Associates.

Rau, Harald (2013): Einladung zur Kommunikationswissenschaft. 1. Auflage. Baden-Baden: Nomos.

Rechtien, Wolfgang (1960/1995): Angewandte Gruppendynamik 2. Auflage. Quintessenz: Deutschland.

Rechtien, Wolfgang (1990): Zur Geschichte der Angewandten Gruppendynamik. In: König, Oliver (Hrsg.) (2001): Gruppendynamik. Geschichte, Theorien, Methoden, Anwendungen, Ausbildung. 5. Aufl. München; Wien: Profil. S. 43–62.

Riemann Musiklexikon. Ruf, Wolfgang (Hrsg.) (2012) Mainz: Schott-Musik.

Ruffner, Michael, Burgoon Michael (Hrsg.) (1981): Interpersonal communication. New York: Holt, Rinehart & Winston.

Robinson, K. F. (1941): An Experimental Study of the Effects of Group Discussion upon Social Attudes of College Students. Speech Monographs. Issue 8. S. 34–57.

Rojas-Drummond, Sylvia; Littleton, Karen S & Albarrán, C. D. (Hrsg.) (2008): Collaboration, Creativity and the Co-construction of Oral and Written Texts. In: Thinking Skills and Creativity. Issue 3/2008. Amsterdam: Elsevier. S. 177–191.

Rzewski, Frederic; Gronemeyer, Gisela & Oehlschlägel, Reinhard (2007): Nonsequiturs. Writings and Lectures on Improvisation, Composition and Interpretation. Köln: Musik-Texte.

Sawyer, Keith R. (2001): Creating Conversations. Improvisation in Everyday Discourse. USA: Hampton Press.

Sawyer, Keith R. (2006/2012): Explaining Creativity. The Science of Human Innovation. New York: Oxford University Press.

Sawyer, Keith R. (2007/2008): Group Genius. The Creative Power of Collaboration. USA: Basic Books.

Sawyer, Keith R. & DeZutter, Satcy (2009): Distributed Creativity. How Collective Creations Emerge from Collaboration. In: Psychology of Aesthetics. Creativity and the Arts. Vol. 3. No. 2. American Psychological Association. S. 81–92.

Sawyer, Keith R. (2011): The Cognitive Neuroscience of Creativity. Creative Research Journal. Vol. 23 (2). S. 137–154.

Shaw, M. E. (1976). Group dynamics: The psychology of small group behavior. New York: Mc-Graw-Hill.

Seddon, Frederick A. (2005): Modes of Communication during Jazz Improvisation. In: B.J. Music. 22: 1 Edition. Cambridge: Cambridge University Press. S. 47–61.

Seidel, Wolfgang (2011): Echtzeitmusik. In: Testcard. Beiträge zur Popgeschichte. Access Denied – Ortsverschiebungen in der Realen und Virtuellen Gegenwart. Nr. 20. Mai Ausgabe. Mainz: Ventil.

Schattenhofer, Karl (2001): Gruppenmodelle aus konstruktivistischer Sicht. In: König, Oliver (Hrsg.) (2001): Gruppendynamik. Geschichte, Theorien, Methoden, Anwendungen, Ausbildung. 5. Aufl. München; Wien: Profil.

Schäfers, Bernhard (Hrsg.) (1980/1999): Einführung in die Gruppensoziologie. Geschichte, Theorien, Analysen. 3. Auflage. Wiesbaden: Quelle & Meyer.

Schnell, Rainer; Hill, Paul & Esser, Elke (1999): Methoden der empirischen Sozialforschung. 6. Auflage. Wien: R. Oldenburg.

Schmidt-Pfister, Diana (2010): Rezension: R. Bohnsack, A. Przyborski & B. Schäffer (Hrsg.) (2010): Das Gruppendiskussionsverfahren in der Forschungspraxis. FQS.

Schneider, Hans-Dieter (1985): Kleingruppenforschung. 2.Auflage. Stuttgart: Teubner Studienskripte.

Shaw, Marvin E. (1981): Group Dynamics. The Psychology of Small Group Behavior. 3rd Edition. New York: Mc-Graw-Hill.

Shepperd, James A. (1993): Productivity Loss in Performance Groups. A Motivation Analysis. Psychological Bulletin. Issue: 113. S. 67–81.

Shils, Edward A. (1951): The Study of Primary Groups. In: Lerner, D. (Hrsg.) The Policy Sciences. Continuities in Social Research. Glencoe, Ill.: The Free Press. S. 44–69.

Simpson, R. H. (1939): The Effect of Discussion on Intra-group Divergences of Judgement. Quarterly Journal of Speech. Issue 25. S. 546–552.

Simmel, Georg (1908): Soziologie. Untersuchungen über die Former der Vergesellschaftung. Berlin: Duncker & Humblot.

Skirl, Helge & Schwarz-Friesel, Monika (2013): Metapher. 2. Auflage. Heidelberg: Universitäts Verlag Heidelberg.

Stadermann, Melanie (2010): SchülerInnen und Lehrpersonen in mediengeschützten Lehrumgebungen. Wiesbaden: Springer VS.

Sternberg, R. J. & Dess, N. K. (2001) Creativity for the New Millenium. American Psychologist, 56 (4), 332.

Sternberg, Robert J. (Hrsg.) (1999/2009): Handbook of Creativity. 12. Edition. New York: Cambridge University Press.

Stier, Winfried (1999): Empirische Forschungsmethoden. Berlin: Springer- Lehrbuch.

Strasser, Garold (1999): The Uncertain Role of Unshared Information in Collective Choice. In: Thompson, Leigh; Levine, John & Messick, David (Hrsg.) (1999): Shared Knowledge in Organizations. Mahwah, NJ: Erlbaum.

Struck, Elmar (1976): Interpersonalisation und Partnerschaft. Phil. Diss., Universität Bonn.

Tannen, Deborah (2007): Talking Voices. Repetition, Dialogue and Imagery in Conversational Discourse. U.K.: Cambridge University Press.

v. Tönies, Ferdinand (1887): Gemeinschaft und Gesellschaft. Abhandlungen des Kommunismus und des Sozialismus als empirischer Kulturformen. Leipzig: Fues.

Tuckman, Bruce W. (1965). Developmental sequence in small groups. Psychological Bulletin, 63. 384–399.

Tuckman, Bruce W. & Jensen, M. A. (1977). Stages of small-group development revisited. Group Org. Studies 2. S. 419–27.

Vogd, Werner (2011): Systemtheorie und Rekonstruktive Sozialforschung. Eine Brücke. 2. Auflage. Opladen: Barbara Budrich.

Wageman, Ruth (2001): Interdependence and Group Effectiveness. In: Turner, M. E. (Hrsg.) (2001): Groups at Work. Theory and Research. Hillsdale, New Jersey: Lawrence Erlbaum Associates. S. 197–217.

Wallas, Graham (1926/1930): The Art of Thought. New York: Harcourt, Brace & Co.

Ward, Thomas B.; Finke, Ronald A. & Smith, Steven M. (1995): Creativity and the Mind. Discovering the Genius Within. New York: Plenum.

Watzlawick, Paul; Weakland, John H. (Hrsg.) (1980): Interaktion. Bern: Huber.

Watzlawick, Paul; Beavin, Janet H. & Jackson, Don D. (2007): Menschliche Kommunikation. Formen, Störungen, Paradoxien. 11. Auflage. Bern: Huber.

Weber, Max (1922): Grundriss der Sozialökonomik. 3. Abteilung. Wirtschaft und Gesellschaft. Tübingen: J.C.B. Mohr (Paul Seibeck).

Weisberg, Robert W. (1993) Creativity: Beyond the Myth of Genius. New York: Freeman.

v. Wiese, Leopold (1933/1966): System der Allgemeinen Soziologie als Lehre von den sozialen Prozessen und den sozialen Gebilden der Menschen (Beziehungslehre). München: Duncker & Humblot.

Wilson, Peter Niklas (1999): Hear and Now. Gedanken zur improvisierten Musik. Hofheim: Wolke.

Webseiten:

Artikel: Friedensnobelpreis für den nationalen Dialog. Spiegel Online.
URL: http://www.spiegel.de/politik/ausland/nobelpreis-friedens-nobelpreis-fuer-nationales-dialog-quartett-intunesien-a-1057012.html. (09. 08. 2018).

Splitter Orchester.
URL: http://www.berlinsplitter.org/index.php?article_id=1 (09. 08. 2018).